Die Unvollendete

Wim van Meurs, Robin de Bruin, Liesbeth van de Grift,
Carla Hoetink, Karin van Leeuwen, Carlos Reijnen

Die Unvollendete

Eine Geschichte der Europäischen Union

Aus dem Niederländischen übersetzt
von Gudrun Staedel-Schneider

DIETZ

Bibliografische Information der Deutschen Bibliothek

Die Deutsche Bibliothek verzeichnet
diese Publikation in der Deutschen Nationalbibliografie;
detaillierte bibliografische Daten sind im Internet
unter *http://dnb.dnb.de* abrufbar.

ISBN 978-3-8012-0489-1

Verlag J. H. W. Dietz Nachf. GmbH
Dreizehnmorgenweg 24, 53175 Bonn

Niederländische Originalausgabe:
»Europa in alle staten. Zestig jaar geschiedenis van de Europese integratie«
Erstausgabe bei Uitgeverij Vantilt, Nijmegen (Nederland), 2013

Übersetzung aus dem Niederländischen: Gudrun Staedel-Schneider (Kleve)

[Die überarbeitete englische Fassung »The Unfinished History of European Integration«
erschien im Februar 2018 bei Amsterdam University Press.]

Umschlaggestaltung: Hermann Brandner, Köln

Satz: Kempken DTP-Service | Satztechnik · Druckvorstufe · Mediengestaltung, Marburg

Druck und Verarbeitung: CPI books, Leck

Printed in Germany 2018

Inhaltsverzeichnis

Vorwort

Heute kann kein Autor, der über EU-Angelegenheiten schreibt, der Frage entkommen, ob er oder sie »für« oder »gegen« die Europäische Union sei. Wie jede politische Institution hat auch die EU ihre Mängel und Defizite. Wenn dieses Buch eine politische Botschaft hat, dann jene, dem Leser bewusst zu machen, dass wir als Bürger mit nationalen und europäischen Politikern die Verantwortung für das einzigartige Geschöpf teilen, zu dem die EU geworden ist. Heute, wahrscheinlich mehr als vor 20 Jahren, sind die Europäer dabei, die Integration zu überdenken und umzugestalten, und sie wissen genau, dass die EU in der einen oder anderen Form weiterexistieren wird. Daher »die unvollendete Geschichte«: An der EU selbst wird kontinuierlich gearbeitet, und wir sind weit davon entfernt, sie vollständig zu verstehen.

Das vorliegende Buch über die europäische Integration wurde ursprünglich für Studiengänge für Historiker, Politik- und Sozialwissenschaftler sowie für Studierende verwandter Disziplinen geschrieben. Die Erzählung vermeidet einem gut informierten Zeitungsleser unbekannte Fachsprache und erzählt die »unvollendete« Geschichte auf weniger als 150 Seiten. Alle Autoren lehren europäische Integration an niederländischen Universitäten. Die erste Ausgabe (2013) war vom Ehrgeiz getragen, das Beste aus zwei Welten zu haben: Geschichte und Politikwissenschaft. Handbücher der Politikwissenschaft über die EU sind üblicherweise präzise und systematisch, wenn es darum geht, die institutionelle Architektur und Integrationstheorien zu erläutern, aber ihre Aufmerksamkeit für die Geschichte der EU vor 1979 oder vor Maastricht ist in der Regel gering. Umgekehrt enden historische, auch neuere Handbücher oft mit Maastricht und Amsterdam, wobei sie sich eher auf politische Leitfiguren und Gipfel als auf Institutionen und Prozeduren konzentrieren. Fachkollegen in den Niederlanden haben uns nicht nur dazu ermutigt, den Versuch zu machen, sondern auch Entwürfe von Kapiteln kommentiert und einige komplizierte EU-Fragen beantwortet. Inzwischen haben fünf Kohorten von Studenten in Amsterdam und Nijmegen, geboren zwischen den Verträgen von Maastricht und Amsterdam, dieses Handbuch über die Europäische Union im Studium verwendet. Im Gegenzug haben sie uns viele Rückmeldungen gegeben, die uns geholfen haben, diese Ausgabe weiter zu verbessern. Wir bedanken uns bei Kiran Patel, Ann-Christina Knudsen, Jan-Henrik Meyer und anderen Kollegen im In- und Ausland, die uns ermutigt haben, das Lehrbuch auf Deutsch und auf Englisch für den internationalen Leser herauszugeben.

Das ursprüngliche Handbuch endete mit dem Beitritt Kroatiens im Juli 2013. Die Aussage, dass seitdem viel passiert ist, ist eine Untertreibung. Daher wurden in dieser aktualisierten Ausgabe die Einleitung vollständig neu geschrieben, um neue Erkenntnisse zu berücksichtigen, die fünf chronologischen Kapitel wo nötig aktualisiert und ein sechstes Kapitel über die Entwicklungen in der EU seit 2013 hinzugefügt, das mit der Aufnahme der formellen Brexit-Verhandlungen im Juli 2017 endet. Die Chronologie und Bibliografie wurden entsprechend bis einschließlich 2017 ergänzt.

Das ursprüngliche Projekt für ein niederländisches Handbuch zur EU-Geschichte verdankt viel Marc Beerens vom Vantilt-Verlag in Nijmegen, der als Erster unsere Bestrebungen aufgegriffen und zusammen mit seinen Lektoren dazu beigetragen hat, daraus ein elegantes Buch zu machen. Dasselbe gilt für die Philosophische Fakultät der Radboud-Universität in Nijmegen und ihrem Historischen Institut. Ihre finanzielle Unterstützung hat uns dabei geholfen, aus dem Enthusiasmus der anfänglichen Überlegungen ein vollwertiges Buchmanuskript für die niederländische Originalausgabe und später für diese deutsche und die vorliegende englische (veröffentlicht bei Amsterdam University Press) Ausgabe zu machen. Der Pademia-Preis für hervorragende Lehre über parlamentarische Demokratie in Europa 2016 hat uns sicherlich motiviert, uns für die aktualisierten Ausgaben in deutscher und englischer Sprache erneut zusammenzufinden. Dank der Professionalität und des Engagements von Alexander Behrens, Verlagsleiter beim Verlag J. H. W. Dietz, konnte der komplexe Prozess von Aktualisierung,

Übersetzung und Lektorat in weniger als einem Jahr abgeschlossen werden, vom Vertrag bis zur Buchhandlung.

Besonderer Dank gilt unseren Assistentinnen Dana van Beurden und Joske Dekkers in Nijmegen für die sorgfältige Zusammenstellung der umfangreichen Bibliografie und anderer Anhänge sowie für die Erstellung des Indexes. Wir sind Gudrun Staedel-Schneider (Kleve) zu großem Dank verpflichtet, die das gesamte Manuskript übersetzt hat. Selbstverständlich sind wir allein für die Unzulänglichkeiten verantwortlich, die unvermeidlich bleiben.

Aufgrund ihrer komplexen institutionellen und prozeduralen Architektur und des politischen Wirrwarrs in ihrer sieben Jahrzehnte währenden Geschichte ist die Europäische Union eine Herausforderung für ein Handbuch. Wir hoffen, dass es uns gelungen ist, dem Leser sowohl *weniger* als auch *mehr* als eine Fülle historischer und aktueller Fakten oder institutioneller Eigenheiten vorzustellen: weniger, indem wir sehr selektiv vorgehen, welche Ereignisse, Namen und Verfahren in den Text für eine Einführung in die Europäische Union aufzunehmen sind, und mehr, indem wir historische Ereignisse in einen Kontext setzen und eine systematische Analyse der institutionellen Architektur bieten. Dies haben wir geschafft, wenn der Leser die sieben »ewigen« Dilemmas des Integrationsprozesses, das zentrale Thema dieses Buches, als hilfreich für das Verständnis der täglichen Medienberichterstattung über Europa empfindet. Wir begrüßen Kommentare und Anregungen von Studenten und Dozenten für eine nächste Aktualisierung, die angesichts des derzeitigen Tempos der europäischen Politik sicherlich in einigen Jahren fällig sein wird.

Wim van Meurs · Robin de Bruin · Liesbeth van de Grift · Carla Hoetink · Karin van Leeuwen · Carlos Reijnen

Einleitung

Die großen Ungewissheiten über die mittelfristige Zukunft des europäischen Projektes stellen aktuell eine große Herausforderung für die europäische Integration dar. Wie zu erwarten sind jetzt, da die EU zum ersten Mal in ihrer Geschichte einen Rückgang ihrer Mitgliederzahl zu verzeichnen hat, Darstellungen mit Urteilen über »Brüssel« sehr in Mode. Die Autoren dieses Buches sind jedoch der Meinung, dass die jüngsten Entwicklungen nach neuen, unvoreingenommenen Studien über das frühere und gegenwärtige Funktionieren der EU und die langfristige Dynamik der europäischen Integration verlangen. Denn die heutigen Unsicherheiten und Kontroversen über die Zukunft der Europäischen Union haben nicht nur Auswirkungen auf unsere Lesart des gegenwärtigen Zustandes, wie es durch den Brexit und die daraus folgenden Zweifel »am Geist« der verbleibenden 27 deutlich wird. Die aktuellen Krisen rufen auch eine Neubetrachtung der Vergangenheit hervor. Ereignisse wie der Brexit oder die Migrationskrise veranlassen Historiker dazu, historische Wendepunkte in der Integrationsgeschichte wieder aufzusuchen, die allzu oft auf eine zielstrebige Entwicklung reduziert werden. Die Auswirkungen externer struktureller Kräfte wie Klimawandel oder Krieg im Nahen Osten, die Autonomie großer Konzepte – föderalistische Ziele, Währungsunion – und die Motive politischer Akteure innerhalb und außerhalb der Union werden hinterfragt und neu bewertet.

Dieses Handbuch antwortet auf zwei Ebenen auf die Forderung, die Vergangenheit neu zu beleuchten. Erstens stellen die Autoren in den zentralen chronologischen Kapiteln ihre Version der konsolidierten und übersichtlichen Darstellung der europäischen Integration vor. Hier werden die Studierenden feststellen, dass das Infragestellen der altbekannten großen Erzählung der Integrationsgeschichte neue Perspektiven für Semesterarbeiten eröffnet, während der allgemeine Leser sehen wird, wie durch Neuinterpretationen vergangener Ereignisse politischer Zündstoff zu den gegenwärtigen Kontroversen hinzukommt.

Als Folge der heutigen Turbulenzen wird jede Interpretation oder Darstellung der Geschichte der europäischen Integration, egal wie akademisch unparteiisch sie auch sein mag, von den Befürwortern der Renationalisierung, einer föderalistischen Zukunft, eines Europa der zwei Geschwindigkeiten oder einer Lawine von nationalen Austritten unweigerlich als öffentliche Erklärung für oder wider »Brüssel« wahrgenommen werden. Wie der Leser älterer Handbücher über die europäische Integration feststellen wird, war die klassische Erzählung über die europäische Integration früher eine Erzählung von Optimismus und Fortschritt – die europäische Integration als eine schrittweise Entwicklung hin zu einer »immer engeren Union«. In dieser Erzählung wurden Feinheiten und Spannungen des Prozesses wie die Stagnation der siebziger Jahre auf temporäre Rückschläge und verfrühte Entscheidungen reduziert. Auch die Begriffe »Sackgasse« für die in den fünfziger Jahren abgebrochenen Pläne für eine Europäische Verteidigungsgemeinschaft und »Neubeginn« für die neuen Ambitionen Europas danach zeugen von dieser Perspektive.

Heute ist der Zwangsoptimismus einer solchen historischen Perspektive verschwunden. Allem Anschein nach wurde die selbstbewusste Erzählung durch eine ebenso dominante negative ersetzt. So wie die optimistische Sichtweise jede Entscheidung der Vergangenheit zu einem weiteren Schritt hin zu einem europäischen Föderalismus machte, so datiert die pessimistische Sicht aktueller Kontroversen wie dem Demokratiedefizit bis in die Gründungszeit der Europäischen Gemeinschaften zurück. Doch wie in der klassischen Erzählung werden in diesen kritischeren Darstellungen die Beschränkungen und Erwartungen des historischen Kontextes gänzlich ignoriert und die Streitfragen von heute auf die Vergangenheit projiziert.

Dieses Buch ist weder eine unkritische Lobrede noch eine harsche Schmähschrift auf die europäische Integration. Stattdessen besteht die Zielsetzung von *Die Unvollendete: eine Geschichte der europäischen Integration* darin, die inhärenten Spannungen in den

Konzepten und Realitäten der EU-Geschichte zu erläutern. Mithilfe der nachfolgenden sieben »strategischen Dilemmas« sollen sowohl die Erzählung der unaufhaltsam zunehmenden Integration als auch die Gegenerzählung von »wir, die Bürger gegen die in Brüssel« infrage gestellt werden. Der aufmerksame Leser wird immer wieder auf diese Dilemmas stoßen, wenn sich in den folgenden Kapiteln die wechselvolle Lebensgeschichte Europas entfaltet. Die Dilemmas zeigen strukturelle Kontextfaktoren auf, hinterfragen idealistische Motive, identifizieren Unklarheiten in den Erwartungen der Bürger und historisieren das europäische Projekt. Dieses Vorgehen wird weder überzeugte Euroskeptiker bekehren noch überzeugte Anhänger einer immer weiter fortschreitenden Integration entmutigen. Es kann jedoch allen anderen Lesern eine Orientierung in der verworrenen und unvollendeten Geschichte der europäischen Integration geben.

Europa bauen: Sieben Dilemmas

Wie bereits erwähnt werden in der gesamten chronologischen Erzählung sieben strategische Dilemmas identifiziert, die dazu beitragen, Kontinuität und Wandel in den mehr als 70 Jahren zu erkennen. Die sieben Dilemmas lassen sich in zwei Kategorien einteilen. Vier davon betreffen Kompetenz- und Verantwortungskonflikte: Wer prägt Europa? Die anderen drei Dilemmas beziehen sich auf die Ideale und Ziele des Integrationsprozesses: Was soll ein geeintes Europa sein? Alle sieben sind Dauerthemen im Prozess der europäischen Integration. Dennoch ändert sich ihr relatives Gewicht im Laufe der Zeit.

Das erste Dilemma ist dasjenige, das heute am deutlichsten zu spüren ist – Bürger versus Staaten. Die Europäische Union repräsentierte von Anfang an sowohl die Mitgliedstaaten als auch die europäischen Bürger. Es ist bezeichnend, dass jeder Mitgliedstaat einen eigenen EU-Kommissar sowie einen Vertreter im Europäischen Rat oder im Ministerrat hat. Das Gewicht der Stimme eines Ministers bei einer Abstimmung hängt jedoch von der Größe der

Bevölkerung dieses Landes ab. Die Sitze im Europäischen Parlament werden mehr oder weniger proportional zur Zahl der Bürger eines jeden Mitgliedstaates zugeteilt. Einige Föderalisten haben sogar vorgeschlagen, dass die Bürger für Abgeordnete aus jedem und nicht nur dem eigenen Mitgliedstaat stimmen können sollten. Die Bürgerinitiative benötigt eine Million Unterschriften aus acht Ländern. Mehr als jedes der anderen Dilemmas ist das Dilemma Bürger versus Staaten dem Prozess der europäischen Integration inhärent und unauflöslich.

Das nächste Dilemma – Intergouvernementalismus versus Supranationalismus – wird dagegen oft als ein Entweder-oder interpretiert, als würde die Europäische Union zwischen den Extremen hin und her schwanken. Während der Jahrzehnte der Integration haben sowohl Politiker als Analysten diese beiden Begriffe als Maßstab benutzt, um jeden strategischen Vorschlag für Europa als eine Entscheidung für »mehr Europa« oder »weniger Europa« zu bewerten. Realitäten und Ideale haben sich so um diese Begriffe gedreht. Fischers Humboldt-Rede 2000 wurde als supranationales Unterfangen gefeiert *und* geächtet. Ein halbes Jahrhundert zuvor hatten dieselben Einschätzungen die Debatte über Direktwahlen für ein Europäisches Parlament geprägt. Die Übertragung von Souveränität an Brüssel ist real, aber Beobachter sollten sich bewusst sein, dass diese Begriffe auch politische Waffen sind.

Ein drittes Dilemma, das durch die bereits erwähnte Spannung zwischen Europa als Ganzem und den einzelnen Nationalstaaten oft überlagert wird, betrifft die Arbeitsteilung zwischen Europa und der Welt als Ganzer. Diejenigen, die sich auf die Europäisierung konzentrieren, neigen dazu, den parallelen Prozess der Globalisierung zu vergessen. Die Vertiefung der Integration, die immer mehr Politikfelder umfasst, hat innerhalb der sich ausdehnenden Union zu Forderungen nach Renationalisierung und einer Einschränkung der europäischen Politikkompetenz geführt. In vielen Politikbereichen stellt sich jedoch die Frage, ob Europa die Größe und die Macht hat, die zentralen Herausforderungen zu bewältigen. Umweltfragen, Terrorismus und Finanzmärkte respektieren weder die Grenzen der Nationalstaaten noch die Außengrenzen der Europäischen Union.

Das vierte Dilemma bezieht sich auf das Spannungsverhältnis zwischen den Außenbeziehungen und den inneren Angelegenheiten Europas. Rückblickend betrachtet profitierte die Europäische Union in dieser Hinsicht für den größten Teil ihres Bestehens von einer relativ komfortablen Position. Einerseits musste Brüssel »nur« die Mitgliedstaaten berücksichtigen bei der schrittweisen Entwicklung hin zu einer verstärkten Zusammenarbeit in (neuen) Politikfeldern. Andererseits konnte Brüssel die eigenen Ambitionen gegenüber den Nachbarregionen und -ländern frei definieren. Die Konstellation des Kalten Krieges und des Eisernen Vorhangs befreite Brüssel lange Zeit von einem intensiven Umgang mit Nachbarn und Antragstellern im Osten. Nach dem Ende des Kommunismus war Europa die einzige Option und die einzige Zukunftsperspektive für mehr als ein Dutzend Länder. In jüngster Zeit ist dies alles zu einem Ende gekommen, als die Türkei und Russland den Ländern an der Peripherie Europas (und sogar in der EU) alternative Angebote machten und sich so ihre eigenen Einflussbereiche aufbauen. Noch wichtiger ist, dass die außen- und innenpolitischen Herausforderungen in kritische Herausforderungen wie den euroskeptischen Populismus, die syrischen und ukrainischen Konflikte und vor allem das Problem der Flüchtlinge und Migranten verzahnt wurden.

Das fünfte Dilemma der ineinander verflochtenen Dynamiken von »Vertiefung« und »Erweiterung« wird mit dem vorhergehenden assoziiert. Seit den achtziger Jahren gingen die Erweiterungsrunden in der Regel mit Reformen der Europäischen Union einher. Einige haben argumentiert, dass die EU weit *vor* der nächsten Erweiterungsrunde über Vertragsreformen, eine geänderte institutionelle Ausgestaltung und wichtige neue Politiken entscheiden sollte, da jede Runde die politische Energie beanspruchen und einen Konsens erschweren würde. Umgekehrt haben andere argumentiert, dass die EU-Mitgliedstaaten den Zeitdruck und die konkreten Probleme *nach* dem Beitritt von noch mehr Nationalstaaten brauchten, um den politischen Willen aufzubringen, der zur Überwindung Blockaden des Status quo notwendig ist.

Wie das vorige Dilemma betrifft auch das sechste Dilemma das Ideal Europas als solches. In ihrem starken Vertrauen auf technisches

Fachwissen und den Ausgleich zwischen konfligierenden politischen und gesellschaftlichen Interessen zeigen die Europäischen Gemeinschaften ihre Wurzeln in den frühen Nachkriegsjahren. Die Hohe Behörde und die Europäische Kommission, der Europäische Wirtschafts- und Sozialausschuss (EWSA) und der Gerichtshof sind Paradebeispiele dafür. Die Logik der Output-Legitimation, das heißt die Legitimierung des europäischen Projektes durch den Nutzen ihrer Gesetzgebung für alle Staaten und Bürger, ähnelt Monnets Funktionalismus. In den letzten Jahrzehnten hat die Macht des direkt gewählten Europäischen Parlaments zugenommen und die Forderungen nach mehr Bürgerbeteiligung sind lauter denn je. In den letzten Jahrzehnten hat die europäische Politik – auch aufgrund ihrer Größe und Komplexität (als Union von Staaten und Bürgern) – wenig Ähnlichkeiten mit der Politik in einem nationalen Gemeinwesen, dem offensichtlichen Bezugspunkt. Das Parlament wird nicht von der Dynamik von Koalition und Opposition getrieben. Folglich schaffen es die Plenardebatten nicht, das wenige, was an europäischer Öffentlichkeit existiert, zu begeistern. Zusammenfassend lässt sich sagen, dass, ähnlich wie in der heutigen nationalen Politik, die widersprüchlichen Forderungen der Öffentlichkeit nach Politisierung von politischen Entscheidungen und Entpolitisierung als Alternative zum verhassten Politikastern nebeneinander existieren.

Das siebte Dilemma ist ein Klassiker, auf einer Ebene mit Intergouvernementalismus versus Supranationalismus: Ist Europa eine solide Gemeinschaft, die auf Solidarität und gemeinsamen Werten oder Normen beruht? Oder ist Europa ein flüchtiges Harmonieren nationaler Interessen, das immer wieder neu verhandelt wird? Thatchers »I want my money back« oder die endlosen Debatten über Kosten und Nutzen für die Nettozahler im EU-Haushalt legen Letzteres nahe. Die jüngste Eurokrise und der Transfer von Milliarden Euro von Nord- nach Südeuropa ist eine Zerreißprobe für das Ideal der europäischen Solidarität. Der Brexit hat den meisten anderen Mitgliedsländern die Grenzen und Risiken einer solchen utilitaristischen Wahrnehmung der EU möglicherweise aufgezeigt. Wenn die EU nur als rechtmäßig akzeptiert wird, um grenzüberschreitende Probleme zu lösen, die kollektive Maßnahmen erfordern, ihr aber in allen anderen politischen Fragen misstraut oder sie gar abgelehnt wird, kann dies zur Desintegration führen. Im nicht monetären Bereich haben die Türkei, Polen, Ungarn mit ihren umstrittenen Reformen des Verfassungs- und Medienrechts in jüngster Zeit Debatten über unveräußerliche europäische Werte ausgelöst, ähnlich wie Fragen der Kriegsschuld und Versöhnung in den assoziierten Balkanländern oder der Status von Nichtstaatsangehörigen in den baltischen Staaten.

Europa verstehen: Analytische Herausforderungen

Wie diese sieben Dilemmas zeigen, ist dieser gigantische Prozess für alle in Brüssel und in den Hauptstädten der Mitgliedstaaten, die versuchen, die europäische Integration zu steuern, eine Erfahrung im Vermeiden zahlreicher Stolpersteine und der Wahl zwischen zwei Übeln. Der Rückblick verschafft dem Historiker ein gesichertes Wissen über in der Vergangenheit getroffene strategische Entscheidungen sowie auf unbeabsichtigte Konsequenzen. Doch wer die Geschichte dieses Prozesses in der Gegenwart schreibt, sieht sich bei der Analyse der Europäischen Union mit eigenen Herausforderungen konfrontiert. Ein Überblick, der sowohl zur Geschichte als auch zur Politikwissenschaft beitragen will, gleichzeitig innovativ und klassisch, narrativ und systematisch sein will, kommt nicht umhin, harte Entscheidungen in Aufbau und Themenauswahl zu treffen.

Etwas überraschend sind Historiker Nachzügler im Bereich der Geschichte der EU oder der Europastudien. Vor den neunziger Jahren gab es nur wenige historische Studien über die Europäischen Gemeinschaften in den Sprachen der sechs Gründerstaaten. In den ersten Nachkriegsjahrzehnten und den ersten Jahren der europäischen Integration konzentrierte sich die Geschichtsschreibung stark auf die hohe Politik sowie auf die nationale Politik. Die europäischen Verträge und Gemeinschaften wurden nur am Rande der nationalen Politik diskutiert. Daher dominieren andere akademische Disziplinen als die Geschichte – insbesondere die Politikwissenschaft und die Rechtswissenschaft – die wissenschaftliche Literatur über mehr als ein halbes Jahrhundert EU-Geschichte. Juristen interessieren sich vor allem für die formale »Realität« der europäischen Verträge, die institutionelle Architektur und die Entscheidungsverfahren. Politikwissenschaftler mit einem Hintergrund in »internationalen Beziehungen« sehen die EU als intergouvernementale Organisation, während ihre Kollegen in der »vergleichenden Politikwissenschaft« die supranationale Position von Brüssel als Ausgangspunkt nehmen. Die Interpretation langfristiger Prozesse und informeller Interaktion über die institutionellen und prozessualen Formalitäten hinaus könnte das Pfund sein, mit dem Historiker wuchern können. In jüngster Zeit hat sich die Aufmerksamkeit der Historiker von der hohen Politik wichtiger Politiker, Konferenzen und Verträge auf eine strukturierte und eingebettete Geschichte der europäischen Integration als vielschichtigem Prozess und nicht als Kette von Ereignissen verlagert. Umgekehrt gehen der facettenreiche Charakter der EU selbst und die disziplinäre Vielfalt von Europastudien, zu denen auch Ökonomen und Soziologen beitragen, weit über die Kompetenzen selbst eines größeren Autorenteams hinaus.

Die Kürze eines einführenden Handbuchs widersetzt sich in mehrfacher Hinsicht den Ambitionen, eine innovative Sichtweise auf die Europäische Union darzustellen. Kein Handbuch kommt ohne eine ganze Reihe von Schlüsselakteuren, Konferenzen, Verträgen, Institutionen und anderen Erinnerungsstücken der hohen Politik aus. In einem solchen historischen Überblick werden gesellschaftliche Akteure und prozess- statt ereignisorientierte Institutionen des politischen Alltags standardmäßig unterbewertet. Ebenso sind sich die Autoren der teleologischen Voreingenommenheit des schrittweisen Fortschritts von frühen Idealen und Ambitionen bis hin zur institutionellen Umsetzung und Erweiterung der Mitgliedschaft bewusst. Die hohe Politik ist besonders anfällig dafür, alternative Optionen, nicht gewählte Wege und unvollendete Projekte auszublenden. Nicht zuletzt lässt sich einer der gravierenden Nachteile der üblichen EU-Geschichtsschreibung hier nicht beheben – ihre Dekontextualisierung. Politische Ereignisse des

Kalten Krieges, wirtschaftliche Themen wie die Ölkrisen oder gesellschaftliche Entwicklungen wie die nationale und europäische Politikverdrossenheit der Bürger können nicht vollständig und systematisch integriert werden. Die systematische und umfassende Bibliografie sowohl für allgemeine als auch für spezifische Studien zur europäischen Integration seit der Jahrhundertwende ist als Ausgangspunkt für die Lektüre von Studierenden, die an Abschluss- und Semesterarbeiten über die Europäische Union arbeiten, gedacht.

Die Unvollendete

Nur selten war die Richtung, in die sich der Prozess der europäischen Integration entwickeln würde, so ungewiss wie heute; sogar die Möglichkeit der Desintegration ist nicht mehr ausgeschlossen. Aus diesem Grund haben die Autoren – entgegen der üblichen Handbuchpraxis und der Intuition von Historikern – beschlossen, den Text so lange zu aktualisieren, wie es der Publikationsprozess zulässt. Das Manuskript wurde schließlich im Dezember 2017 fertiggestellt und umfasst jetzt neun Jahrzehnte europäischer Geschichte von Briand bis Brexit.

Die historische Erzählung gliedert sich in sechs Phasen mit ihren eigenen zentralen Themen, die sich sowohl aus den gelebten Erfahrungen der Politiker und Bürger, die die europäische Integration gestaltet haben, als auch aus den Analysen von Politikwissenschaftlern, Historikern und anderen ergeben. Im ersten Kapitel (☛ S. 22 ff.), das mit dem Vertrag von Rom (1957/1958) endet, steht das Verhältnis von Politikern und Bürgern zu den großen Idealen der Föderalisten im Mittelpunkt, während das Spannungsverhältnis zwischen normativen Idealen und politischem Pragmatismus auch in der Arbeit früher Theoretiker und Historiker erkennbar ist. Wie im zweiten Kapitel beschrieben (☛ S. 56 ff.), war die nächste Ära (bis zur ersten Erweiterung der EU 1973) die Zeit der Festigung der politischen Machtverhältnisse im neuen Europa als Ergebnis eines Machtkampfes zwischen den (größeren und kleineren) Mitgliedstaaten und zwischen den Mitgliedstaaten und den europäischen Institutionen. Auch diese hochpolitische und kritische Phase hatte Einfluss auf die Entwicklung der Theorie und führte zu einer zynischeren Sichtweise der Historiker. In der dritten Phase von 1973 bis 1985, die in Kapitel 3 (☛ S. 94 ff.) behandelt wird, waren sowohl die Erfolge als auch die Konflikte in Europa eher wirtschaftlicher als politischer Natur. Um 1980 rückte die Wirtschaft zunehmend in den Vordergrund, sowohl in den geschichtlichen Erzählungen als auch bei der Suche nach der treibenden Kraft des Integrationsprozesses.

Wie aus Kapitel 4 (☛ S. 132 ff.) hervorgeht, schien sich das politische Zentrum der nationalen Hauptstädte erst nach Brüssel zu verlagern, als Jacques Delors und später Jacques Santer (1985–1999) an die Spitze der EU traten. Die innere Perspektive des »Regierens« rückte in den Mittelpunkt: Die Frage war nicht mehr, *ob* Europa bei der Politikgestaltung immer mehr die Führung übernehmen würde, sondern *wie*. Historiker, Politikwissenschaftler, Experten für öffentliche Verwaltung und Soziologen konzentrierten sich in zunehmendem Maße auch auf das Funktionieren der EU als einzigartiges, neues politisches System mit einer beispiellosen Anzahl von Politikfeldern und Regierungsebenen. Folglich bleibt, wie in Kapitel 5 (☛ S. 166 ff.) und 6 (☛ S. 210 ff.) thematisiert, im 21. Jahrhundert nur noch eine Frage übrig, die Bürger, Politiker und Wissenschaftler eint. Selbst die Eurokrise ist in vielerlei Hinsicht von diesem Thema abgeleitet: die europäische Demokratie und ihre Defizite. Sowohl in Brüssel als auch in den Hauptstädten der EU-Länder stößt die Notwendigkeit einer partizipatorischeren und repräsentativeren Demokratie für die unpopuläre Europäische Union auf die Notwendigkeit eines pragmatischen Krisenmanagements, das auch harte Maßnahmen zur Rettung des Euro oder zur Bewältigung des Flüchtlingszustroms umfasst.

Der Leser wird den sieben strategischen Dilemmas immer wieder explizit und implizit begegnen, wie die Geschichte sich in *Die Unvollendete: eine Geschichte der europäischen Integration* entfaltet. Die analytischen Herausforderungen liegen in der alleinigen Verantwortung der Autoren. Insofern ist das Buch ein Balanceakt. Es bietet eine prägnante Darstellung der wichtigsten Akteure, Ereignisse, Institutionen und Verträge in der Geschichte und dem gegenwärtigen Zustand der Europäischen Union. Es wurde mit Blick auf den allgemeinen Leser geschrieben und erfordert wenig oder gar keine Vorkenntnisse, bietet aber zusätzliche Unterstützung für Lehrer und Oberstufenschüler. Nicht zuletzt ist dieses Buch für Studenten, die eine Seminar- oder Abschlussarbeit oder eine Dissertation zu einem EU-relevanten Thema schreiben, eine willkommene Referenz für die historischen und institutionellen Grundlagen.

Wim van Meurs

1 Viele Wege nach Europa

Abb. 1 Europa und die europäische Integration im Zeitraum 1951 bis 1957.

1923 Richard Coudenhove-Kalergi: Paneuropa

1930 Aristide Briand: Memorandum

1947 Ankündigung des Marshall-Plans

1948 Europa-Kongress in Den Haag

1949 Gründung des Europarates

1950 ıuman-Plan für die Europäische Gemeinschaft für Kohle und Stahl
ːven-Plan für eine Europäische Verteidigungsgemeinschaft

1951 Unterzeichnung des Pariser Vertrages für die Einführung der Europäischen Gemeinschaft für Kohle und Stahl (Montanunion)

1952 ›tes Zusammentreten der Versammlung der EGKS in Straßburg

1954 Blockade des Vertrags für die Europäische Verteidigungsgemeinschaft durch das französische Parlament

1955 Konferenz von Messina

1957 Unterzeichnung der Römischen Verträge; Europäische Wirtschaftsgemeinschaft (EWG) und Euratom

1958 ›tes Zusammentreten der Kommissionen von EWG und Euratom

Nahezu 70 Jahre sind seit der Gründung der Europäischen Gemeinschaft für Kohle und Stahl (EGKS, Montanunion), dem frühesten Vorläufer der heutigen Europäischen Union, verstrichen. Das heutige Wissen über die Probleme, Erfolge und Misserfolge des Integrationsprozesses in den folgenden Jahrzehnten behindert die Beurteilung von Vorläufern wie der EGKS. Nationale Interessen und der Druck des Kalten Krieges, die auch die Grundlage ihrer Entstehung waren, können den Mut und den europäischen Idealismus der ersten europäischen Institutionen nicht ausblenden. Besondere Vorsicht ist geboten, wenn es um die Bewertung der »Vordenker« des 19. Jahrhunderts und der Zwischenkriegszeit geht. Die supra- oder übernationale europäische Integration der Zeit nach dem Zweiten Weltkrieg, bei der sich nationale Regierungen in einzelnen Politikbereichen einer höheren europäischen Autorität unterstellten, war vor allem eine Folge der Erfahrungen des Krieges und des Drucks der internationalen Entwicklungen. Doch es gibt auch erhebliche Ähnlichkeiten zwischen den Visionen dieser »Vordenker« und der späteren europäischen Integration. Der Zusammenhang von wirtschaftlicher Integration und Förderung von Wohlstand einerseits und Frieden zwischen den europäischen Ländern andererseits ist dafür ein Beispiel. Wiederkehrende Elemente sind auch die empfundene Notwendigkeit, durch die Schaffung von europäischer Einheit Europa in der Weltpolitik Gewicht zu verleihen, und die Überzeugung, dass die europäischen Institutionen ein Gefühl der europäischen Schicksalsgemeinschaft bewirken könnten.

Europäische Zusammenarbeit vor dem Zweiten Weltkrieg

Wenn es in den vergangenen Jahrhunderten um Zusammenarbeit und Einheit in (einem Teil von) Europa ging, dann lag einer solchen Zusammenarbeit selten ein großer Plan zugrunde. Manchmal zwangen die Umstände die politischen Führer in Europa zu wirtschaftlicher oder militärischer Zusammenarbeit. Ein anderes Mal war

Einheit die Folge von Kriegen, die aus wirtschaftlichen oder politischen Erwägungen geführt wurden. Es gab auch Pläne für eine friedliche, freiwillige politische oder wirtschaftliche **Integration**: im wahrsten Sinne des Wortes die Verschmelzung von Teilen zu einem größeren Ganzen. Manchmal wurden diese Pläne und Initiativen als Mittel für zum Beispiel mehr Wohlstand betrachtet, dann wieder stellte die politische Einheit Europas das Ziel dar. Zwischen diesen »funktionalen« und »ideellen« Plänen kann jedoch keine klare Trennlinie gezogen werden.

Ein wichtiger früher Denker der europäischen politischen Einigung war Claude-Henri de Rouvroy, Comte de **Saint-Simon**. Er skizzierte im Oktober 1814, am Ende der Napoleonischen Kriege in Europa und zu Beginn des Wiener Kongress, ein vereintes Europa, gedacht für die Parlamente des Vereinigten Königreiches und Frankreichs. Diese Länder sollten bereits ein gemeinsames Parlament erhalten. Andere europäische Länder könnten sich an diesem zu schaffenden Europa beteiligen, sofern sie ihre absolutistischen Monarchien abschafften. Das zukünftige Europa müsste schlussendlich auch das deutsche Volk einschließen. Nach Saint-Simon würde diese Nation, angesichts ihrer Größe und ihres Territoriums im Herzen Europas, zwangsläufig eine führende Rolle in Europa einnehmen.

Es gibt bemerkenswerte **Übereinstimmungen** zwischen Saint-Simons Visionen und dem Charakter der europäischen Integration nach dem Zweiten Weltkrieg. Er war ein Verfechter einer geordneten, planmäßig zusammenarbeitenden Gesellschaft, geführt von herausragenden Persönlichkeiten. Andere Übereinstimmungen zwischen seinem Plan und der heutigen Europäischen Union waren der soziale Friede zwischen Besitzenden und Besitzlosen und die Betonung der wirtschaftlichen Rationalisierung.

Die Integration Europas, die zur Europäischen Union geführt hat, wird oft mit **ewigem Frieden** zwischen den Ländern in Europa assoziiert. Auch dieser Gedanke war Saint-Simon nicht fremd. Während einige andere Denker des frühen 19. Jahrhunderts die Rivalität zwischen den Staaten Europas als Grund dafür sahen, dass die europäischen Länder die Welt entdeckten und kolonisierten, und somit als Quelle der Dynamik und Kraft betrachteten, stellten die Spaltungen in Europa für Saint-Simon gerade eine Schwäche dar.

Wie in der späteren EU behielten die Nationalstaaten in Saint-Simons Modell ihre Parlamente, aber auf europäischem Niveau wurde einer Vertretung gebildeter Schichten ein eigener Platz eingeräumt. Menschen werden von ihren Institutionen geprägt, so Saint-Simon, und ein solches **europäisches »Parlament«** würde zu einer europäischen Harmonisierung der Interessen und sogar zu einem europäischen Patriotismus führen.

Nach Saint-Simon entwickelten viele Denker im 19. Jahrhundert Vorstellungen über eine künftige europäische Zusammenarbeit. Dies ist bemerkenswert, da das 19. Jahrhundert in der Regel als das Jahrhundert des Nationalismus und der nationalen Einigung betrachtet wird. Einige Nationalisten wie Giuseppe Mazzini, ein Vorkämpfer der italienischen Einheitsbestrebungen im 19. Jahrhundert, sahen das Ideal der zusammenarbeitenden europäischen Nationen gerade als eine Verlängerung ihres Strebens nach nationaler Einigung, Gleichheit und Brüderlichkeit.

Im Gegensatz zu den optimistischen Europaplänen des 19. Jahrhunderts waren die Pläne für ein Europa in der Zwischenkriegszeit die Folge einer stark spürbaren **politischen und wirtschaftlichen Krise**. Zu Beginn des 20. Jahrhunderts wurden große Teile der Welt von den europäischen Kolonialmächten beherrscht. Der Erste Weltkrieg brachte einen relativen Rückgang dieser Machtposition und den wirtschaftlichen Aufstieg der Vereinigten Staaten von Amerika (USA). Dieser erste moderne Krieg mit Millionen von Toten und einem menschenverachtenden Krieg im Schützengraben wurde auch als eine Krise der europäischen Zivilisation gesehen und beeinträchtigte das Selbstverständnis der europäischen politischen Eliten. Diese Gefühle der Bedrohung und der Krise wurden von der kommunistischen Machtübernahme 1917 in Russland und der Angst vor einer Ausbreitung dieser Ideologie und des sowjetischen Einflusses in Mittel- und Westeuropa verstärkt.

Mit dem Ersten Weltkrieg setzte darüber hinaus ein Trend der zunehmenden **Handelsbeschränkungen** ein, die von den Nationalstaaten zum Schutz der eigenen Wirtschaft umgesetzt wurden. Der

Weltmarkt sorgte nach dem Ersten Weltkrieg in der Landwirtschaft für einen starken Rückgang der Preise für vor allem Getreide. Die Getreideproduktion war nämlich in den USA, Kanada und Argentinien und die Exporte aus diesen Ländern auf den europäischen Markt während des Krieges erheblich gestiegen, weil in Mitteleuropa die eigene Produktion durch die Kriegshandlungen sank. Als diese nach Kriegsende wieder den Vorkriegsumfang erreichte, entstand ein Überangebot. Ab dem Sommer 1921 musste von einer Krise gesprochen werden.

Für die Erhaltung des Friedens richteten sich die Hoffnungen nach dem Ersten Weltkrieg auf den auf Initiative der USA gegründeten **Völkerbund** – eine Weltorganisation, die Frieden zwischen den Völkern bewerkstelligen sollte. Die Aufteilung des österreichisch-ungarischen Reiches (als Kriegsverlierer) in kleinere Staaten stand im Einklang mit dem ursprünglichen Völkerbundideal der nationalen Selbstbestimmung. Allerdings wurde der ursprüngliche Völkerbundgedanke von Frieden und Zusammenarbeit von den drakonischen Friedensbedingungen, die das Vereinigte Königreich und Frankreich mit dem Versailler Vertrag dem größten Verlierer des Krieges auferlegten, durchkreuzt: Deutschland musste enorme Reparationsleistungen aufbringen.

Der österreichisch-japanische Graf Richard Nikolaus **Coudenhove-Kalergi**, ein ausgesprochener Antikommunist, war nach dem Ersten Weltkrieg zunächst ein begeisterter Befürworter des Völkerbundes, aber mit der Zeit wuchs seine Enttäuschung über diese Organisation. Als Reaktion auf das Gefühl der Krise in Europa veröffentlichte er 1923 sein berühmtes Buch *Paneuropa*, in dem er einen Plan für die politische und wirtschaftliche Einigung Europas vorstellte. »Europäer« wie Coudenhove-Kalergi betrachteten die Einheit Europas eigentlich als zweite Wahl, weil der Völkerbund nicht funktionierte. Wie beim Plan von Saint-Simon und den späteren Europäischen Gemeinschaften waren Ideen über Frieden zwischen den Völkern Europas und sozialökonomischer Frieden zwischen Kapital und Arbeit der Ausgangspunkt seines Plans.

In *Paneuropa* erarbeitete Coudenhove-Kalergi eine Zukunftsvision. Für ihn stand die europäische Neigung zu Kleinstaaterei in völligem Gegensatz zu den Dimensionen der vier großen Machtblöcke der Zukunft (Panamerika, das Britische Empire, die Sowjetunion und der Ferne Osten), neben dem sich ein fragmentiertes Europa trotz seiner eigenen Kolonien in Afrika, Südamerika, Indochina und Indonesien nicht würde behaupten können. In seinen Augen sollte der europäische Kontinent zusammen mit diesen Kolonien eine mächtige **wirtschaftliche Einheit** ohne Binnenzollschranken bilden. Es war relativ leicht, das französische »Eurafrika« in dieses Projekt einzupassen. Die niederländische Freihandelspolitik in Indonesien hatte zu einem umfangreichen Handel zwischen den niederländischen ostindischen Kolonialgebieten und der nichteuropäischen Welt geführt, insbesondere mit den USA. Die Interessen der niederländischen Kolonialunternehmen ließen sich nicht einfach mit dem Aufbau von Zollschranken an den Außengrenzen Paneuropas in Einklang bringen.

Paneuropa sollte eine stark regulierte Wirtschaft erhalten. Paneuropäische Landwirtschaft und Industrie sollten vor Billigimporten geschützt werden. In der Landwirtschaft sollte Paneuropa sogar autark werden. Seine Vorstellungen fußten auf der Annahme, dass größere wirtschaftliche Einheiten zu einer besseren Koordinierung der Wirtschaftsleistung und mehr Massenproduktion führen würden. Europäische wirtschaftliche Einheit würde zu Rationalisierung, Produktionssteigerung und Preissenkungen führen, wodurch der Wohlstand steigen und besser verteilt werden würde. Der »Klassenkampf« zwischen der besitzenden Klasse und der Arbeiterklasse würde durch die europäische Einheit verhindert und der Kommunismus würde dadurch seinen Reiz verlieren. Armut sei schließlich der Nährboden des Kommunismus.

In den zwanziger Jahren schienen die Probleme, die die Friedensverträge nach dem Ersten Weltkrieg verursacht hatten, zunächst gelöst. Dies brachte den französischen Staatsmann Aristide Briand dazu, 1930 das **Briand-Memorandum** zu veröffentlichen, das einen Plan für ein gemeinsames Europa im Rahmen des Völkerbundes vorstellte. Wie schon im Völkerbund behielten die teilnehmenden Staaten in seinem Plan ihre volle Souveränität. Obwohl in diesem Plan von einem gemeinsamen Markt die Rede war, hatte bei Briand der Frieden zwischen den europäischen Großmächten Vorrang vor der wirtschaftlichen Zusammenarbeit. Einrichtungen der beabsichtigten Zusammenarbeit waren eine europäische Konferenz mit Vertretern der nationalen Regierungen, ein permanentes politisches Komitee, das als Exekutivorgan der Konferenz fungierte und ein Sekretariat. Der Plan stieß in Deutschland und dem Vereinigten Königreich nicht auf sonderliche Begeisterung. Deutschland sah in dem Plan einen Versuch Frankreichs, seine eigene beherrschende Stellung in Europa zu festigen. Die gleichen Gefühle lebten bei den Briten, die sich darüber hinaus mehr auf ihr außereuropäisches Reich konzentrierten als auf den europäischen Kontinent. Wirtschaftlich war die Zeit ungünstig für den Plan, weil nach dem Börsencrash im Oktober 1929 eine Weltwirtschaftskrise ausgebrochen war, die den wirtschaftlichen Protektionismus der Nationalstaaten förderte. Als 1933 in Deutschland die Nationalsozialisten an die Macht kamen, verflog alle Hoffnung auf Zusammenarbeit in Europa.

Der Völkerbund bildete auch den Ausgangspunkt für eine weitere europäische Initiative für wirtschaftliche Zusammenarbeit. Der Völkerbund suchte internationale Handelshemmnisse abzubauen, um die Wirtschaftskrise zu bekämpfen. Im Dezember 1930 unterzeichneten Norwegen, Schweden, Dänemark, die Niederlande, Belgien und Luxemburg zur Unterstützung dieses Ziels die sogenannte **Oslo-Konvention**. In diesem relativ bescheidenen Handelsvertrag wurde vereinbart, bestehende Einfuhrzölle nicht ohne Rücksprache zu erhöhen und neue Steuern nicht einseitig und ohne vorherige Beratung zu erlassen. Die Oslo-Länder wollten in der Handelspolitik ein gutes Beispiel für die großen europäischen Mächte setzen. Da das Vereinigte Königreich und andere Länder sich einer Teilnahme verweigerten, wurde der Schwerpunkt mehr auf die Ausweitung des Handels untereinander gelegt.

Im Juli 1932 unterzeichneten einige Oslo-Länder (die Niederlande, Belgien und Luxemburg) die ehrgeizigere **Vereinbarung von Ouchy**. Ziel war eine schrittweise Verringerung der Zölle untereinander. Bestehende Importzölle sollten untereinander nicht erhöht werden, noch sollten neue eingeführt werden. Der Vereinbarung, die als erster Schritt hin zu einer Zollunion in Europa gedacht war, konnten die Oslo-Staaten und andere Länder auf der Grundlage von Gleichheit beitreten. Nachdem das Vereinigte Königreich diese Vereinbarung abgelehnt hatte und seine imperialen Handelsinteressen über den Handel mit dem Kontinent stellte, verflogen die Hoffnungen auf die Liberalisierung des europäischen Handels.

Ein Versuch des Völkerbunds 1933, dem steigenden nationalen Protektionismus im internationalen Handel mit einer Weltwirtschaftskonferenz ein Ende zu machen, scheiterte ebenfalls. Der **wirtschaftliche Nationalismus** beschränkte sich nicht auf die Abschottung des eigenen Markts für Produkte aus anderen Ländern. Ein Land nach dem anderen ging dazu über, die eigene Währung gegenüber der seiner Handelspartner abzuwerten, was die eigenen Exporte verbilligte. Einige Länder gingen sogar dazu über, die eigenen Produkte zu Tiefstpreisen auf den Märkten der Handelspartner zu verschleudern (»dumping«), um die Konkurrenz aus diesem Land zu zerstören. Die Erinnerung an diesen Wirtschaftskrieg in den dreißiger Jahren war nach dem Zweiten Weltkrieg der wichtigste wirtschaftliche Grund für den Wunsch nach einem gemeinsamen westeuropäischen Markt.

In der zweiten Hälfte der dreißiger Jahre gaben sich die Oslo-Staaten selbst die politische Aufgabe, zwischen den großen europäischen Mächten eine **internationale Entspannung** zu erreichen. Niemand verdächtigte diese Gruppe von Ländern, eigene territoriale Expansion oder Dominanz in Europa anzustreben. Doch die Entspannungsversuche waren erfolglos und auch die wirtschaftlichen Vorteile des Vertrages wurden für die Teilnehmerstaaten immer geringer. Ende der dreißiger Jahre konnte kaum noch von Zusammenarbeit durch die Oslo-Staaten gesprochen werden.

Hitlers Neue Ordnung und das föderalistische Europa des Widerstandes

Vor dem Zweiten Weltkrieg scheiterten schlussendlich alle Pläne und Initiativen für eine Zusammenarbeit und Einheit in Europa an den unwilligen Nationalstaaten. Oft war die politische Zusammenarbeit in Europa selbst nur zweite Wahl gewesen, nachdem die weltweite Zusammenarbeit für Frieden und freien Handel im Völkerbund fehlgeschlagen war.

Hitlers **Nazideutschland** hielt nichts vom Völkerbund noch von Coudenhove-Kalergis *Paneuropa*. Nach Meinung der Nationalsozialisten hatten nicht die Völker, sondern ihre Regierungen diese nicht organisch gewachsenen Mächte geschaffen. Darüber hinaus betrachteten sie Coudenhove-Kalergis *Paneuropa* als Auftakt zum Weltkapitalismus, während sie selbst ein Europa unter deutscher Führung anstrebten, das von Importen aus dem Rest der Welt unabhängig sein sollte. Trotz ihrer Einwände gegenüber *Paneuropa* verfolgte auch die Naziführung eine eigene europäische Idee. Albert Speer, während des Zweiten Weltkrieges eine Schlüsselfigur im wirtschaftlichen Bereich in Hitlers Drittem Reich, hatte während des Krieges eine qua wirtschaftlicher Ziele der Montanunion ähnelnde (aber undemokratische) Organisation ins Leben rufen wollen.

Als Herrscher auf dem europäischen Kontinent propagierte Nazideutschland europäische wirtschaftliche Zusammenarbeit in einer Großraumwirtschaft. Am 25. Juli 1940 präsentierte der deutsche Wirtschaftsminister zum Beispiel einen Finanzplan für »multilaterales« Clearing von Vermögenswerten und Schulden in vom Deutschen Reich kontrollierten Gebieten: Wenn der Handel zwischen zwei Ländern nicht ausgeglichen sei, sollten Vermögenswerte und Schulden von nun an nicht mehr »bilateral«, sondern »multilateral« zwischen den verschiedenen teilnehmenden Ländern verrechnet werden. Damit würden die Währungsbeschränkungen auf den gegenseitigen Handel begrenzt, was den Handel zwischen diesen Ländern erheblich erleichtern sollte. Der Plan ähnelt der Europäischen Zahlungsunion, wie sie im August 1950 gegründet werden sollte. In Nazideutschland arbeiteten Behörden an viel weitergehenden Plänen, wie einer Zollunion mit freiem Kapitalverkehr, doch für die politische Führung hatten diese Pläne keine Priorität.

Der Nationalsozialismus richtete sich in erster Linie auf den gewaltsamen Gebietserwerb für die deutsche »Herrenrasse« in Polen und (ab Juni 1941) in der Sowjetunion. Die nationalsozialistischen Pläne für einen wirtschaftlichen Großraum in West- und

Mitteleuropa waren eine Fassade für eine weniger gewalttätige wirtschaftliche Ausbeutung durch Nazideutschland. Davon unabhängig glaubten manche Funktionäre in Nazideutschland wie auch in den besetzten Gebieten an dieses Europa unter deutscher Führung. Unter diesen »Gläubigen« waren auch viele Nichtnazis. Sie sahen darin den ersten Schritt hin zu einer wirtschaftlichen Einigung auf dem Kontinent. Viele hofften, dass das Hitler-Regime im Laufe der Zeit durch gemäßigtere Kräfte der deutschen Armee zur Seite geschoben werden würde, sodass der Sturz der Nazis nicht zu einem Zusammenbruch Deutschlands führen würde. Ein solcher Zusammenbruch würde nämlich möglicherweise das Risiko für eine sowjetische Invasion Europas erhöhen.

Der **organisierte deutsche Widerstand** gegen Hitler sah sich 1941 und 1942 wegen der bestehenden deutschen Hegemonie auf dem Kontinent gezwungen, eine Vision für Europa zu entwickeln, da man einen Plan für die besetzten Gebiete für die Zeit nach Hitlers Sturz benötigte. Carl Goerdeler, der nach dem Willen des deutschen Widerstandes Kanzler werden sollte, hoffte auf die Vereinigung der Völker Europas gegen den Sowjetkommunismus. Er sah 1941 einen künftigen europäischen Staatenbund unter deutscher Führung am Horizont. Hatte er damals noch an eine separate deutsche Wehrmacht gedacht, so befürwortete er ein Jahr später die Schaffung einer europäischen Armee. Die Anführer der christlich-sozialen Widerstandsgruppe Kreisauer Kreis wollten die nationalsozialistische wirtschaftliche Ausbeutung umschmieden in eine wirtschaftliche Zusammenarbeit in Europa. Europa sollte zu einer Föderation historisch gewachsener, in der Größe aneinander angepasste Einheiten werden, wodurch das nationale Prinzip durchbrochen werden würde. Im Kreisauer Kreis wurde später ein sogenannter Europaplan entwickelt mit einem Entwurf für eine europäische Gemeinschaft (mit europäischen gesetzgebenden Institutionen und einer Verfassung). Wie in der späteren EU wurde hier ein Schwerpunkt auf das Prinzip der Subsidiarität gelegt, wobei Entscheidungen auf der niedrigstmöglichen Ebene getroffen werden sollten. Auch sprach sich der Kreisauer Kreis für eine Weltorganisation aus, die stärker sein sollte als der Völkerbund.

In den Reihen des Widerstandes gegen den Nationalsozialismus und den Faschismus außerhalb Deutschlands entwickelte sich während des Krieges ebenfalls ein **föderalistisches europäisches Ideal** als Alternative zum nationalsozialistischen Streben nach einem europäischen Großraum und als kollektive Sicherheit gegen die Sowjetunion. Nach Meinung dieser Föderalisten bewies die deutsche Eroberung des europäischen Kontinents, dass die europäischen Länder ihre Grenzen nicht selbstständig verteidigen könnten und dass nationale Souveränität in Europa eine Fiktion geworden sei. Die Ära der Kleinstaaterei in Europa war für sie nicht nur militärisch, sondern auch wirtschaftlich vorbei. Ihr föderalistisches Ideal hatte einige Ähnlichkeiten mit dem nationalsozialistischen Europa, trotz grundlegender Unterschiede wie die Achtung der Würde des Menschen. »Europa« hatte sowohl für die Nationalsozialisten wie für den Widerstand die Konnotation eines sozioökonomischen »dritten Weges« zwischen der kapitalistischen freien Marktwirtschaft der USA und der kommunistischen Planwirtschaft der Sowjetunion. Eine Ausdehnung des Marktes auf europäische Dimensionen würde zu wachsendem Wohlstand führen.

Nach dem Zusammenbruch von Nazideutschland im Mai 1945 gab es neben Vorkämpfern für einen starken Kontinent auch Befürworter eines Europas als Baustein für eine breitere politische Zusammenarbeit und Vereinigung im atlantischen Kontext oder im Rahmen der Vereinten Nationen, dem Nachfolger des Völkerbundes. Hier wurde im Geist von Aristide Briand gedacht, dessen europäische Pläne von 1930 eine Einbettung des zusammenarbeitenden Europas in den Völkerbund vorgesehen hatten. In dieser frühen Nachkriegszeit gab es neben Vorstellungen über föderalistische Zusammenarbeit und die Stärkung der europäischen Staatengemeinschaft also noch ehrgeizigere Perspektiven, wie den sogenannten **Weltföderalismus**. In der zweiten Hälfte der vierziger Jahre verschwanden diese Perspektiven einer globalen Zusammenarbeit unter dem Einfluss des Kalten Krieges.

Die europäischen Föderalisten waren eine bunte elitäre Gruppe, die sich am 17. Dezember 1946 unter dem Vorsitz von Hendrik Brugmans zur **Union Europäischer Föderalisten** zusammenschloss.

Viele Mitglieder hatten in dieser Zeit ein Europa vor Augen, das aus kleinen Regionen, in einer europäischen Föderation vereint, bestand. Die Macht der Nationalstaaten musste ihrer Meinung nach gebrochen werden. So würde das Nachkriegsdeutschland (der erhoffte wirtschaftliche Motor Westeuropas) politisch integriert, ohne wirtschaftlich klein gehalten werden zu müssen, aus Angst vor neuer deutscher militärischer Aggression. Die Föderalisten hatten wohl ein endgültiges Ziel vor Augen, aber sie hatten keine konkrete Strategie, wie dies zu erreichen wäre.

Der Kalte Krieg und die deutsche Frage

Nach dem Zweiten Weltkrieg waren der Kalte Krieg und die Teilung Deutschlands wichtige Katalysatoren für die wirtschaftliche Zusammenarbeit in Westeuropa. Westeuropäische Demokratien sahen sich in der Pflicht, für die eigenen Bürger mehr Wohlstand zu realisieren. Armut als Folge der Krise der dreißiger Jahre, die mit ein Auslöser des Zweiten Weltkriegs gewesen war, war noch frisch in den Köpfen und man wollte verhindern, dass die eigenen Bürger als Folge der materiellen Armut für den Kommunismus empfänglich würden. Ein wichtiges Ziel der westeuropäischen Länder war die wirtschaftliche Integration des westlichen Teils Deutschlands in Westeuropa, um wirtschaftlich vom westdeutschen Wiederaufbau profitieren zu können ohne das Risiko einer erneuten **Bedrohung durch Deutschland** als dominante wirtschaftliche und politische Macht in der Mitte Europas. Außerdem wurde damit verhindert, dass ein vereintes und neutrales Deutschland entstünde, das sich auf längere Sicht gesehen auf die Seite der Sowjetunion schlagen könnte.

Zwischen den Verbündeten bestand über die Frage, was mit Deutschland nach seiner Niederlage geschehen sollte, keine Einigkeit. In den USA gab es gegen Ende des Zweiten Weltkrieges anfänglich Überlegungen, Deutschland zur Strafe wieder in einen reinen Agrarstaat zu verwandeln. Deutschland, das seit dem 19. Jahrhundert der industrielle Motor Europas gewesen war, sollte aufgeteilt werden und überwiegend agrarisch sein. So sollte verhindert werden, dass in Deutschland jemals wieder Panzer, Flugzeuge und Sprengstoff produziert und das Land erneut zu einer Gefahr werden könnte. Dieser Plan erwies sich schnell als nicht praktikabel. Eine klein gehaltene deutsche Wirtschaft bedeutete schließlich auch wirtschaftlichen Abschwung für Deutschlands Handelspartner.

Stalin, Roosevelt und Churchill trafen sich Anfang 1945 bei der Konferenz von Jalta. Bei dieser Gelegenheit und bei der Konferenz von Potsdam nach der bedingungslosen Kapitulation von Nazideutschland am 8. Mai 1945 standen die europäische Nachkriegsordnung und die deutsche Frage oben auf der Agenda. Europa wurde schlussendlich in **östliche und westliche Einflusssphären** und Deutschland in vier Besatzungszonen aufgeteilt.

Mit dem Wegfall Deutschlands als gemeinsamem Feind wuchs die Furcht des kommunistischen Ostens und des demokratisch-kapitalistischen Westens voreinander immer mehr, was schließlich zum Kalten Krieg führte. US-Präsident Harry S. Truman hielt am 12. März 1947 im US-Kongress eine historische Rede, in der er allen Ländern Unterstützung versprach, die sich von der kommunistischen Expansion bedroht fühlten. Die sogenannte **Truman-Doktrin** wurde zur »Containment-Politik«, zum Bestreben, den Kommunismus in der ganzen Welt, auch in den Kolonien der westeuropäischen Kolonialmächte, wo das Streben nach Unabhängigkeit immer mehr an Boden gewann, einzudämmen.

Der Kalte Krieg hatte neben einer geopolitischen auch eine starke wirtschaftliche Dimension. Dass die USA und die Sowjetunion weltweit möglichst viel wirtschaftlichen Einfluss gewinnen wollten, war eine der Hauptursachen des Kalten Krieges. Außerdem wollten der Westen und der Osten so viel wirtschaftliche Macht wie möglich entwickeln, weil dies eine Bedingung für militärische Macht war und die Überlegenheit des eigenen Systems demonstrierte.

Die Nachkriegswirtschaftsordnung der westlichen Welt war während des Zweiten Weltkrieges vorbereitet worden. Das System von **Bretton-Woods** von 1944 regelte den gegenseitigen grenzüberschreitenden Zahlungsverkehr; westeuropäische Staaten schlossen sich nach ihrer Befreiung diesem System an. Die Währungen der teilnehmenden Länder hatten dadurch feste Wechselkurse gegenüber dem US-Dollar, der danach zu einem festen Kurs gegen Gold getauscht werden konnte und damit einen festgelegten Wert hatte. Das System, das bis 1973 existieren sollte, zielte auf die Liberalisierung des Handels, sah aber auch die Möglichkeit vor, Importe aus Ländern mit knapper Währung zu beschränken.

Nach dem Krieg musste die Wirtschaft der europäischen Länder wieder aufgebaut werden. Wie schon in den dreißiger Jahren waren die Wirtschaftssysteme der westeuropäischen Länder durch nationale protektionistische Maßnahmen wie Zollschranken stark voneinander abgeschottet. Ein noch vordringlicheres Außenhandelsproblem für die westeuropäischen Staaten war der Dollarmangel, hervorgerufen durch einen Anstieg in der Nachfrage nach Importen aus den USA nach der Eliminierung Deutschlands als Lieferant von Kapitalgütern. Dieser Dollarmangel behinderte die Exporte der USA. Die US-Regierung war bereit auszuhelfen, forderte aber eine Integration der europäischen Wirtschaft, um so die Effizienz in der Produktion und damit den Wohlstand zu steigern. Davon sollten übrigens auch die US-Exporte nach Europa profitieren.

Nachdem im Juni 1947 mit der Rede des US-Außenministers George Marshall die amerikanische Absicht einer Dollarhilfe für Europa bekannt geworden war, wurde im Sommer 1947 auf Geheiß der Amerikaner in Paris eine Konferenz für europäische wirtschaftliche Zusammenarbeit organisiert. Dort mussten die beteiligten europäischen Länder das Programm für die Verteilung des Marshall-Plans – offiziell Europäisches Wiederaufbauprogramm genannt – selbst regeln. Nach dem **Marshall-Plan** sollten europäische Importeure den Import aus den USA in der Landeswährung auf ein sogenanntes Gegenwertkonto des eigenen europäischen Landes einzahlen. Der Exporteur in den USA erhielt den geschuldeten Betrag von der eigenen Regierung in Dollar ausbezahlt. Mit dem Geld auf dem Gegenwertkonto löste das entsprechende europäische Land die Staatsschulden ab und bezahlte Wiederaufbauprojekte. Das vom US-Außenminister George Marshall in Aussicht gestellte Geld (13 Mrd. Dollar) war ursprünglich für alle europäischen

Länder bestimmt, aber die Länder, die unter dem Einfluss der Sowjetunion standen, wurden von Stalin gezwungen, diese Hilfe abzulehnen.

Die besetzten Gebiete des westlichen Deutschlands waren auf der Konferenz ebenfalls nicht vertreten und wurden auch nicht von den alliierten Besatzungsbehörden repräsentiert. Bei der Sitzung in Paris im Juli 1947 traten die Beneluxländer Niederlande, Belgien und Luxemburg praktisch als eine Einheit zugunsten Westdeutschlands auf. Zwischen den Beneluxstaaten und Frankreich entstand eine heftige Kontroverse über die Beteiligung der deutschen Gebiete am Wiederaufbauprogramm. Die Franzosen vertraten die Position, dass ein Wiederaufbau der deutschen Industrie eine Bedrohung für die Sicherheit Europas darstelle, und wollten die alliierten Produktionsbeschränkungen in Deutschland fortsetzen. Die Delegation der Beneluxstaaten hielt erfolgreich an der Integration der deutschen in die europäische Wirtschaft fest, auch wegen ihrer starken Abhängigkeit von den eigenen Exporten nach Deutschland.

Die Amerikaner waren die treibende Kraft hinter der Gründung der wichtigsten Institution für wirtschaftliche Zusammenarbeit in Europa der vierziger Jahre. Im Rahmen des Marshall-Plans wurde im April 1948 die **Organisation für europäische wirtschaftliche Zusammenarbeit** (**OEEC**) gegründet, die immer mehr eigene Zuständigkeiten erhielt. So wurden ab Herbst 1948 die Vorschläge der verschiedenen europäischen Länder für den Einsatz von Marshall-Dollars intern bewertet. Dann wurden die Vorschläge dem amerikanischen Kongress zur Genehmigung vorgelegt. Die gesamten Hilfsleistungen zwischen 1948 und 1952 beliefen sich auf mehr als 12,4 Milliarden US-Dollar und wurden auf 16 europäische Länder einschließlich der Türkei verteilt. Die Aufbauhilfe stellte das Vertrauen in die Wirtschaft der westeuropäischen Länder wieder her, während die osteuropäischen Staaten sich auf Anweisung von Stalin auf Distanz halten mussten – ein erster Hinweis auf die Teilung Europas. Gleichzeitig zwang die finanzielle Unterstützung der USA die westeuropäischen Länder zur Zusammenarbeit.

Die OEEC verschaffte sich nicht nur im Bereich der Marshall-Hilfe Geltung. Die Initiative der OEEC, Forderungen und Verbindlichkeiten in Westeuropa multilateral gegeneinander aufzurechnen, war ein erster Schritt zur **Europäischen Zahlungsunion** (EZU), die im August 1950 eingerichtet wurde. Währungen wurden konvertibel: Es galten keine Währungsbeschränkungen auf den gegenseitigen Handel, sodass dieser nicht durch Engpässe oder Überschüsse in der Handelsbilanz zwischen zwei Ländern behindert wurde.

Zusätzlich zu den oben genannten Abkommen entstanden auch in kleinerem Maßstab Formen der Zusammenarbeit. Dem Geist der Zusammenarbeit zwischen den Ouchy-Ländern wurde beispielsweise im September 1944 neues Leben eingehaucht, als die Exilregierungen von Belgien, den Niederlanden und Luxemburg den **Benelux-Vertrag** unterzeichneten. Darin gingen sie die Verpflichtung ein, nach Kriegsende eine Zollunion zu bilden, was oft als Wegbereiter für die wirtschaftliche Integration Europas gesehen wird. Dass die Beneluxländer in wirtschaftlicher Hinsicht nicht gut funktionierten, wird dabei vergessen. Die Gründe dafür waren wirtschaftlicher Art: Ursprünglich dachte man, dass die Volkswirtschaften in Belgien und den Niederlanden sich gut ergänzen und von einer Zollunion profitieren würden. In der Praxis schien sich Belgien bald nach der Befreiung 1944 wirtschaftlich zu erholen, während die niederländische Wirtschaft erhebliche Kriegsschäden zu verzeichnen hatte. Aufgrund des geringen Exports entstanden in den Niederlanden schon bald Probleme mit der Zahlungsbilanz. Während in Belgien Löhne und Preise schnell stiegen, wurde in den Niederlanden an niedrigen Löhnen und Preisen festgehalten. Erst in den fünfziger Jahren, als die niederländischen Exporte wuchsen, änderte sich diese Situation. Im Februar 1958 unterzeichneten die Beneluxstaaten einen Vertrag für eine Wirtschaftsunion, eine Bezeichnung, die dieser intergouvernementale Zusammenarbeitsbund in der Praxis nicht wirklich verdiente. Die Benelux-Organisation kann also nur mit viel gutem Willen als ein Vorläufer der Europäischen Wirtschaftsgemeinschaft (EWG) betrachtet werden.

Zusammenfassend muss gesagt werden, dass Westeuropa nach dem Zweiten Weltkrieg sowohl eine zukünftige neue deutsche Bedrohung als auch den Kommunismus im Osten fürchtete. Das beste Mittel gegen den Kommunismus war mehr Wohlstand für die eigene Bevölkerung, so dachte die Politik, aber dafür brauchte man gerade eine starke westdeutsche Wirtschaft. Die wirtschaftliche Integration Europas sollte eine Lösung für dieses Dilemma bieten.

Intergouvernementale und föderalistische Wege nach Europa

Die funktionale wirtschaftliche Zusammenarbeit zwischen den westeuropäischen Nationalstaaten wie im Marshall-Plan war unabhängig vom politischen europäischen Idealismus, der Ende der vierziger Jahre zwei Hauptströmungen kannte: der **Intergouvernementalismus** (oder Unionismus) und der **Föderalismus**. Im Intergouvernementalismus arbeiteten Länder auf der Grundlage von Konsultationen und unter Beibehaltung der eigenen Souveränität zusammen. Der europäische Föderalismus dagegen strebte einen europäischen Bundesstaat mit einer supranationalen Regierung und einem supranationalen Parlament an. In supranationalen Organisationen werden Zuständigkeiten der Nationalstaaten an Einrichtungen übertragen, die über den Nationalstaaten stehen. Föderalisten wie der italienische Widerstandskämpfer Altiero Spinelli wollten die europäischen Völker durch eine direkt gewählte verfassungsgebende Versammlung einigen, sodass die hemmende Wirkung nationaler Regierungen bei der Bildung einer europäischen politischen Gemeinschaft umgangen wurde.

Im Mai 1948 wurde in Den Haag ein großer **Europa-Kongress** organisiert, wo Vertreter dieser Strömungen zusammenkamen. Aus Dutzenden europäischen Ländern sowie Kanada und den USA nahmen prominente Vertreter der Gewerkschaften, Kirchen, Jugendorganisationen, Wirtschaft und Politik teil, darunter Churchill, der eine intergouvernementalistische Auffassung vertrat. Als ehemaliger britischer Premierminister war er ambivalenter Verfechter eines vereinten Europas. In einer berühmten Rede im September 1946 in Zürich hatte er sich für eine französisch-deutsche Versöhnung als einen ersten Schritt in Richtung der Vereinigten Staaten von

Europa ausgesprochen, aber für sein eigenes Vereinigtes Königreich als Kolonialmacht sah er anfänglich keinen Platz darin.

Die Kardinalfrage in Den Haag war, ob die europäischen Länder das Prinzip einer gemeinsamen Institution für gemeinsame Interessen akzeptieren könnten. Trotz der Lippenbekenntnisse, die dem Föderalismus während des Kongresses gemacht wurden, blieb diese zentrale Frage unbeantwortet. Man stimmte wohl darin überein, dass es einen **Europarat** als europäisches Organ für Menschenrechte geben müsse, mit einem Gerichtshof, der über deren Wahrung wachte. Eine internationale Untersuchungskommission für diesen Europarat, der sich aus Delegationen aus dem Vereinten Königreich, Frankreich, Belgien, den Niederlanden und Luxemburg zusammensetzte, beugte sich anschließend über die Frage, ob die zu schaffende Organisation eine supranationale Institution erhalten sollte. Auf britisches Drängen hin wurde die Macht in die Hände eines intergouvernementalen Ministerrats gelegt. Die Briten verhinderten ebenfalls, dass die supranationale Parlamentarische Versammlung, die dem Ministerrat gegenübergestellt werden sollte, echte Befugnisse erhielt. Aus diesen Beratungen entstand am 5. Mai 1949 in Straßburg der Europarat, dem zunächst zehn Länder angehörten: die fünf oben genannten Länder und Italien, Irland, Norwegen, Schweden und Dänemark.

Der Europarat hatte einen Ministerrat und eine Assemblée Consultative (Beratende Parlamentarische Versammlung). Anfangs hofften einige Föderalisten, dass diese Versammlung der Keim einer politischen Einheit sein würde, aber bald zeigte sich die Ohnmacht dieses beratenden Organs, das durch interne Spaltungen geprägt war und kein gutes Verhältnis zum Ministerrat fand. Der Europarat beschäftigte sich mit der Überwachung der Einhaltung der **Europäischen Konvention zum Schutz der Menschenrechte und Grundfreiheiten (EMRK)**, in der Menschen- und Bürgerrechte für alle Einwohner der Vertragsstaaten geregelt waren. Diese Konvention wurde 1950 im Anschluss an die Allgemeine Erklärung der Menschenrechte durch die Vereinten Nationen formuliert. Die Zahl der Mitgliedstaaten des Europarats wuchs schnell. Ab 1959 konnten Bürger, die meinten, dass ihre in der EMRK verankerten Rechte verletzt wurden, beim Europäischen Gerichtshof für Menschenrechte, der ebenfalls in Straßburg residierte, direkt eine Klage einreichen.

Funktionalistische Wege nach Europa

Während der Entstehung des Europarats schien der Föderalismus durch den Widerstand der Nationalstaaten ein unerreichbares Ideal. Nach der Gründung des Europarates wurde auch durch den sogenannten funktionalistischen Weg versucht, ein integriertes Europa zu etablieren. Der **Funktionalismus** war eine Methode, Einheit auf schleichendem Weg zu schaffen. Da Europa nach Meinung der Funktionalisten nicht auf einmal oder nach einem Bauplan herbeigeführt werden konnte, suchten sie nach übernationaler Schicksalsgemeinschaft in einem kritischen »Sektor«, wie Schwerindustrie, Landwirtschaft oder Militär, in der Erwartung, dass damit die Basis für eine immer engere Gemeinschaft zwischen den Völkern gelegt werden könnte. Diese Methode wird daher auch sektorale Integration genannt. Das ursprüngliche funktionalistische Ideal war eine technokratische Regierung von Experten. In der Praxis hingen die Funktionalisten genauso wie die Föderalisten an überstaatlichen politischen Institutionen, weil diese bei der Bildung eines europäischen Geistes unter Politikern helfen sollten.

Der Franzose **Jean Monnet** wird als die treibende Kraft hinter der funktionalistischen Methode und damit als Gründungsvater der europäischen Integration nach dem Zweiten Weltkrieg betrachtet, aber zu Kriegsende war er in erster Linie ein Interessenvertreter der französischen Industrie. Als hoher Beamter entwickelte er einen Plan für die Modernisierung der französischen Wirtschaft, den die französische Regierung unter de Gaulle übernahm. Deutschland musste nach Frankreichs Meinung klein gehalten werden, um zu verhindern, dass das Land wieder eine militärische Bedrohung darstellen würde, und um der französischen Wirtschaft Raum zu geben. Für die Entwicklung und Modernisierung der eigenen Industrie benötigte Frankreich die deutsche Kohle und verlangte dafür Garantien.

Das deutsche Saarland (in der französischen Besatzungszone) wurde unter französische Verwaltung gestellt und auch das Ruhrgebiet (in der britischen Besatzungszone) und das Rheinland sollten nach Meinung der Franzosen französisch oder international verwaltet werden. Die Amerikaner wollten diese Gebiete jedoch nicht von Deutschland abtrennen, aus Angst, dass dies die Deutschen in die Arme Stalins treiben würde, wie der Versailler Vertrag sie in die Arme Hitlers getrieben hatte. Allerdings wurde 1949 die Internationale Ruhrbehörde ins Leben gerufen als eine Bedingung der westlichen Alliierten für die Gründung der Bundesrepublik Deutschland in den westlichen Besatzungszonen. Diese Ruhrbehörde – eine internationale Instanz, die über das Ruhrgebiet faktisch die westdeutsche Wirtschaft beherrschte – war der jungen Bundesrepublik ein Dorn im Auge.

Die französische Strategie war gescheitert, aber Monnet hatte ein gutes Auge für den amerikanischen Wunsch nach europäischer Zusammenarbeit. Wegen der französischen wirtschaftlichen Interessen erarbeitete er einen Plan, in dem die französische Verfügung über deutsche Rohstoffe in einen umfassenden Friedensplan eingearbeitet wurde. Angeregt durch Monnet rief der französische Außenminister **Robert Schuman** am 9. Mai 1950 zur deutsch-französischen Aussöhnung auf. Schuman argumentierte, dass Frankreich seit mehr als 20 Jahren (seit dem Briand-Plan) ein Vorkämpfer eines vereinten Europas gewesen sei. Da dies seinerzeit nicht realisiert werden konnte, sei wieder Krieg ausgebrochen. Nun müsse die jahrhundertelange Feindschaft zwischen Frankreich und Deutschland endlich enden. Die Länder sollten durch die Schaffung einer supranationalen Hohen Behörde für die Schwerindustrie sowie die Kohle- und Stahlproduktion enger zusammenrücken. Dies sollte die erste Stufe für die Bildung einer europäischen Völkergemeinschaft sein. 1950 war Steinkohle noch immer der wichtigste industrielle Energielieferant und Stahl war für die Rüstungsindustrie von essenzieller Bedeutung. Ein Krieg zwischen Frankreich und der Bundesrepublik würde mit der Errichtung einer gemeinsamen Hohen Behörde für Kohle und Stahl nicht nur undenkbar, sondern auch materiell unmöglich, so Schuman. Alle europäischen Länder, die beitreten wollten, seien willkommen.

Der **Schuman-Plan** war im Prinzip ein Friedensprojekt. Auch das Datum der Erklärung, ein Tag nach dem fünften Jahrestag der Kapitulation von Nazideutschland, erinnerte daran. Ohne wachsende Solidarität in der Produktion würden die Völker Europas auf einen neuen Krieg zusteuern. Zusätzlich war Schumans Erklärung eine Kombination von verschiedenen Zielen. Der Geist des europäischen Kolonialismus klang durch in Schumans Mitteilung, dass die neue Europäische Gemeinschaft mehr Mittel für ihre Hauptaufgabe erhalten würde: die Entwicklung des afrikanischen Kontinents, der zu diesem Zeitpunkt noch zu einem großen Teil unter französischer Herrschaft war. Europäische Reformen ging hier Hand in Hand mit imperialem Konservatismus. Andere Länder hatten ihre eigenen Gründe für eine Teilnahme. Die Niederlande zum Beispiel interessierten sich gerade für die Teilnahme im Hinblick auf eine Zukunft ohne ihr wichtigstes Überseegebiet Indonesien, das 1949 unabhängig geworden war. Die Entkolonialisierung zwang die Niederlande zu einer wirtschaftlichen Neuorientierung durch unter anderem Industrialisierung. Der Schuman-Plan übertrug die Kontrolle der Kohle- und Stahlproduktion an ein supranationales Organ. Dies sollte Dumping und andere Formen des unlauteren Wettbewerbs durch staatlichen Protektionismus von Handelspartnern verhindern. Die Bundesrepublik konnte aufgrund der jüngsten Vergangenheit auf wenig internationales Ansehen zählen. Die Beteiligung an diesem Plan war für Bonn eine Strategie, um wieder etwas Einfluss im Ausland zurückzugewinnen. Darüber hinaus übten die USA Druck auf die Bundesrepublik aus, dass sie am Integrationsprozess teilnähme. Nach der Einführung des Plans sollte die Bundesrepublik mit der Abschaffung der Ruhrbehörde belohnt werden.

Frankreich, die Bundesrepublik Deutschland, Italien, Belgien, die Niederlande und Luxemburg gründeten anschließend die EGKS, die erste übernationale Gemeinschaft auf der Grundlage von funktionalistischen Prinzipien, auf der Grundlage eines Vertrages mit einer Laufzeit von 50 Jahren. Am 18. April 1951 wurde dieser **Vertrag von Paris** unterzeichnet, wodurch die EGKS mit dem 25. Juli 1952 in Kraft trat. Die zentrale Aufgabe der Gemeinschaft war, die dauerhafte Versorgung mit Kohle und Stahl zu gewährleisten – wichtig für den Wiederaufbau Europas nach dem Zweiten Weltkrieg. In der Präambel der EGKS wurde die Steigerung der Produktion als ein Beitrag zum »Fortschritt der Werke des Friedens« gesehen. Im August 1952 trat die Hohe Behörde zum ersten Mal zusammen. Der Rat der (nationalen) Minister folgte im September. Die Zustimmung dieses Rates war für wichtige Entscheidungen der Hohen Behörde erforderlich. Auch die beratende Gemeinsame Versammlung, das Parlament der EGKS, wurde zum ersten Mal im September 1952 einberufen. Das Inkrafttreten der EGKS führte bei den Mitgliedstaaten zu hohen Erwartungen.

Die EGKS wurde von der **Hohen Behörde** geführt. Um jeden Anschein zu vermeiden, dass die Mitglieder der Hohen Behörde Vertreter ihres Staates waren statt überstaatliche europäische Entscheidungsträger, bestand diese aus neun Mitgliedern (maximal zwei pro Mitgliedstaat). Acht von ihnen wurden in Abstimmung zwischen den Mitgliedstaaten ernannt, das Neunte wurde von diesen acht Mitgliedern ernannt. Die Mitglieder mussten einen Eid schwören, dass sie die Gesamtinteressen der Gemeinschaft beherzigen und somit nicht vorrangig den Interessen ihres Staates Vorrang geben würden. Ursprünglich hatten die Mitglieder der Hohen Behörde eine sechsjährige Amtszeit, die später auf vier Jahre reduziert wurde.

Die Hohe Behörde überwachte die Umsetzung des Vertrages und konnte dazu den Mitgliedstaaten und einzelnen Parteien unverbindliche Ratschläge geben, Empfehlungen aussprechen, die nur verbindlich waren in Bezug auf die höheren Ziele, jedoch die Mittel offen ließen, und Entscheidungen treffen, die für alle Parteien verbindlich waren. Die Hohe Behörde stand in dem stark abgegrenzten Bereich des EGKS-Vertrages also über den nationalen Regierungen. In den ersten zweieinhalb Jahren hatte Monnet den Vorsitz der Hohen Behörde inne.

Die Niederlande und Belgien hatten erhebliche Befugnisse für einen **Ministerrat** in der EGKS gefordert. Dieser sogenannte Rat, dessen Zustimmung bei wichtigen Entscheidungen erforderlich war, war ein Gemeinschaftsorgan, das das allgemeine Interesse bei Kohle und Stahl im Auge haben sollte, aber einzelne Minister vertraten dort auch die Interessen ihres eigenen Staates. In der Praxis stellte der Rat ein intergouvernementales Gegengewicht zur supranationalen Hohen Behörde dar. In diesem Gedankengang lag die politische und demokratische Verantwortlichkeit für die Entscheidungsfindung im Ministerrat. Jeder Staat entsandte zunächst ein Mitglied seines Kabinetts in den Rat. Mit Ausnahme des ersten Vorsitzenden, des westdeutschen Bundeskanzlers und Außenministers Konrad Adenauer, waren dies in der Regel die Minister für Wirtschaft oder Industrie und Handel. Der Vorsitz wurde abwechselnd von den Mitgliedstaaten des Rates für die Dauer von drei Monaten in alphabetischer Reihenfolge der beteiligten Staaten ausgeübt.

Die Hohe Behörde wurde von der sogenannten **Gemeinsamen Versammlung** oder Assemblée commune, in der Regel »die Versammlung« genannt, kontrolliert. Dieser Vorläufer des Europäischen Parlaments trat regelmäßig einmal im Jahr zusammen, konnte aber auch auf Ersuchen des Rates zu einer außerordentlichen Sitzung nach Straßburg einberufen werden. Im Vorgriff auf künftige Direktwahl wurden die 78 Mitglieder der Versammlung von den nationalen Parlamenten entsandt. Diese gleichzeitige Mitgliedschaft im nationalen Parlament und in der Versammlung wurde Doppelmandat genannt. Die Abgeordneten waren nicht Vertreter ihres Landes, sondern ihrer politischen Partei. In der Versammlung waren in erster Linie christdemokratische, sozialdemokratische und liberale Parteien gut vertreten, aber es gab auch Vertreter kleinerer Parteien. Schwesterparteien aus verschiedenen Mitgliedstaaten arbeiteten zusammen, aber von einer europäischen Parteienbildung konnte noch nicht gesprochen werden.

In der EGKS gab es einen **Beratenden Ausschuss**, bestehend aus Arbeitgebern, Arbeitnehmern und Unternehmern, deren Mitglieder vom Ministerrat ernannt wurden. Diese Beteiligung der Interessengruppen sollte Konsens über die politische Ausrichtung schaffen, um so den Arbeitsfrieden aufrechtzuerhalten. Dieser

Beratende Ausschuss war ein Vorläufer des späteren Wirtschafts- und Sozialausschusses der Europäischen Wirtschaftsgemeinschaft (EWG) und der Europäischen Atomgemeinschaft (EAG oder Euratom).

Schließlich gab es den **Gerichtshof**, wo die Mitgliedstaaten oder Organe der Gemeinschaft Streitigkeiten über Entscheidungen und Empfehlungen der Hohen Behörde überprüfen lassen konnten. Unternehmen und Verbände konnten in bestimmten Fällen das Gleiche tun. Das Gericht bestand aus sieben Richtern und zwei Generalanwälten. Dieses Gericht hatte seinen Sitz in Luxemburg und darf nicht mit dem Europäischen Gerichtshof für Menschenrechte des Europarates in Straßburg verwechselt werden.

Erfolgloser Versuch für ein »Grundgesetz« für Europa

Auch im militärischen Bereich wurde unter dem Druck des Kalten Krieges nach westeuropäischer Sektorintegration gesucht. Trotz der Truman-Doktrin reduzierten die USA ihre Streitkräfte in Europa. Als im Februar 1948 in der Tschechoslowakei die Kommunisten die Macht ergriffen, führte dies in Westeuropa zu einer antikommunistischen Schockreaktion. Es wurde befürchtet, dass Westeuropa dem Kommunismus im Osten ausgeliefert sein würde. Mehrere westeuropäische Länder befürworteten eine westeuropäische Zusammenarbeit im militärischen Bereich, die auch die Beziehungen mit den USA stärken würde. Diese Idee nahm Gestalt an im Brüsseler Pakt, den Frankreich, Großbritannien, Belgien, die Niederlande und Luxemburg im März 1948 unterzeichneten, und der formal ein Militärbündnis gegen die deutsche Bedrohung war. Im weiteren Verlauf wurde 1949 der Nordatlantikpakt (NATO) gegründet, der militärische Solidarität zwischen den USA und den europäischen Ländern gegen die kommunistische Bedrohung aus dem Osten schuf: Ein Angriff auf einen der Staaten wurde als Angriff auf alle aufgefasst. Die Intensivierung des Kalten Krieges ab 1948 führte 1950 zu Plänen für eine Europäische Verteidigungsgemeinschaft (EVG).

Die deutsche Frage spielte eine wichtige Rolle in der Sicherheitspolitik. Nach der Gründung der Bundesrepublik 1949 wurde im gleichen Jahr im Osten Deutschlands die Deutsche Demokratische Republik (DDR) gegründet. Um 1950 drängten die USA auf einer **Wiederbewaffnung** der Bundesrepublik. Dies hatte mit dem zunehmend gespannten Verhältnis zur Sowjetunion und dem Ausbruch des Koreakrieges zu tun. Ein wiederbewaffnetes Westdeutschland würde Westeuropa weniger verwundbar für Angriffe aus dem Osten machen. An der Spitze der Bundesrepublik stand Konrad Adenauer, ein christdemokratischer Rheinländer, der mit seiner Politik der »Westbindung« keinen Zweifel daran aufkommen lassen wollte, dass seine Bundesrepublik zum Westen gehörte – dies im Gegensatz zu seinen sozialistischen Kontrahenten Kurt Schumacher, der einer »Wiedervereinigung« Priorität zu geben schien, eine Wiedervereinigung Deutschlands, die Zugeständnisse an Moskau implizierte. 1952 machte Stalin ein Angebot für einen Zusammenschluss der beiden deutschen Staaten, vorausgesetzt, dass das wiedervereinte Deutschland im Kalten Krieg neutral sein würde. Die Sozialdemokraten in Westdeutschland waren hierfür trotz ihres heftigen Antikommunismus empfänglicher als die Christdemokraten. Unter der Leitung von Adenauer wurde dem Lockruf aus Moskau widerstanden.

Viele europäische Länder lehnten eine unabhängige westdeutsche Armee mit deutschen Befehlshabern ab. Unter dem Druck seines ehemaligen Vorgesetzten Monnet entwarf der französische Premierminister René Pleven deshalb einen Plan für eine **europäische Armee**. Um die gegenseitige Aussöhnung und Friedensbemühungen in Westeuropa zum Ausdruck zu bringen, sollten auch westdeutsche Truppen teilnehmen. Diese Armee sollte unter einem gemeinsamen europäischen Oberbefehl stehen. Es gab viel Widerstand gegen die Gründung der Europäischen Verteidigungsgemeinschaft. Der Bundesrepublik war in dem Plan zunächst wenig Mitsprache zugedacht und fühlte sich dadurch gedemütigt, während andere potenzielle Teilnehmer gerade ein Übermaß an westdeutscher Macht fürchteten. Die Amerikaner waren zunächst von dem Plan nicht begeistert, weil sie darin einen französischen Versuch sahen, die Wiederbewaffnung der Bundesrepublik zu verzögern. Monnet betonte wieder und wieder beim amerikanischen Verbündeten die Notwendigkeit, die Bundesrepublik in Westeuropa zu integrieren und überzeugte ihn damit vom Wert des Plans, der zugunsten der Bundesrepublik geändert wurde. Unter starkem Druck der USA wurde der EVG-Vertrag am 27. Mai 1952 in Paris unterzeichnet. Nach dem üblichen Verfahren sollte die EVG in Kraft treten, nachdem die Parlamente der Mitgliedstaaten den Vertrag ratifiziert hätten.

Die politische Führung der EVG sollte in den Händen einer supranationalen **Europäischen Politischen Gemeinschaft** (EPG) liegen. Als die Versammlung der EGKS am 10. September 1952 zu ihrer ersten Sitzung zusammentrat, wurde sie sofort von den sechs Außenministern mit der Aufgabe betraut, eine **europäische Verfassung** zu erarbeiten. Plötzlich schien ein europäischer föderaler Staat mit einem demokratischen Parlament in Reichweite zu sein. Die Mitglieder der Versammlung des EGKS bildeten für diese Gelegenheit die sogenannte Ad-hoc-Versammlung, in die auch mehrere Mitglieder der Beratenden Versammlung des Europarates gewählt wurden. Dies war notwendig, um die korrekte Anzahl von Vertretern zu erreichen, die jedem Land in der EVG zugewiesen war. Ein Arbeitsausschuss mit 26 Mitgliedern musste sich über die Ausarbeitung erster Vorschläge beugen. Es gab Unterausschüsse, die sich mit den entsprechenden Befugnissen der politischen Institutionen und der Außenbeziehungen der geplanten EPG befassten. Die Ergebnisse der Verfassungskommission wurden im Januar 1953 von der Ad-hoc-Versammlung diskutiert und danach der Entwurf eines Statuts für die EPG den Ministern vorgestellt.

Föderalisten wollten die vermeintliche öffentliche Zustimmung zu ihrem Vorteil nutzen. In den frühen fünfziger Jahren organisierten die nationalen Gruppierungen der Europäischen Bewegung, eine europäische Lobby für europäische Einigung, mehrere Referenden zur europäischen Einigung in ausgewählten westeuropäischen Städten. Wie hoch die Erwartungen in den Jahren 1952 und 1953 in der Bevölkerung zum Beispiel der Niederlande waren und wie groß die Begeisterung, zeigte sich in einer Probeabstimmung am 17. Dezember 1952. Etwa 95 Prozent der Wähler in den (für die Niederlande als repräsentativ erachteten) Städten Bolsward und Delft stimmten für ein vereintes Europa mit einer europäischen Regierung und einer demokratischen Volksvertretung.

Vor dem Hintergrund der Überlegungen zur EPG präsentierte der niederländische Außenminister Wim Beyen Ende 1952 den **Beyen-Plan**, einen Plan für eine Zollunion, die einen Wirtschaftskrieg wie in den dreißiger Jahren in Zukunft unmöglich machen sollte. Nach Meinung führender Politiker würde eine lockere wirtschaftliche Zusammenarbeit in Krisenzeiten dem Egoismus der Nationalstaaten, die ihre eigenen wirtschaftlichen Probleme zur Not auf Kosten der eigenen Handelspartner lösen wollten, nicht Stand halten. Während vor allem Frankreich aufgrund der schwachen Wettbewerbsfähigkeit seiner Volkswirtschaft eigentlich keine Zollunion wollte, stellte der Beyen-Plan für die Niederlande den attraktivsten Teil der europäischen Integrationsagenda dar. Die niederländische Regierung wollte keine Integration, die wirtschaftlich keine Substanz hatte. Für das Handelsland Niederlande bedeutete die Schaffung einer Zollunion und daraus folgend ein vollwertiger gemeinsamer Markt gerade eine Voraussetzung für wirtschaftliches Überleben und Modernisierung.

Westeuropäische Politiker waren zutiefst misstrauisch, dass die EVG langfristig als eine Gelegenheit für einen amerikanischen Truppenrückzug aus Westeuropa betrachtet werden könnte, was für westeuropäische Länder einen starken Anstieg der Verteidigungskosten bedeuten würde. Stalins Tod 1953 führte zu einer Entspannung im Kalten Krieg und der Koreakrieg endete in einem Waffenstillstand. Die Amerikaner hatten ihre militärische Präsenz in Europa wieder etwas verstärkt und die Notwendigkeit einer Zusammenarbeit in der Verteidigung schien weniger dringlich. Die Pläne für die EPG waren bereits 1953 in einer Schublade gelandet. Der EVG-Vertrag wurde 1954 schlussendlich in Frankreich durch das Parlament vom Tisch geschoben. Für europäische Föderalisten war dies eine große Enttäuschung. In allen anderen Ländern außer Italien war der Vertrag nämlich bereits ratifiziert. Das bedeutete auch das endgültige Aus für die EPG und die EVG.

Für die deutsche Wiederbewaffnung, die im Kontext der EVG hätte stattfinden sollen, wurde eine andere Lösung gefunden. Westdeutschland trat 1955 gemeinsam mit Italien durch die **Westeuropäische Union** (WEU, einem Nachfolger des Brüsseler Paktes aus dem Jahr 1954) der NATO bei. Die Ostblockländer bildeten ein paar Tage nach diesem Beitritt den Warschauer Pakt. Das Gewicht der WEU als eine gemeinsame europäische Stimme in der NATO blieb aber gering, weil die Teilnehmer befürchteten, dass sie mit gemeinsamem Auftreten die USA von sich schieben würden. Die Spannung zwischen europäischer Zusammenarbeit auf dem Gebiet der Verteidigung und der notwendigen Unterstützung der USA in der NATO sollte in den neunziger Jahren als ein Problem zurückkehren.

»Relance«

»**Relance**« (Aufschwung / Wiederbelebung) ist der übliche Begriff für die Wiederaufnahme der Beratungen über die europäische Integration nach der Ablehnung der EVG. Dieser Begriff drückte die Hoffnungen und Erwartungen vieler Zeitgenossen aus, dass es trotz dieser Ablehnung noch eine europäische Einheit geben würde, obwohl dies 1955 alles andere als sicher war. Monnet zog sich vorzeitig als Vorsitzender der Hohen Autorität der EGKS zurück, davon überzeugt, dass er dem ins Stocken geratenen Integrationsprozess an anderer Stelle besser dienen könnte. Im Oktober 1955 gründete er das berühmt gewordene Aktionskomitee für die Vereinigten Staaten von Europa, eine Organisation, die die wichtigsten Politiker zu einer europäischen Politik ermutigen sollte. Im selben Jahr präsentierten er und der belgische Außenminister Paul-Henri Spaak eine Initiative zur Gründung einer Gemeinschaft für Atomenergie, der Energiequelle der Zukunft. Viel breiter angedacht als die sektorale Atomgemeinschaft von Monnet und Spaak war der neue Vorschlag des niederländischen Ministers Beyen für einen europäischen Markt, der mit einer gemeinsamen Zollunion beginnen sollte. Hieraus entstand die

EWG, die die bei Weitem größte Gemeinschaft des europäischen Projekts und die Hauptsäule werden sollte, auf die zwei Generationen später die Europäische Union gebaut wurde.

Diese Pläne wurden von den versammelten Außenministern der Mitgliedstaaten der EGKS auf der **Konferenz von Messina** im Juni 1955 diskutiert. Im Anschluss daran wurde unter der Leitung von Spaak in Brüssel ein Bericht über die Richtung der Integration erstellt. Zunächst nahmen auch die Briten an diesen Beratungen teil, aber sie zogen sich zurück, als klar wurde, dass man sich auf die Gründung einer Zollunion richtete. London wollte nicht über eine Freihandelszone hinausgehen. Auf den Bericht von Spaak folgten 1956 und 1957 unter seinem Vorsitz Verhandlungen über eine Wirtschaftsgemeinschaft und eine Atomenergiegemeinschaft. Während der Verhandlungen in Brüssel vermieden die Unterhändler Gespräche über »supranationale« Ziele. Nach der französischen Ablehnung der EVG 1954 wollte man diese neuen Verhandlungen nicht in irgendeiner Weise gefährden.

Die Franzosen interessierten sich vor allem für die Gemeinschaft für Atomenergie und mussten so die Zollunion in Kauf nehmen. Während der Verhandlungen bewegte die Franzosen die Frage, ob die eigene Wirtschaft wettbewerbsfähig genug war, sich in einer solchen Zollunion zu behaupten. Die französische Forderung nach sozialer »Harmonisierung« in Europa – Anpassung an die großzügige französische Politik bezüglich bezahlter Überstunden, Urlaub und gleicher Lohn für Frauen und Männer – traf bei einer Ministerkonferenz in Paris im Oktober 1956 auf starken deutschen Widerstand, aber während der wachsenden **internationalen Spannungen** im November 1956 als Folge der Suezkrise und der Niederschlagung des ungarischen Aufstands durch die Sowjetunion wuchs die Kompromissbereitschaft von sowohl Adenauer als auch Premierminister Guy Mollet. Der amerikanische Widerstand gegen die anglo-französische militärische Intervention am Suezkanal überzeugte Frankreich davon, dass seine Interessen nicht parallel mit denen der USA liefen. Die Franzosen richteten danach ihren Blick auf den europäischen Kontinent. Auch für die Bundesrepublik steigerten die internationalen Entwicklungen die Bereitschaft zur europäischen

Integration. Die Bundesrepublik vertraute nicht auf den anhaltenden Schutz durch die USA und sah in der europäischen Integration eine Sicherheit gegen den Kommunismus im Osten.

In den neuen harmonischen Beziehungen zwischen Frankreich und der Bundesrepublik war eine supranationale Autorität für die neuen Gemeinschaften nicht mehr tabu. Ältere Ideen über eine sektorale landwirtschaftliche Integration wurden auf Antrag Frankreichs und der Niederlande in den gemeinsamen Markt integriert, wovon vor allem Frankreich profitieren würde. Ein heißes Thema in der Endphase der Verhandlungen über den EWG-Vertrag war die von Frankreich und Belgien gewünschte Assoziierung der **überseeischen Gebiete**, die für ihre weitere Entwicklung Geld aus einem europäischen Fonds erhalten sollten. Die anderen Mitgliedstaaten waren nicht gewillt, die Kolonialpolitik von insbesondere Frankreich, das seit November 1954 in einen komplizierten und blutigen Entkolonialisierungskrieg in Algerien verwickelt war, mitzufinanzieren. Die mühsamen abschließenden Verhandlungen wurden im Februar 1957 von den Staats- und Regierungschefs und den Außenministern geführt, wo nach einem Vieraugengespräch zwischen Mollet und Adenauer ein Durchbruch erreicht wurde; ein Beispiel für den französisch-deutschen »Motor« im Integrationsprozess.

Das **Vereinigte Königreich** durchkreuzte die EWG-Verhandlungen mit einem eigenen Vorschlag für eine Freihandelszone für Industriegüter im Rahmen der OEEC – nicht für die Landwirtschaft, wegen der billigen Agrarimporte durch das Vereinigte Königreich aus den eigenen ehemaligen Kolonien. Mit einigem gutem Willen konnte die vorgestellte intergouvernementale Freihandelszone als eine Ergänzung der EWG betrachtet werden, aber viele sahen darin eine Teile-und-herrsche-Taktik der Briten, um die EWG-Zollunion, ein potenziell viel stärkerer Handelspartner als die einzelnen Mitgliedstaaten, zu torpedieren. Der Plan stieß auf Widerstand bei Adenauer und Mollet, die für die sechs Gründungsmitglieder der EGKS, der EWG und Euratom an einer Zollunion festhielten.

Am 25. März 1957 wurden in einer feierlichen Zeremonie die **Römischen Verträge** unterzeichnet, womit die EWG und Euratom gegründet wurden. Für viele Zeitgenossen galt eher die Gründung der EWG und der Euratom als die Gründung der EGKS als der Beginn einer gemeinsamen Zukunft der sechs Mitgliedstaaten. EWG und Euratom nahmen am 1. Januar 1958 offiziell die Arbeit auf.

Die EWG sollte in mehreren Schritten eine Zollunion werden. Die existierenden Außenzölle unterschieden sich bei den sechs Mitgliedsländern von Land zu Land. Die Zölle eines Handelslandes wie die Niederlande waren im Allgemeinen niedrig verglichen mit denen Frankreichs, das die eigene Wirtschaft hiermit vor ausländischer Konkurrenz schützte. Das Handelsland Niederlande hatte Interesse an niedrigen gemeinsamen Außenzöllen und wünschte eine schnelle Umsetzung einer Zollunion. Diese Zollunion sollte dann – so war es im EWG-Vertrag vereinbart – zu einem vollwertigen gemeinsamen Markt weiterentwickelt werden, das heißt: mit freiem grenzüberschreitendem Verkehr von Waren und Dienstleistungen, Kapital und Arbeit. Diese sogenannten **vier Freiheiten** wurden letztlich in der Europäischen Union umgesetzt. Paris hingegen wollte 1957 gerade hohe Außenzölle und versuchte, die Dynamik der gegenseitigen wirtschaftlichen Integration zu bremsen. Das Ergebnis des Verhandlungsprozesses waren hohe Außenzölle als Beginn, die dann schrittweise reduziert werden würden. 1968 war die Zollunion vollendet.

Institutionell verfügten EWG und Euratom über jeweils eigene Leitungsorgane, die mit der Hohen Behörde der EGKS vergleichbar waren. Die Versammlung wurde von 78 auf 142 Mitglieder erweitert und schloss seither auch die beiden neuen Gemeinschaften in ihre parlamentarische Kontrolle ein. Wo im EGKS-Vertrag noch ausschließlich die Rede war vom Auftrag zur Kontrolle durch die Versammlung, wurde diese im EWG-Vertrag und im Euratom-Vertrag auf die Befugnis »sie übt die Beratungs- und Kontrollbefugnisse aus, die ihr nach diesem Vertrag zustehen« ausgeweitet. Die späteren Erweiterungen der Zuständigkeiten des **Europäischen Parlaments** basierten auf diesem entscheidenden Zusatz.

Trotz der vielen Übereinstimmungen zwischen den Gemeinschaften hatten die EWG und Euratom einen anderen Charakter als die EGKS. In den beiden neuen Gemeinschaften lag bei der Entscheidungsfindung der Fokus viel stärker beim Rat. Von Beginn an war deutlich, dass die Mitgliedstaaten hier über ihre **nationalen Interessen** wachen würden, wobei sie vom Ausschuss der Ständigen Vertreter bei den Europäischen Gemeinschaften, dem sogenannten COREPER (Comité des Représentants Permanents) unterstützt wurden.

Wie die EGKS war Euratom eine sektorale Gemeinschaft, ausgerichtet auf einen spezifischen Wirtschaftssektor. Ende der fünfziger Jahre war deutlich geworden, dass das primäre Interesse der Mitgliedstaaten nicht bei dieser Art von Gemeinschaften lag, sondern bei der viel breiteren EWG. Damit wurde auch deutlich, dass der sektorale Ansatz ins Abseits geriet. Die EWG war weniger »übernational«, aber gleichzeitig auch politischer als die EGKS. Die Hohe Behörde der EGKS musste sich streng an die Buchstaben des Vertrags halten, die Kommission der EWG konnte eigene Initiativen entwickeln und so ihre Macht ausweiten, um mit wirtschaftlichen Mitteln einen politischen Zusammenschluss zu schaffen – obwohl offen gelassen war, wie das langfristige Ziel genau aussah. Getreu diesem Geist sprach der erste Präsident der EWG-Kommission, der deutsche Christdemokrat Walter Hallstein, über die EWG als »der unvollendete Bundesstaat«.

2 Die Europäischen Gemeinschaften im Aufbau

Abb. 2 Europa und die europäische Integration im Zeitraum 1957 bis 1974.

1960 Konvention von Stockholm: Gründung der EFTA

1961 trag auf Mitgliedschaft des Vereinigten Königreichs, Dänemarks und Irlands
ter Fouchet-Plan für die Europäische itische Zusammenarbeit (EPZ)

1962 Antrag auf Mitgliedschaft Norwegens

1963 sée-Vertrag zwischen Frankreich und Westdeutschland
Van Gend en Loos-Urteil

1965 Unterzeichnung des Fusionsvertrages der Europäischen Gemeinschaften
Leere-Stuhl-Krise

1966 Luxemburger Kompromiss

1969 Gipfeltreffen in Den Haag: Wirtschafts- und Währungsunion

1970 Gründung der EPZ

1973 Beitritt des Vereinigten Königreichs, Dänemarks und Irlands

Die Römischen Verträge (1957/1958) legten die Ziele und den Rahmen für die Schaffung eines gemeinsamen europäischen Marktes mit allen Regeln und Bedingungen fest. Die Europäische Kommission, das Parlament und selbst der Gerichtshof lieferten in den folgenden Jahren wichtige Beiträge zur Ausgestaltung dieses Rahmens. Mit der Vollendung des gemeinsamen Marktes in den späten sechziger Jahren wurde deutlich, dass der Anstoß für eine Vertiefung der Integration von den nationalen Regierungen würde kommen müssen. Die Widerstände auf der intergouvernementalen Ebene, nicht nur beim französischen Präsidenten de Gaulle, waren beträchtlich. Durch die Wirtschafts- und Währungskrisen und die Ölkrise zu Beginn der siebziger Jahre wurde mehr Europa als Strategie gegen die Krisen keine Selbstverständlichkeit, wohl aber eine Option, die ernsthaft als Alternative zum »Europa der Staaten« erwogen wurde. Zusätzlich zu diesen Krisen und der Arbeit der kommunitären Institutionen übte auch die geplante Erweiterung durch das Vereinigte Königreich, Irland, Norwegen und Dänemark Druck auf die sechs Mitgliedstaaten aus, die Vollendung und die Vertiefung der Integration zu beschleunigen. Im Gegensatz zu späteren Erweiterungen ging es hierbei nicht um die Notwendigkeit, die Prozesse der Entscheidungsfindung für eine Gemeinschaft mit noch mehr Mitgliedern zu verbessern. Die Bestimmung des Kräfteverhältnisses zwischen den Mitgliedstaaten war die Grundfrage der vielen intergouvernementalen Konflikte und Blockaden in dieser Phase des europäischen Projekts. Das Gleichgewicht wurde in der deutsch-französischen Zusammenarbeit gefunden, die Paris eine ausreichende Sicherheit bot, um schließlich eine britische Mitgliedschaft zu akzeptieren, und die ausreichend Respekt für die Interessen der kleinen Staaten zeigte.

Das Fundament: Die Verträge von Rom

Die Römischen Verträge, die die Grundlage der europäischen Zusammenarbeit bildeten, erlaubten unterschiedlichste Interpretationen. Mit ihrer Unterschrift hatten die sechs Mitgliedstaaten im

März 1957 feierlich erklärt, »die Grundlagen für einen immer engeren Zusammenschluss der europäischen Völker zu schaffen« – ein vorsichtiger Verweis auf das politische Endziel, das Monnet und seine Anhänger verfolgten. Konkret sollte der **EWG-Vertrag** in erster Linie »eine harmonische Entwicklung des Wirtschaftslebens innerhalb der Gemeinschaft, eine beständige und ausgewogene Wirtschaftsausweitung, eine größere Stabilität« und »eine beschleunigte Hebung der Lebenshaltung« fördern. In diesem Licht diente der Vertrag in erster Linie den wirtschaftlichen Interessen der Mitgliedstaaten. Indirekt richtete sich der Vertrag mit seinem Streben nach Wohlstand (wie schon die OEEC) auch auf Frieden und Stabilität. Viele in Westeuropa befürchteten nämlich, dass Armut die Bevölkerung für kommunistische Propaganda anfällig machen könnte. Das gemeinsame westeuropäische Streben nach wachsendem Wohlstand sollte auch vor dem Hintergrund des Kalten Krieges das Machtgleichgewicht zwischen dem westlichen, kapitalistischen Block und dem osteuropäischen, kommunistischen Block stabil zu halten.

Der EWG-Vertrag wurde bald als *der* Vertrag von Rom betrachtet. Allerdings hatten die sechs Minister im März 1957 noch einen zweiten Vertrag, den **Euratom-Vertrag,** unterzeichnet. Auch diese neue Gemeinschaft sollte gemäß des ersten Artikels des Vertrages in erster Linie den Wohlstand erhöhen. In den fünfziger Jahren galt vielen Atomtechnik als billige Energiequelle noch als eines der größten Versprechen für die Zukunft. Euratom sollte die Industrie auf dem Gebiet der Kernenergie stimulieren, indem die Kosten für Forschung, die Versorgung mit Rohstoffen und der Absatzmarkt zu einer gemeinschaftlichen Aufgabe gemacht wurden. Monnet, einer der größten Befürworter dieser Atomgemeinschaft, hoffte, dass die gemeinsame neue Energiequelle die beteiligten Industriezweige schrittweise zur Zusammenarbeit bringen würde, wie es schon mit der EGKS der Fall gewesen war. Durch die schnell wachsende Versorgung mit billigem Öl aus dem Nahen und Mittleren Osten wurde jedoch nicht Kernenergie, sondern Erdöl der wichtigste Ersatz für den schwindenden Kohlebergbau. Schlussendlich sollte Euratom daher eine viel geringere Rolle als zunächst erwartet spielen. Die Hauptaufgabe dieser Gemeinschaft war das Erstellen und die Überwachung gemeinsamer Sicherheitsregeln, weil die Staatsgrenzen im Fall einer nuklearen Katastrophe den Bürgern keinen Schutz bieten würden.

Die Erwartungen an den EWG-Vertrag waren im Jahr 1957 groß. Erstens enthielt er einen ehrgeizigen Fahrplan für die Schaffung einer **Zollunion**. Mit diesem Plan verpflichteten sich die EWG-Mitgliedstaaten, in zwölf bis 15 Jahren Steuern oder Zölle nach und nach abzuschaffen, die den Handel untereinander erschwerten. Im gleichen Zeitraum sollten auch die Handelsquoten aufgehoben werden, die Höchstmengen gehandelter Waren festlegten. Darüber hinaus sollten die nationalen Vorschriften für den Handel mit Ländern außerhalb der EWG schrittweise aneinander angepasst werden, bis ein einziger gemeinsamer Außenzoll gelten würde.

Die Bildung einer Zollunion war an sich schon ein großer Schritt. Dennoch war die Zollunion für die EWG nur die Grundlage für die Bildung eines **gemeinsamen Marktes**. Neben dem Verbot interner Zölle und Quoten und einem gemeinsamen Außenzoll bedeutete dies, dass »Hindernisse für den freien Personen-, Dienstleistungs- und Kapitalverkehr« abgeschafft werden sollten. Zu diesem Zweck schrieb der Vertrag in den Bereichen Landwirtschaft, Verkehr und Wettbewerb eine gemeinschaftliche Politik vor. Auch verlangte er, dass die nationalen Rechtsvorschriften harmonisiert würden, wo es für das Funktionieren des gemeinschaftlichen Marktes notwendig war. Unter der Überschrift »Das Niederlassungsrecht« verbot der Vertrag die Einführung neuer Beschränkungen für die Niederlassung von Staatsangehörigen und Unternehmen aus anderen Mitgliedstaaten und schlug vor, dass die bestehenden Niederlassungsbeschränkungen während einer Übergangszeit abgebaut werden sollten.

In den Verhandlungen über den gemeinschaftlichen Markt wurde vorausgesehen, dass der neue EWG-weite Wettbewerb wirtschaftlich nicht nur Vorteile haben würde. Während die Konkurrenz auf der einen Seite dafür sorgen sollte, dass die Produkte für die europäischen Verbraucher billiger werden sollten, könnte sich der freie Wettbewerb auf der anderen Seite nachteilig auf veraltete Betriebe und strukturschwache Regionen auswirken. Um die Modernisierung dieser Unternehmen und die Beschäftigung in diesen Regionen zu unterstützen, enthielt der EWG-Vertrag auch Bestimmungen über eine **gemeinschaftliche Sozial- und Wirtschaftspolitik**. So sollte ein neu ins Leben zu rufender Europäischer Sozialfonds Mittel für die Umschulung und Unterstützung von Arbeitnehmern, die als Folge dieses Wettbewerbsdrucks ihre Arbeit verlieren würden, bereitstellen. Darüber hinaus wurde eine Europäische Investitionsbank (EIB) eingerichtet, die zinsgünstige Darlehen für Entwicklungsförderung in benachteiligten Regionen oder für die Modernisierung veralteter Unternehmen vergeben sollte. Sozioökonomische Homogenität und der Abbau von Unterschieden in Wohlstands- und Entwicklungsniveau innerhalb der EWG wurden als wichtige Voraussetzungen für die weitere Integration gesehen.

In ähnlicher Weise berücksichtigte der Vertrag die Länder, mit denen die sechs Mitgliedstaaten besondere Beziehungen unterhielten, die (ehemaligen) Kolonien von Belgien, den Niederlanden, Frankreich und Italien. Diese hatten bis 1957 oft günstige Handelsabkommen mit dem (ehemaligen) Mutterland gehabt, die durch den EWG-Vertrag gebrochen werden würden. Um die günstigen Beziehungen auch weiterhin fortzusetzen, bestimmte der Vertrag, dass diese Länder mit der EWG assoziiert würden. Dies bedeutete, dass für den Handel mit diesen Ländern die gleichen Bedingungen gelten würden wie für den Handel zwischen den sechs Ländern, aber auch, dass die besonderen Beziehungen, die ein Mitgliedstaat mit einem so assoziierten Land unterhielt, zu einem großen Teil auf die Gemeinschaft als Ganzes übertragen werden sollten. Darüber hinaus erklärte der Vertrag auch die Entwicklungshilfe für diese **assoziierten Länder** teilweise zu einer gemeinschaftlichen Angelegenheit. Zur Koordinierung dieser Unterstützung wurde ein spezieller Entwicklungsfonds geschaffen.

Die Institutionen, die diese ehrgeizigen Ziele der sozialen und wirtschaftlichen Integration ausführen sollten, bauten größtenteils auf dem Modell der EGKS auf. Jedoch verlagerte sich der Schwerpunkt im Verhältnis zwischen diesen Institutionen. In der EGKS hatte die Hohe Behörde eine zentrale Rolle. Die EWG hatte ein vergleichbares supranationales Organ: die Europäische Kommission. Die Europäische Kommission musste allerdings mit einem mehr intergouvernementalen Gremium arbeiten, dem Ministerrat. In der EGKS-Struktur hatte es auch einen ähnlichen Ministerrat gegeben, aber im EWG-Vertrag war die Rolle des Ministerrates deutlich stärker. Der EWG-Vertrag wies den **Ministerrat** als einziges Organ aus, das Gesetze (»Verordnungen« in der europäischen Terminologie) erlassen konnte, die direkt und allgemein in den Mitgliedstaaten galten, also ohne weitere Eingriffe durch die nationalen Gesetzgeber. Auch das Festlegen von Regeln (»Richtlinien«), die von den Mitgliedstaaten in ihre eigene nationale Gesetzgebung übernommen werden mussten, war dem Ministerrat vorbehalten. Darüber hinaus erhielt nur der Ministerrat die Befugnis, neue Bereiche der Zusammenarbeit auszuweisen. Auf diesem Weg wollten die Mitgliedstaaten die Gewissheit haben, dass ein solcher Schritt vorwärts nur im Einvernehmen mit allen Mitgliedstaaten gemacht werden würde.

Das **Abstimmungsverfahren**, das im Vertrag von Rom vorgesehen war, gab dem Ministerrat allmählich einen anderen Charakter. In den ersten Jahren musste der Ministerrat gemäß dem Vertrag alle Entscheidungen einstimmig treffen. Jedes Land hatte so über alle Beschlüsse ein Veto in der Phase, in der die Fundamente für die Zusammenarbeit gelegt werden würden. Für die Jahre danach sah der EWG-Vertrag allerdings ein Verfahren vor, bei dem mit qualifizierter Mehrheit entschieden werden sollte. Dieses Verfahren wurde nach und nach, für jeden Politikbereich, eingeführt und sollte nach acht bis zehn Jahren für alle Bereiche in Kraft sein. Die Anforderung der qualifizierten Mehrheit war, dass jedes der sechs Mitgliedsländer eine gewichtete Stimme erhielt. Einerseits waren die sechs Mitgliedstaaten »gleich« als souveräne Staaten, aber andererseits vertrat Deutschland viel mehr europäische Bürger als Luxemburg und musste auch dies in der intergouvernementalen Entscheidungsfindung berücksichtigt werden. Um sicherzustellen, dass die großen Länder nicht von den kleinen überstimmt werden konnten, erhielten Deutschland, Frankreich und Italien je vier Stimmen, die Niederlande und Belgien jeweils zwei und Luxemburg eine

Stimme. Umgekehrt konnten die drei kleinen Länder wohl durch die drei großen überstimmt werden. Für eine qualifizierte Mehrheit waren zwölf der siebzehn gewichteten Stimmen erforderlich, wobei die Stimmen auch 67,8 Prozent der Bevölkerung repräsentieren mussten. In der Praxis gab dieses Verfahren den großen Ländern und insbesondere Deutschland eine wichtige Machtposition. Mit seinen 56 Millionen Einwohnern (bei 167 Mio. EWG-Bürgern) hatte Deutschland in der Praxis nämlich ein Veto.

Neben den Ministerrat stellte der EWG-Vertrag die **Europäische Kommission.** Die Kommission bildete das supranationale Element in der EWG-Struktur. Laut Vertrag bestand sie aus neun Mitgliedern, die von den Mitgliedstaaten unabhängig waren: Die drei großen Mitgliedstaaten benannten nach Beratungen untereinander für jeweils vier Jahre jeweils zwei Kommissare, die kleinen Länder jeweils einen. Während der Ministerrat als Einziger über neue Gesetze entscheiden durfte, durfte die Kommission als einzige Vorschläge für diese neuen Vorschriften und Richtlinien machen. Daneben koordinierte die Kommission die Umsetzung der vom Ministerrat verabschiedeten Rechtsvorschriften. Wie der Ministerrat durfte die Kommission darüber selbstständig Beschlüsse fassen, die sich auf einen bestimmten Fall richteten (»Entscheidung«) und hierüber Stellungnahmen und Empfehlungen abgeben. Schließlich sollte die Kommission über die Umsetzung der im Vertrag getroffenen Vereinbarungen über die Zollunion und den gemeinsamen Markt wachen. Wenn die Kommission feststellte, dass ein Mitgliedstaat die gemachten Vereinbarungen verletzt hatte, konnte sie die Angelegenheit dem **Europäischen Gerichtshof** vorlegen. Dieser Gerichtshof der EGKS blieb nach 1957 gleich, erhielt aber auch die Rechtsprechung über die EWG und Euratom.

Die Institution schließlich, die im EWG-Vertrag symbolisch als erste behandelt wurde, war das **Europäische Parlament**. Im Vertrag wurde es noch bezeichnet als »die Versammlung«, aber die Mitglieder gaben sich ab 1962 konsequent den Namen »Europäisches Parlament«. Das Europäische Parlament hatte 142 Mitglieder, die von und aus den nationalen Parlamenten entsandt wurden: Diese saßen mit einem »Doppelmandat« sowohl in ihrem nationalen und im Europäischen Parlament. Die Hauptaufgabe des Parlaments war die demokratische Kontrolle der Arbeit der Kommission. Diese Prüfung erfolgte durch jährliche Treffen rund um den Jahresbericht der Kommission. Darüber hinaus forderte der EWG-Vertrag, dass das Europäische Parlament Stellungnahmen über neue Gesetze und Anordnungen erstellte, die gemeinsam von der Kommission und dem Ministerrat vorbereitet wurden. Diese beratende Funktion teilte das Europäische Parlament mit dem **Wirtschafts- und Sozialausschuss** (WSA, früher auch ECOSOC). Dieses Organ bestand aus »Vertretern aus allen Bereichen des wirtschaftlichen und sozialen Lebens«, zum Beispiel Gewerkschaften und Arbeitgeberverbänden. Der Ausschuss sollte den Ministerrat mit seiner Expertise bei den meist technischen Vereinbarungen unterstützen, die getroffen werden mussten. Dabei entstanden schnell viele Unterausschüsse, wie der für Landwirtschaft oder den Transportsektor.

Nach der Unterzeichnung der Verträge dauerte es beinahe ein Jahr, bis die Institutionen auch praktisch existierten. In dieser Zeit beschäftigte vor allem die Frage, wo die neuen europäischen Institutionen etabliert werden sollten, die Öffentlichkeit. Straßburg und Luxemburg boten sich wegen ihrer Verbindungen zum Europarat und zur EGKS an. Aber auch andere Kandidaten präsentierten sich, darunter Brüssel, die Stadt, in der der Vertrag unter der Leitung von Spaak zum größten Teil vorbereitet worden war. Aus diplomatischen Gründen entschieden sich die sechs Mitgliedstaaten schließlich für einen Kompromiss. Luxemburg behielt die Büros der EGKS und den von EGKS, EWG und Euratom geteilten Gerichtshof. In Straßburg konnte das Parlament der EWG den Plenarsaal des Parlamentarischen Versammlung des Europarates nutzen. In Brüssel wurden die neuen Institutionen angesiedelt, wie die Kommission und ECOSOC. Auch die personelle Besetzung der neuen und alten europäischen Gremien war ein großer Streitpunkt nach der Unterzeichnung der Verträge. Positionen wurden untereinander getauscht: Nachdem Belgien die neue europäische »Hauptstadt« erhalten hatte, fiel Deutschland die Ehre zu, den ersten Präsidenten der Kommission zu stellen, während die anderen Länder die Vorsitzenden des Gerichtshofes oder einen zusätzlichen

Richter stellen durften. Auf diese Weise gelang es den sechs Mitgliedstaaten schließlich im Dezember 1957, die EWG ihre Arbeit aufnehmen zu lassen.

Die Gemeinschaften im Aufbau: Politikbereiche und Bürokratie

Als die neuen Kommissionsmitglieder sich im Januar 1958 versammelten, bildeten diese direkt einen Club mit Ansehen, trotz des Kuhhandels, der sich rund um die Institutionen abgespielt hatte. Auch wenn die sechs Mitgliedstaaten eine starke supranationale Kommission gegenüber dem intergouvernementalen Ministerrat bereits fürchteten, so zeigte sich dies nicht in den Personen, die sie ernannt hatten. Alle Kommissionsmitglieder hatten hohe Posten in der nationalen Politik bekleidet, bevor sie in Brüssel den Kurs der EWG bestimmen durften. Als Vorsitzender war der deutsche Spitzenbeamte Walter Hallstein ernannt worden, ein Technokrat, der lange mit Bundeskanzler Konrad Adenauer gearbeitet hatte. Unter seiner Führung ging die Kommission energisch an die Arbeit. Die neun Kommissare legten einen fliegenden Start hin mit dem Aufbau der Zollunion. Wie im Vertrag von Rom vorgesehen schlug die Kommission Gesetze für die Harmonisierung der Handelspolitik vor und machte Vorschläge für eine gemeinsame Agrarpolitik. Der schnelle Start der Kommission ließ sich vielleicht noch am besten ablesen aus dem ebenso rasend schnellen Aufbau einer Brüsseler Bürokratie.

Die erste Sitzung der Europäischen Kommission im Januar 1958 hatte einen bemerkenswert provisorischen Charakter: Neun Männer hatten sich, nur mit Stift, Papier und dem gedruckten Vertrag bewaffnet, in mehreren Räumen eines Brüsseler Hotels versammelt. Danach jedoch wuchs die Kommission in nur wenigen Jahren zu einer vollwertigen Verwaltungsorganisation, bei der bereits 1962 rund 2.000 Mitarbeiter arbeiteten. Die Organisation wurde ähnlich wie Ministerien mit »Generaldirektionen« aufgebaut: Abteilungen für einen entsprechenden Politikbereich, der mit dem

Portfolio eines der Kommissionsmitglieder korrespondierte. Der französische Kommissar für Wirtschaft und Finanzen, Robert Marjolin, bezeichnete die ersten Jahre im Nachhinein als die »Schonzeit« der EWG. Beamte wollten für »Europa« arbeiten, fasziniert von der Idee der Integration. Im Nachhinein herrschte ein besonderer Geist bei diesen ersten Leuten.

Als Gegenstück zur Kommission und ihrem Beamtenapparat versicherte sich auch der Ministerrat einer ständigen Vertretung in Brüssel – oder besser, sechs Vertretungen. Laut Vertrag lag das endgültige Urteil über nahezu alle Bereiche, in denen die Kommission an die Arbeit ging, in den Händen des Ministerrats. Wegen der heimischen Verpflichtungen der Minister konnte der Ministerrat nur ein paar Mal im Jahr zusammentreten. Um diese Treffen so gut wie möglich vorzubereiten, hatte jeder Minister Beamte, die unter Anleitung eines Ständigen Vertreters im Rang eines Botschafters kontinuierlich in Brüssel blieben, die Entwicklungen in der Kommission aus der Nähe verfolgten und mit den Beamten der Kommission und untereinander über die neuen Vorschläge berieten. Insbesondere die Beratungen der Beamten der sechs Mitgliedstaaten als Vorbesprechung für die Sitzungen des Ministerrats erwiesen sich als sehr wichtig. In der Praxis fand bald der Großteil der Verhandlungen über neue Vorschriften und Richtlinien in diesem **Ausschuss der Ständigen Vertreter** (**COREPER**) statt. Die Minister mussten dann in der Sitzung des Ministerrates nur noch ihre Zustimmung aussprechen. Schon bald entwickelten sich die Ständigen Vertretungen zu kleinen Behörden, die die verschiedenen Politikbereiche des Ministerrats abbildeten. Der Ministerrat bestand nicht immer aus den gleichen Ministern. Auf den Sitzungen zu allgemeinen Fragen setzte sich dieser üblicherweise aus den Außenministern zusammen, aber bei fachspezifischen Themen konnten dies auch die Minister für Finanzen oder Landwirtschaft sein. All diese Fachminister hatten schnell ebenfalls einige Beamte in Brüssel, um dort die Entwicklungen zu verfolgen und die Sitzungen vorzubereiten.

Die Initiative für den Aufbau der Gemeinschaften ging jedoch von der Kommission aus. Während in Brüssel zunehmend Beamte die Arbeit als Laufen hielten, bereisten die Kommissare selbst die sechs Mitgliedstaaten, um bei nationalen Politikern und Interessenvertretern für ihre Pläne zu werben. Diese Pläne betrafen vor allem die Zollunion und die Entwicklung einer gemeinsamen **Handelspolitik**. Hierfür mussten nationale Zolltarife und Wettbewerbsregeln aufeinander abgestimmt werden. Auch nahm die Kommission im Namen der sechs Mitgliedstaaten an den globalen Verhandlungen über Freihandel teil, die seit 1948 im Rahmen des Allgemeinen Zoll- und Handelsabkommens (GATT) stattfanden. Zum Leidwesen der USA gelang es der EWG, für diese Verhandlungen eine einheitliche Position zu finden. So gelang es der EWG, eine erhebliche Gegenmacht zu den USA zu bilden, die 1962 unter Präsident Kennedy einen freien Welthandel zu erreichen hofften. Die EWG konzentrierte sich dagegen gerade auf interne Handelsliberalisierung und den Schutz dieses Marktes nach außen.

Der Politikbereich, der für die Kommission als wichtigster Test für die Entwicklung einer gemeinsamen europäischen Politik betrachtet wurde, war die Landwirtschaft. Im EWG-Vertrag waren landwirtschaftliche Erzeugnisse von den »Gütern« ausgenommen, über die im Rahmen der Zollunion Vereinbarungen getroffen worden waren. Stattdessen enthielt der Vertrag Vorhaben für eine gemeinschaftliche Politik, die, wie in den einzelnen Mitgliedstaaten, auf die Ernährungssicherheit für die europäischen Bürger und Existenzsicherheit für die Landwirte zielte. Vor allem Frankreich hatte auf der »Vergemeinschaftlichung« der Agrarpolitik bestanden. Bereits früher in den fünfziger Jahren hatte Paris nach Zusammenarbeit auf diesem Gebiet gesucht. Die Franzosen hofften so, sich einen dauerhaften Absatzmarkt für ihre landwirtschaftlichen Produkte zu festen Preisen zu schaffen. Diese Preisregulierung sollte dem relativ unsicheren Agrarsektor, der in Frankreichs Volkswirtschaft eine wichtige Rolle spielte, Einkommenssicherheit bringen. Im Vorfeld des EWG-Vertrages hatte vor allem Deutschland über eine solche Landwirtschaftspolitik gezögert. Deutschland war mit seiner verhältnismäßig kleinen und modernen Landwirtschaft gerade ein Nettoimporteur von landwirtschaftlichen Erzeugnissen und hatte viel zu gewinnen beim globalen Freihandel in diesem

Bereich. Mit der Unterzeichnung des EWG-Vertrags hatte Deutschland eine gemeinschaftliche Agrarpolitik akzeptiert. Bei der konkreten Ausarbeitung dieser Politik kollidierten jedoch die Interessen der beiden größten Mitgliedstaaten bei diesem Thema regelmäßig.

Der Kommissar, der diese neue Politik entwickeln sollte, der Niederländer Sicco Mansholt, war als Landwirtschaftsminister selbst an den Verhandlungen für den EWG-Vertrag beteiligt gewesen. Er begann seine Arbeit mit einer Konferenz, zu der er außer den nationalen Entscheidungsträgern und Experten auch Vertreter der nationalen landwirtschaftlichen Organisationen einlud. Tagelange Sitzungen führten nicht nur zu den ersten Politikvorschlägen, sondern auch zur Schaffung einer Vereinigung der bisher national organisierten landwirtschaftlichen Verbände – den sich in Brüssel ansiedelnden Ausschuss der berufsständischen landwirtschaftlichen Organisationen (Comité des Organisations Professionelles Agricoles (COPA)). Diese Lobbyorganisation wurde, genau wie der 1960 eingerichtete Sonderausschuss für die Landwirtschaft mit nationalen Beamten, ein wichtiger Gesprächspartner für den Kommissar. Gemeinsam mit den europäischen Beamten von Mansholt bereiteten sie die **Gemeinsame Agrarpolitik** (**GAP**) der EWG vor.

Im Großen und Ganzen war die GAP eine Fortsetzung der Politik der Regulierung und Subventionierung, die von den nationalen Behörden bereits geführt wurde. Subventionierung durch die EWG erhielt die Form von Preisgarantien, wie sie in den meisten Mitgliedstaaten üblich waren. Die Landwirte erhielten einen von der EWG garantierten Preis für ihre Produkte, sodass sie für ihr Einkommen nicht von den Schwankungen auf dem Weltmarkt abhängig waren. Der Festsetzung dieser gemeinsamen Preise gingen in den sechziger Jahren zähe Verhandlungen voraus. Vor allem die **Getreidepreise**, die den Ausgangspunkt für die anderen Preise bilden würden, waren eine große Hürde, weil es erhebliche Preisunterschiede zwischen den einzelnen Mitgliedstaaten gab. Die national garantierten Getreidepreise lagen in Frankreich traditionell viel niedriger als die in Deutschland. Die deutschen Landwirtschaftsorganisationen wandten sich gegen einen Kompromiss –

jeder Kompromiss würde in der Tat niedriger sein als der deutsche Getreidepreis. Erst als diese Organisationen 1964 von der Europäischen Kommission und der deutschen Regierung die Zusage erhielten, dass es für Deutschland eine Übergangsphase geben würde, versöhnten sich die deutschen Bauern mit dem gemeinsamen Getreidepreis.

1967 trat der gemeinsame Markt im Bereich der Landwirtschaft endgültig in Kraft. Es galten gemeinsame Preise für Getreide, Zucker, Milch, Rindfleisch, Schweinefleisch und einige Obst- und Gemüsesorten. Diese Festpreise sollten, in Kombination mit von den nationalen Regierungen organisierter Einkommensunterstützung für die Landwirte, auch im Bereich der Landwirtschaft den freien Markt korrigieren und so den Bauern eine Existenzsicherheit garantieren. Kommissar Mansholt wollte diese Politik mit großen Reformen in der europäischen Landwirtschaft verknüpfen, die noch weitgehend durch kleine und wenig rentabel arbeitende Familienbetriebe geprägt war. Auf Drängen der landwirtschaftlichen Organisationen hatte Mansholt diese Pläne für Modernisierung und Vergrößerung allerdings bis nach Einführung der GAP verschoben. Aber auch danach behielten die Landwirtschaftsorganisationen ihren Einfluss, sodass die in den späten sechziger Jahren eingeführten Strukturreformen schlussendlich wenig Auswirkung zeigten. Da die Landwirte durch die GAP ermutigt wurden, ihre Produktion zu erhöhen, dauerte es nicht lange, bis sich die ersten Anzeichen von Agrarüberschüssen, die berüchtigten »Butterberge« und »Milchseen« zeigten.

Trotz dieser negativen Effekte, die nicht nur zu hohen Lebensmittelpreisen für die Bürger, sondern auch zu Umweltschäden führten, erfüllte die GAP in vielerlei Hinsicht perfekt die Erwartungen einer supranationalen Gemeinschaft. Zuallererst erzwang die GAP in verschiedensten anderen Bereichen Zusammenarbeit: der Spill-over-Effekt, auf den Monnet und seine Anhänger gehofft hatten. Somit machte die gemeinsame Preispolitik mehr oder weniger auch im Währungsbereich eine Abstimmung zwischen den sechs Ländern notwendig. Zweitens wuchs sich die europäische Agrarlobby, wie auch die EWG-weiten Interessensvereinigungen von Unternehmen, die via ECOSOC mitsprachen, bald zu einem Modell für andere Interessengruppen aus. Drittens war die GAP ein Beispiel für die wachsende Interaktion zwischen der EWG und den Mitgliedstaaten. Die COREPER war diesbezüglich nur die Spitze des Eisbergs: Schätzungen zufolge wurden Mitte der sechziger Jahre jährlich aus sechs Ländern um die 14.500 nationale Experten »eingeflogen«, um den ständigen Vertretern bei der Vorbereitung neuer europäischer Vorschriften zur Hand zu gehen. Vor allem gab die GAP der Kommission die Möglichkeit, bei der Gestaltung des Integrationsprozesses eine führende Rolle zu spielen. Dass diese immer größere Rolle, die die Kommission sich anmaßte, wiederholt auf Machtkonflikte mit den Mitgliedstaaten hinauslief, darf nicht erstaunen.

Bevor diese Konflikte die Überhand erhielten, wurden noch an anderer Stelle wichtige Schritte zur Stärkung des supranationalen Charakters der EWG gesetzt. Der Europäische Gerichtshof machte mit zwei überraschenden Urteilen 1963 und 1964 auf sich aufmerksam. Die erste Entscheidung resultierte aus einer Klage, die das niederländische Transportunternehmen **Van Gend en Loos** wegen der Erhöhung des Einfuhrzolls auf ein chemisches Produkt, das der Betrieb transportierte, gegen die niederländische Regierung angestrengt hatte. Für Van Gend en Loos stand diese Erhöhung im Widerspruch zu Artikel 12 des EWG-Vertrags, der den Mitgliedstaaten verbot, neue Zölle und Abgaben gleicher Wirkung einzuführen. Die zentrale Frage in diesem Prozess war, ob sich ein Unternehmen vor dem europäischen Richter direkt auf eine Bestimmung des Vertrages berufen könne. Internationale Verträge waren ja Vereinbarungen zwischen den Staaten, auf die sich Bürger und Unternehmen nicht direkt berufen könnten. Der Europäische Gerichtshof stellte jedoch in seinem Urteil fest, dass der EWG-Vertrag bei Bestimmungen wie Artikel 12 tatsächlich direkt wirken und daher von Einzelpersonen und Unternehmen geltend gemacht werden könnte. Zur Begründung führte der Gerichtshof an, dass

> »das Ziel des EWG-Vertrages die Schaffung eines gemeinsamen Marktes [ist], dessen Funktionieren die der Gemeinschaft ange-

> hörigen Einzelnen unmittelbar betrifft; damit ist zugleich gesagt, daß dieser Vertrag mehr ist als ein Abkommen, das nur wechselseitige Verpflichtungen zwischen den vertragsschließenden Staaten begründet«

und dass

> »aus alledem zu schließen ist, daß die Gemeinschaft eine neue Rechtsordnung des Völkerrechts darstellt, zu deren Gunsten die Staaten, wenn auch in begrenztem Rahmen, ihre Souveränitätsrechte eingeschränkt haben, eine Rechtsordnung, deren Rechtssubjekte nicht nur die Mitgliedstaaten, sondern auch die Einzelnen sind«.

Mit dieser Auslegung des EWG-Vertrages ging das Gericht weiter, als die Mitgliedstaaten 1957 vorgesehen hatten: Die Kontrolle der Mitgliedstaaten wurde somit in einigen Bereichen stark eingeschränkt.

Ein Jahr später ging das Gericht noch einen Schritt weiter in seinem **Costa/ENEL-Urteil**. Anlässlich einer Klage, die der Rechtsanwalt Flaminio Costa im Zusammenhang mit der Verstaatlichung der Elektrizitätsgesellschaft ENEL gegen den italienischen Staat angestrengt hatte, entschied der Gerichtshof über die Frage, ob das EWG-Recht auch über nachfolgende nationale Gesetzgebung gehen könnte. Costa war der Meinung, dass die Verstaatlichung des Energieversorgers gegen Bestimmungen des EWG-Vertrages verstoßen würde. Die italienische Regierung argumentierte jedoch, dass es einen solchen Konflikt nicht geben könne, weil die Verstaatlichung nach Abschluss des Vertrages und somit auf der Grundlage einer neuen Entscheidung des souveränen nationalen Gesetzgebers erfolgte. Das Gericht entschied, dass auch spätere nationale Gesetze nicht gegen den Vertrag verstoßen dürften.

> »Denn durch die Gründung einer Gemeinschaft für unbegrenzte Zeit, die mit eigenen Organen, mit der Rechts- und Geschäftsfähigkeit, mit internationaler Handlungsfähigkeit und insbesondere mit echten, aus der Beschränkung der Zuständigkeit der Mitgliedstaaten

> oder der Übertragung von Hoheitsrechten der Mitgliedstaaten auf die Gemeinschaft herrührenden Hoheitsrechten ausgestattet ist, haben die Mitgliedstaaten, wenn auch auf einem begrenzten Gebiet, ihre Souveränitätsrechte beschränkt und so einen Rechtskörper geschaffen, der für ihre Angehörigen und sie selbst verbindlich ist.«

Zusätzlich zu diesen Urteilen des Europäischen Gerichtshofs und den Schritten, die mit der Agrarpolitik gesetzt wurden, gab die Entwicklung der EWG in den sechziger Jahren auch in anderer Hinsicht viel Grund zu Optimismus. Die 1957 geplante Zollunion wurde sehr schnell aufgebaut: Schlussendlich konnte sie bereits 1968 vollendet werden, 18 Monate früher als im Vertrag vorgesehen. Die wirtschaftlichen Vorteile der Zusammenarbeit zeichneten sich aber viel früher ab. Fast alle Volkswirtschaften in Nordwesteuropa erlebten in diesen Jahren ein ungekanntes Wachstum, während die Arbeitslosigkeit auf ein Minimum fiel. Die genaue Wirkung der EWG auf diesen Beitrag lässt sich nur schwer bestimmen. Sicher ist, dass die wirtschaftliche Prosperität weitgehend als der Erfolg der wirtschaftlichen Zusammenarbeit gesehen wurde.

Ein weniger politischer, vor allem praktischer Schritt war der neue Vertrag, den die sechs Mitgliedstaaten 1965 in Brüssel unterzeichneten. Mit diesem sogenannten **Fusionsvertrag** wurden mit Beginn des Jahres 1967 die drei bestehenden Gemeinschaften EGKS, EWG und Euratom zu einer Einheit umgewandelt: die Europäischen Gemeinschaften. Die Organe der verschiedenen Gemeinschaften fusionierten: Die Ministerräte der EGKS, der EWG und Euratom wurden zu einem Ministerrat zusammengefügt. Die Hohe Behörde des EGKS, die Kommission der EWG und die Euratom-Kommission gingen in einer gemeinsamen Kommission der Europäischen Gemeinschaften auf. Da das Parlament und der Gerichtshof von Beginn an für alle Gemeinschaften zuständig gewesen waren, war dies eine auf der Hand liegende Fusion. Auch die Budgets der drei Gemeinschaften wurden damit zusammengeführt. Darüber hinaus erkannte der Fusionsvertrag die spontan gewachsene COREPER als Organ an, das die Sitzungen des Ministerrates vorbereitete und Aufträge des Ministerrates ausführte.

Das Handeln der Staaten: Von Krise zu Krise

Mit dem erfolgreichen Start der EWG wird jedoch nur ein Teil der Zusammenarbeit in den sechziger Jahren beschrieben. Auf der anderen Seite wurden die Pläne für einen gemeinsamen Markt, noch bevor sie 1958 ausgearbeitet werden konnten, zum Thema einer kontroversen Debatte. In den folgenden Jahren häuften sich große und kleine Krisen der Zusammenarbeit. In diesen Krisen spielten vor allem die Mitgliedstaaten die Hauptrolle, ein klares Zeichen dafür, dass die junge supranationale Gemeinschaft stark auf intergouvernementaler Zusammenarbeit von Staaten beruhte.

Die erste Bedrohung für eine erfolgreiche Zusammenarbeit kam aus dem Vereinigten Königreich. Die Briten, die lange die Verhandlungen über die EWG begleitet hatten, präsentierten Ende 1957 einen Gegenentwurf für eine eher intergouvernementale Freihandelszone auf der Grundlage der bereits bestehenden OEEC. Diese Freihandelszone zwischen den teilnehmenden Ländern ging deutlich weniger weit als der mit der EWG ins Auge gefasste gemeinsame Markt. Ein gemeinsamer Außenzoll oder weitere Harmonisierung der Sozial- und Wirtschaftspolitik war in der Freihandelszone nicht vorgesehen.

Die niederländische Regierung, die das Vereinigte Königreich als wichtigen Handelspartner betrachtete, unterstützte den britischen Ansatz, dass die EWG als Ganzes Teil dieser neuen Freihandelszone werden könnte. Ende 1958 brach der neue französische Präsident de Gaulle nach Beratung mit Adenauer die Verhandlungen über diese neue Organisation jedoch abrupt ab. De Gaulle befürchtete, dass die Freihandelszone vor allem dem Vereinigten Königreich zugutekommen würde, weil dieses Land seine vorteilhaften Vereinbarungen mit den ehemaligen Kolonien behalten und gleichzeitig freien Zugang zum europäischen Markt haben würde. Entscheidend war für den französischen Präsidenten jedoch, dass diese intergouvernementale Freihandelszone als Konkurrent der noch jungen EWG-Zusammenarbeit nicht die Chance für ein erfolgreiches Wachsen geben würde. De Gaulle folgend entschlossen sich die EWG-Länder dazu, sich nicht an der britischen Initiative zu beteiligen. Die anderen OEEC-Länder (Dänemark, Portugal, Österreich, Schweden, Norwegen und die Schweiz) schlossen sich dem britischen Plan an und gründeten 1960 gemeinsam die **Europäische Freihandelszone** (**EFTA**).

Nachdem nun diese »Bedrohung« abgewendet war, konnte die EWG damit beginnen, ihre eigene Organisation aufzubauen. Neue mögliche Störungen dieser Arbeiten zeigten sich jedoch schon schnell. Dieses Mal kam die Störung aus den eigenen Reihen. Wieder spielte der französische Präsident de Gaulle eine Hauptrolle. Dieser im Juni 1958 gewählte Präsident war bekannt als Gegner des europäischen Idealismus seiner Landsleute wie Schuman und Monnet. In den Jahren nach 1958 entwickelte er sich zu einem entschiedenen Verteidiger der Kontrolle der Nationalstaaten innerhalb der EWG. In der Diskussion um die EFTA hatte de Gaulle die EWG noch verteidigt: Der französische General, der seine Wahl zum Präsidenten dem Zusammenbruch der französischen Kolonialmacht in Algerien verdankte, sah in der EWG ein brauchbares Mittel, das Wirtschaftswachstum zu erreichen, dass unter anderem dazu benötigt wurde, den Konflikt in Algerien zu finanzieren. Sobald sich jedoch die Möglichkeit ergab, entfaltete de Gaulle eigene Pläne für Europa.

In den Plänen, die de Gaulle 1960 vorlegte, wurde die bestehende wirtschaftliche Zusammenarbeit in der EWG eingebettet in einen Plan für eine **politische Union**. Diese politische Union schloss direkt an die Vision und Ambitionen des französischen Präsidenten an. De Gaulle machte deutlich, dass die europäische Zusammenarbeit in seinen Augen zu allen Zeiten von der Unabhängigkeit der Nationalstaaten ausgehen sollte. Das vereinte Europa, das er im Sinne hatte, war ein »Europa der Staaten« – ein Bild, das er der technokratischen Realität der EWG und den föderalistischen und funktionalistischen Idealen von Schuman und Monnet gegenüberstellte. Solch ein vereintes Europa sollte nach de Gaulle schließlich einen dritten Machtblock in der von den USA und der Sowjetunion dominierten bipolaren Weltpolitik bilden. De Gaulles Vorgänger waren bereits für eine selbstständigere europäische Macht eingetreten, indem sie in den ersten Plänen für Euratom für die gemeinsame Entwicklung eigener europäischer Atomwaffen plädierten. Auch wegen ihrer Nähe zu den USA und zur NATO in diesem Bereich hatten die anderen europäischen Länder dieses Vorhaben jedoch abgelehnt. Der Widerstand der anderen fünf Länder verstärkte sich noch, als in den Plänen de Gaulles eine führende Rolle für Frankreich durchklang. Nach der militärischen Niederlage Frankreichs im Zweiten Weltkrieg und dem Zerfall der Kolonialmacht sollte eine Hauptrolle in einem auch militärisch mächtigen Europa der französischen Nation einen Teil ihrer alten Grandeur zurückgeben.

Anfänglich hatten die Fünf noch an der weiteren Ausarbeitung der Vorschläge für eine politische Union mitgearbeitet. Diese Aufgabe wurde einer Kommission unter der Leitung des französischen Diplomaten Christian Fouchet übertragen. Im November 1961 erschien in Abstimmung mit den europäischen Staats- und Regierungschefs der erste **Fouchet-Plan** für eine politische Union der sechs EWG-Mitgliedsländer. Diese Union hatte einen deutlich intergouvernementalen Ansatz. Die Zusammenarbeit, die sich auf Außenpolitik, Handelspolitik, Verteidigung und Kultur konzentrierte, sollten die Form von regelmäßigen Treffen der Staats- und Regierungschefs erhalten, die außerdem einstimmig beschließen sollten. Schon beim Bekanntwerden des Plans gab es Kritik, vor allem seitens der Niederlande und Belgiens. Diese kleinen Länder richteten sich gegen den antiatlantischen Tenor des Plans und gegen den intergouvernementalen Charakter der Union. Die Niederlande und Belgien fürchteten, dass dieser Ansatz vor allem zugunsten der beiden dominierenden Länder Frankreich und Deutschland funktionieren würde.

Nachdem auch ein zweiter, 1962 vorgelegter Fouchet-Plan diese Bedenken nicht hatte aus dem Weg räumen können, stellte de Gaulle seine Bemühungen um eine politische Union ein. Stattdessen suchte Frankreich engere Beziehungen zur Bundesrepublik Deutschland. Nach gegenseitigen Staatsbesuchen, die die Ressentiments aus den beiden Weltkriegen vergessen machen sollten, wurde diese Annäherung 1963 im **Élysée-Vertrag** besiegelt. Dieser Vertrag sah in erster Linie regelmäßige Treffen und kulturelle Zusammenarbeit zwischen den beiden größten EWG-Ländern vor. Für die EWG als Ganzes war politische Zusammenarbeit zunächst kein Thema und bedeutete der deutsch-französische Vertrag höchstens eine erste Andeutung des »deutsch-französischen Motors«, der sich im weiteren Verlauf der Integrationsgeschichte einige Male als entscheidend erweisen sollte.

Eng verwoben mit den Überlegungen zu einer politischen Union war die Frage der **Erweiterung** der EWG. Dieses Problem wurde aktuell mit der Beitrittsanfrage des Vereinigten Königreichs im August 1961. Hinter dieser Anfrage standen vor allem wirtschaftliche Überlegungen: Die Briten hatten bereits 1960 bemerkt, dass die sechs EWG-Länder einen wirtschaftlichen Aufschwung erlebten, während das eigene Wachstum stagnierte. Darüber hinaus fürchtete das Vereinigte Königreich, angesichts der Pläne der sechs Mitgliedstaaten für politische Zusammenarbeit langfristig in Europa isoliert zu werden. Angeführt vom konservativen Premierminister Harold Macmillan ersuchte das Land dann auch um Aufnahme. Dänemark und Irland folgten bald, weil für sie das Vereinigte Königreich ein wichtiger Handelspartner war. Norwegen reichte 1962 ebenfalls einen Antrag auf Mitgliedschaft ein.

Bei den Verhandlungen über die Erweiterung bestimmten allerdings die Briten den Ton. Schon ab dem Beginn der Verhandlungen im November 1961 war klar, dass dies ein schwieriger Prozess sein würde. Erstens gab es Meinungsverschiedenheiten über die Art der Verhandlungen. Noch nicht gewöhnt an den Verlust des Weltmachtstatus, forderte das Vereinigte Königreich alle möglichen Ausnahmen von den bestehenden EWG-Vereinbarungen und verhielt sich, als ob zwischen den sieben Staaten ein neuer Vertrag von Rom geschlossen werden könnte. Die sechs Mitgliedstaaten gingen von der entgegengesetzten Position aus: Die EWG war eine Tatsache, und wenn das Vereinigte Königreich beitreten wollte, musste es den »Acquis« (wie der gemeinschaftliche Besitzstand der existierenden europäischen Rechtsvorschriften genannt wird) schlichtweg übernehmen. Die Verhandlungen wurden weiter dadurch erschwert, dass die EWG sich permanent weiterentwickelte und damit auch der Acquis und die Bedingungen, die die Briten erfüllen mussten.

Vor allem der unablässige Strom neuer Entwicklungen in der Landwirtschaftspolitik war für die Briten schwer zu akzeptieren.

Während die Unterhändler Schritt für Schritt diese Unterschiede überbrückten, sorgten französische Bedenken über Kernwaffen und die Gemeinsame Agrarpolitik schließlich für einen **Bruch**. Frankreich hatte von Anfang an vor einem britischen Beitritt gezögert, solange die Gemeinsame Agrarpolitik der EWG nicht konsolidiert war. Aufgrund der sehr abweichenden Struktur des Agrarsektors im Vereinigten Königreich befürchteten die Franzosen, dass diese Politik weniger vorteilhaft für die eigenen Bauern ausfallen würde, wenn auch die Briten am Verhandlungstisch mitsprechen würden. Während der Verhandlungen über den britischen Beitritt hatte Frankreich dann auch hohe Anforderungen zur Landwirtschaftspolitik auf den Tisch gelegt. Die Verhandlungen wurden dann endgültig abgebrochen, als der britische Premierminister Macmillan sich im Dezember 1962 bei einem Treffen mit US-Präsident Kennedy darauf verständigte, auf dem Gebiet der Raketentechnologie enger zusammenzuarbeiten. Die Lieferung von amerikanischen Atomraketen an das Vereinigte Königreich war nicht im Sinne de Gaulles, der gerade eine unabhängige »europäische« Politik auf dem Gebiet der Kernbewaffnung anstrebte. In einer Pressekonferenz erklärte der französische Präsident im Januar 1963 dann auch die Verhandlungen mit dem Vereinigten Königreich einseitig und ohne Abstimmung mit den anderen fünf Mitgliedstaaten für gescheitert. Auch Irland, Dänemark und Norwegen zogen daraufhin ihren Mitgliedsantrag zurück.

Vorläufig verlief die einzige Erweiterung der europäischen Zusammenarbeit im Rahmen von **Assoziierungsabkommen**, die die EWG mit den NATO-Verbündeten Griechenland (1961) und der Türkei (1963) schloss. Diese Abkommen zwischen der EWG und Drittländern zielten auf weitreichende Zusammenarbeit, ohne (oder vor) Mitgliedschaft. Im Fall von Griechenland und der Türkei legte die EWG in diesen Verträgen die Absicht fest, mittelfristig eine Zollunion einzurichten. Verglichen mit den Beitrittsverhandlungen mit den Briten betraf dies jedoch nur eine begrenzte Form der Integration. Darüber hinaus schloss die EWG 1963 mit 18 afrikanischen Ländern den **Vertrag von Yaoundé**. Dieser Vertrag war eine Weiterführung der Assoziierungsvereinbarungen für die (ehemaligen) Kolonien, die 1957 im Anhang zum EWG-Vertrag festgelegt worden waren. Der Vertrag erneuerte die Vereinbarungen mit diesen inzwischen zumeist entkolonialisierten Ländern über die Einrichtung einer Freihandelszone zwischen der EWG und diesen Ländern und über die Entwicklungshilfe, die diese Länder von der EWG erhalten sollten. Im zweiten Vertrag von Yaoundé (1969) und im Vertrag von Lomé (1975) sollten solche Anpassungen der Vereinbarungen mit den Ländern Afrikas, der Karibik und des pazifischen Raums (AKP-Staaten), die ehemals Kolonien waren, festgelegt werden.

Die Pressekonferenz von de Gaulle im Januar 1963 über die Erweiterung der EWG bedeutete zu diesem Zeitpunkt nicht nur das vorläufige Ende der Verhandlungen mit dem Vereinigten Königreich, sondern auch für die Gespräche über die politische Zusammenarbeit zwischen den sechs Mitgliedstaaten. Die anderen fünf Mitgliedstaaten waren nämlich empört über das eigenmächtige Handeln de Gaulles. Diese Pressekonferenz markierte den Beginn einer Reihe von Konfrontationen und Krisen. Die für die europäische Zusammenarbeit in den sechziger Jahren bedeutendste war die **Krise des leeren Stuhls**, während der sich Frankreich mehr als ein halbes Jahr aus der europäischen Zusammenarbeit zurückzog und das Vertrauen der anderen Mitgliedstaaten ernsthaft beschädigte. Neben den verschlechterten Beziehungen zwischen Frankreich und den anderen fünf Ländern und einigen strittigen Fragen in der Landwirtschaftspolitik wurde die Krise des leeren Stuhls auch durch das zentrale Dilemma des prinzipiellen Widerspruchs zwischen einem supranationalen oder gerade einem mehr intergouvernementalen Ansatz verursacht.

Auslöser der Krise des leeren Stuhls war ein Vorschlag der Europäischen Kommission. Im Zusammenhang mit der bevorstehenden Einführung der Gemeinsamen Agrarpolitik 1967 hatte diese am 31. März 1965 einen Vorschlag vorgelegt, der die Finanzierung der Agrarpolitik an institutionelle Reformen koppelte. Die wichtigste Reform betraf die Einführung eines eigenen Haushalts für die

Europäische Kommission, finanziert aus den Importzöllen für industrielle und vor allem landwirtschaftliche Erzeugnisse an den Außengrenzen der EWG. Die Kontrolle dieses Budgets sollte in erster Linie in den Händen des Europäischen Parlaments liegen, womit der Ministerrat auf den zweiten Platz verwiesen wurde. Dieser ehrgeizige Vorschlag wurde eher ungeschickt präsentiert: Gegen die Vorschriften legte die Europäische Kommission den Plan erst dem Parlament und erst danach dem Ministerrat vor. Als der Ministerrat sich im Juni 1965 darüber bog, schienen vor allem die französischen Unterhändler durch den Gang der Ereignisse verstimmt.

Auch ohne den kühnen Vorschlag der Kommission ging es um ein politisch heikles Thema: die Finanzierung der lange umstrittenen und gerade für Frankreich so wichtigen Landwirtschaftspolitik. Dennoch kam das Scheitern der Verhandlungen als eine Überraschung. Anders als üblich verweigerte der Gastgeber, der französische Außenminister, die Fortsetzung der Verhandlungen, bis es einen allseits akzeptierten europäischen Ansatz gab. Stattdessen reagierte der französische Minister mit dem Rückruf des Ständigen Vertreters und anderer Beamte aus ihrer Brüsseler Arbeit auf das fehlende Verhandlungsergebnis. Der Minister ließ dabei durchblicken, dass die anderen Fünf sich in seinen Augen nicht an die Absprache gehalten hatten, bis zum 30. Juni 1965 endgültige Beschlüsse über die Finanzierung der Landwirtschaftspolitik zu fassen. Die Krise des leeren Stuhls war damit eine Tatsache; ohne französischen Vertreter konnte der Ministerrat wegen der erforderlichen Einstimmigkeit keine einzige Entscheidung treffen.

Proeuropäische Organisationen fragten sich, ob diese Krise das Ende von zehn Jahren erfolgreicher Zusammenarbeit bedeuten würde. Diese Unsicherheit verstärkte sich noch, als Präsident de Gaulle im September 1965 die Position seiner Regierung während wieder einer Pressekonferenz erläuterte. De Gaulle nannte die Krise die unvermeidliche Folge der Entwicklung der EWG hin zu einer technokratischen Organisation, der jede demokratische Legitimation fehlte. Damit stellte sich der Präsident als Verteidiger der Nationalstaaten dar, gegenüber dem supranational eingestellten

Technokraten Hallstein als Kommissionsvorsitzenden. Dieser hatte sich im Lauf der letzten Jahre zunehmend eigenständiger profiliert, beispielsweise indem er sich bei ausländischen Besuchen fast als Präsident von Europa empfangen ließ. Neben der Uneinigkeit über die Landwirtschaftspolitik und der Unzufriedenheit über den Vorschlag der Kommission führte de Gaulle einen dritten, grundsätzlicheren Grund für den Rückzug Frankreichs an. Der Vertrag sah vor, dass zum 1. Januar 1966 in vielen Politikbereichen die bisher geltende Einstimmigkeit im Ministerrat von einer qualifizierten Mehrheit ersetzt würde. Dieser Schritt würde die Unabhängigkeit der Mitgliedstaaten limitieren und würde vor allem die französische Verhandlungsposition zur Landwirtschaftspolitik schwächen. In seiner Pressekonferenz forderte de Gaulle daher eine Revision dieser Vertragsbestimmung.

Die anderen fünf Mitgliedstaaten hatten inzwischen die Zusammenarbeit so gut und so schlecht es ging fortgesetzt, um der französischen Blockade nicht zu viel Gewicht zu geben. Als Reaktion auf de Gaulles Pressekonferenz beschlossen sie, eine Versöhnung zu versuchen. Die Fünf schlugen vor, im Januar 1966, vor der regulären Sitzung des Ministerrates, eine gesonderte Besprechung der qualifizierten Mehrheit zu widmen. Die Fünf fügten hinzu, dass, anders als bei den regulären Sitzungen des Ministerrats, der von den Franzosen kritisierte Hallstein nicht anwesend sein würde. Es waren dann die französischen Wähler, die ihre Repräsentanten zwangen, diesen Vorschlag anzunehmen. De Gaulle hatte im Dezember 1965 seinen antieuropäischen Kurs stark ändern müssen, als ihm bei den französischen Präsidentschaftswahlen der Verlust der Unterstützung der Bauern und Unternehmer drohte. Wieder zurück am Verhandlungstisch erreichten die sechs Mitgliedstaaten im Januar 1966 schnell eine Einigung über den sogenannten **Luxemburger Kompromiss**. Dieser beinhaltete die Einführung der Abstimmung mit qualifizierter Mehrheit, dass aber jede Regierung dennoch ein Veto einlegen könnte, wenn sie das Gefühl hätte, dass die diskutierte Thematik ein »vitales nationales Interesse« betraf. So blieb in der Praxis die Einstimmigkeit mehr oder weniger intakt. Dennoch bedeutete der merkwürdige Kompromiss als »agreement to disagree« auch einen Sieg für die supranationale Zusammenarbeit, wenn auch nur, weil die EWG, trotz der tiefen Krise, nicht aufgelöst wurde.

Die französische Hauptrolle in der europäischen Zusammenarbeit war nach der Krise des leeren Stuhls noch nicht ausgespielt. Im Mai 1967 reichte das Vereinigte Königreich zusammen mit Irland erneut einen Antrag auf Beitritt ein. Vor allem der schlechte Zustand der britischen Wirtschaft hatte Labour-Premierminister Harold Wilson zu diesem Schritt bewegt. Auch Dänemark und Norwegen folgten mit der Erneuerung ihrer **Beitrittsgesuche**. Im November 1967 sprach sich de Gaulle wieder gegen diese Erweiterung aus. Der französische Präsident begründete sein Veto mit den wirtschaftlichen Problemen im Vereinigten Königreich, das nach de Gaulle noch nicht für die Mitgliedschaft bereit war. Unausgesprochen blieb, dass Frankreich immer noch um seine eigene Machtposition fürchtete und das Vereinigte Königreich als Konkurrenten sah, wenn es um die Führung der EG auf der Weltbühne. Frankreich hatte sich 1966 durch seinen Rückzug aus der NATO von den USA distanziert und wollte nur ungern den wichtigsten US-Verbündeten in die EG aufnehmen.

Das französische Veto gegen diesen zweiten britischen Antrag auf Mitgliedschaft verursachte eine neue Krise zwischen den sechs Mitgliedstaaten. Diese Krise fiel mit der Stagnation in der Zusammenarbeit zusammen. Mit der Vollendung der Zollunion 1968 fiel nämlich auch der Fahrplan weg, der seit 1958 den Rhythmus der Zusammenarbeit bestimmt hatte. Weiterreichende Ziele wie die von Kommissar Mansholt vorgenommenen Strukturreformen in der Landwirtschaft und der im Vertrag von Rom verankerte gemeinsame Markt waren weniger leicht zu erreichen gewesen als erhofft. Zugleich hatte sich die günstige Wirtschaftslage, die in den ersten zehn Jahren die Zusammenarbeit angetrieben hatte, abgeschwächt. Eine sich abzeichnende Währungskrise stellte die sechs Mitgliedstaaten der EWG vor ein Problem: Vertiefung der Zusammenarbeit in Richtung einer gemeinsamen Wirtschafts- und Währungspolitik schien unvermeidlich. Andernfalls würde die Zusammenarbeit in Bereichen, die stabile Wechselkurse benötigten, wie die gemeinsamen Agrarpreise, gefährdet werden. Mehr Zusammenarbeit schien aber keine realistische Option zu sein, solange de Gaulle im Élysée-Palast herrschte. Durch seinen Rücktritt 1969 entstanden neue Möglichkeiten für eine weitergehende Zusammenarbeit.

Drei Richtungen: Vollendung, Vertiefung und …

1968 war das Jahr, in dem Proteste von jungen Menschen in ganz Europa den Eindruck erweckten, dass alles anders werden könnte. Doch im selben Jahr zeigte die sowjetische Invasion der Tschechoslowakei, dass sich die Verhältnisse in der Welt des Kalten Krieges nicht wirklich verändert hatten. In der EG war dieses Protestjahr der Auftakt für zwei wichtige Machtwechsel. In Frankreich trat im Frühjahr 1969 Georges Pompidou die Nachfolge seines Parteikollegen de Gaulle an. Pompidou schlug sofort einen eher proeuropäischen Kurs ein. In der Bundesrepublik Deutschland trat ein paar Monate später Willy Brandt als Führer einer neuen Koalition von Sozialdemokraten und Liberalen an. Brandt unterschied sich von seinen Vorgängern durch seine Öffnung zur DDR. Um in Westeuropa Unterstützung für diese Ostpolitik zu finden, engagierte sich Brandt auch für mehr Zusammenarbeit auf EG-Ebene. Gemeinsam gaben Brandt und Pompidou der EG so neuen Schwung.

Dieser neue Schwung zeigte sich auf der Konferenz, die die sechs europäischen Mitgliedsländer im Dezember 1969 in Den Haag organisierten. Die Staats- und Regierungschefs sprachen hier über neue Pläne für Zusammenarbeit. Seit den Konsultationen über die Pläne für eine politische Union 1961 und 1962 waren die europäischen Politiker nicht mehr für solche Gespräche zusammengekommen. Nach Den Haag wuchsen sich die Gipfeltreffen schnell zu einer Gewohnheit aus, die 1974 durch die Einführung des **Europäischen Rates** bestätigt wurde: mindestens dreimal pro Jahr trafen sich die europäischen Staats- und Regierungschefs, um die Hauptlinien der europäischen Politik zu bestimmen. Obwohl der Europäische Rat ab Mitte der siebziger Jahre für die strategischen Entscheidungen in der europäischen Integration zuständig war, sollte er erst 1986/1987 zum ersten Mal in einem Vertrag erwähnt werden und wurde seine Rolle in der europäischen Entscheidungsfindung erst im Vertrag von Maastricht (1991/1992) formalisiert. Die Gipfeltreffen waren regelmäßig dann erfolgreich, wenn die »normale« Konsultation zwischen den Mitgliedstaaten im Ministerrat festgefahren war. Themen, die in der üblichen Struktur verschiedenen Institutionen zufielen, konnten nun auf oberster Ebene in einem umfassenden Kompromiss miteinander verknüpft werden. Durch die Öffnungen hin zu neuen Politikfeldern und Mitgliedstaaten, die bei diesen Gelegenheiten gemacht wurden, bedeuteten diese Treffen der Staats- und Regierungschefs auch wieder eine neue Grundlage für mehr supranationale Zusammenarbeit. Dies bedeutete nicht, dass die Gipfeltreffen alle Probleme lösen konnten: In einigen Bereichen blockierten sie auch gerade die Zusammenarbeit wegen des politischen Unwillens auf nationaler Ebene. Die Form der Gipfeltreffen und des späteren Europäischen Rates und der Kuhhandel, der hier stattfand, waren typisch intergouvernemental.

Der **Gipfel von Den Haag** im Dezember 1969, der erste Europäische Rat avant la lettre, setzte für diese Verstetigung den Trend durch den Interessenaustausch auf Gebieten, die von der Landwirtschaftspolitik zur Erweiterung und von der Geldpolitik zu den Zuständigkeiten des Europäischen Parlaments reichten. Der Haager Gipfel endete mit einer Schlusserklärung, die unter dem Motto »Vollendung, Vertiefung und Erweiterung« drei Richtungen für die weitere Zusammenarbeit vereinte. Die erste Richtung – Vollendung – bezog sich auf die Vorhaben aus den Römischen Verträgen. In Den Haag beschlossen die Staats- und Regierungschefs, einige Themen, die seit der Krise des leeren Stuhls auf der Tagesordnung standen, endgültig zu regeln. Die zweite Richtung betraf die Vertiefung und verwies auf die Pläne für Zusammenarbeit in neuen Politikbereichen, darunter die Geldpolitik und die Außenpolitik. Erweiterung war die dritte Richtung und verwies auf die Wiederaufnahme der Verhandlungen mit dem Vereinigten Königreich, Irland, Dänemark und Norwegen.

Unter dem Motto **Vollendung** wurde in Den Haag endlich über die von Frankreich seit Langem geforderte dauerhafte Finanzierung der Gemeinsamen Agrarpolitik entschieden. Dieser Beschluss war Teil der Bemühungen, den Europäischen Gemeinschaften ein festes eigenes Budget zu geben, das von der Kommission verwaltet werden sollte. Die Einzelheiten dieses eigenen Budgets hatten früher noch zu einer schweren Krise und der französischen Politik des leeren Stuhls geführt. Der eigene Haushalt der EG sollte aus Importzöllen bestehen, die an den Außengrenzen der EG erhoben wurden. Dazu kam ein fester Beitrag der Mitgliedstaaten von maximal 1 Prozent der Mehrwertsteuer, die in den Mitgliedstaaten erhoben wurde (1969 etwa 3,1 Mrd. D-Mark). Anders als 1965 erwartet wurden nun der Ministerrat und in sehr begrenztem Maß das Europäische Parlament als Kontrolleure dieses Budgets angewiesen. Die tatsächliche Überwachung der Ausgaben wurde vom Europäischen Rechnungshof durchgeführt.

Die Abschlusserklärung des Haager Gipfels beschrieb bezüglich **Vertiefung** zwei Bereiche, in denen die Staats- und Regierungschefs mehr Zusammenarbeit anstrebten: Zusammenarbeit in Wirtschafts- und Währungsfragen und politische Zusammenarbeit. Der erste dieser Bereiche, wirtschaftliche und monetäre Zusammenarbeit, war von der Europäischen Kommission bereits im Sommer 1969 erörtert worden. Vor allem aus Frankreich, wo die Wirtschaft zunehmend unter Druck der starken D-Mark geriet, wurde auf eine solche Zusammenarbeit gedrängt. Das Memorandum der Kommission beschrieb, wie eine engere Zusammenarbeit in diesem Bereich helfen könnte, Schwankungen der Wechselkurse der Währungen der sechs Mitgliedstaaten in Grenzen zu halten. Heftige Wechselkursschwankungen behinderten einen stetigen Ausbau des Handels in Europa. In Den Haag billigten die Staats- und Regierungschefs die wichtigste Schlussfolgerung dieses Memorandums: Langfristig sollte die EG versuchen, eine Währungsunion einzuführen. Eine Sonderkommission unter Leitung von Luxemburgs Ministerpräsident Pierre Werner sollte darüber beraten, wie diese Union am besten erreicht werden könnte. Im Oktober 1970 legte die Kommission einen Plan für eine **Wirtschafts- und Währungsunion** (**WWU**) vor, die nach Meinung der Experten in zehn Jahren aufgebaut werden könnte, die aber schlussendlich erst mit der Einführung des Euros 2002 abgeschlossen werden sollte.

Der **Werner-Plan** beschrieb drei Schritte, die auf dem Weg zu einer WWU genommen werden müssten. Der erste Schritt bestand in der Annäherung in der Wirtschafts- und Währungspolitik. Neben konkreten und miteinander verbundenen Maßnahmen für diese Wirtschafts- und Währungsharmonisierung gab der Werner-Plan für die erste Phase alle möglichen praktischen Empfehlungen, so zum Beispiel die Schaffung eines Ministerrats für Finanzen und Wirtschaft und die Harmonisierung der Steuern auf Gewinne und Dividenden. Zu den folgenden zwei Stufen war der Werner-Plan viel weniger deutlich. Der zweite Schritt war die Fixierung der Wechselkurse der verschiedenen europäischen Währungen. Als dritter Schritt skizzierte der Plan ein gemeinsames zentrales Bankensystem, das ab 1980 in Kraft treten sollte. Der Plan äußerte sich nicht zu der Frage, ob dieses System von einer gemeinsamen Währung begleitet werden sollte. Diese Entscheidung war nach Meinung der Werner-Kommission so sehr von kulturellen und politischen Bedingungen abhängig, dass dieser Schritt erst gemacht werden könnte, wenn die Zeit reif dafür wäre.

Mit diesem Ansatz sollte der Werner-Plan deutlich die **langjährige Kontroverse** darüber, wie eine Wirtschafts- und Währungsunion zustande kommen könnte, überwinden. Die »Ökonomisten« unter den sechs Mitgliedstaaten, Deutschland und die Niederlande, meinten, dass die Harmonisierung der Wirtschaftspolitik der Schaffung einer Währungsunion vorausgehen müsse. So wollten diese Länder vermeiden, dass sie mit ihrer soliden Finanzpolitik möglicherweise für Länder aufkommen müssten, die traditionell ihre zusätzliche Ausgaben mit Inflation kompensierten. Im Gegensatz dazu argumentierten Frankreich und Belgien als »Monetaristen«, dass eine Währungsunion von selbst aus der Harmonisierung der Wirtschaftspolitik folgen würde. Auf diese Weise würden sie darüber hinaus von der Stabilität insbesondere der D-Mark profitieren können. Der Werner-Plan entschied sich für einen Mittelweg zwischen den beiden Ansätzen, wobei Harmonisierung und Währungsmaßnahmen parallel liefen. Dennoch stieß der Plan bei den Mitgliedstaaten auf starken Widerstand. Der französische Präsident Pompidou protestierte im Stil seines Vorgängers vor allem gegen die institutionellen Reformen der EG, die in der dritten Phase des Plans unweigerlich folgen müssten. Der deutsche Bundeskanzler Brandt reagierte positiver: Indem er die WWU unterstützte, hoffte er bei den anderen EG-Ländern auf Unterstützung für seine Ostpolitik. Im eigenen Land aber erfuhr Brandt viel Kritik unter anderem von der mächtigen Bundesbank, die sich gegen die Festlegung von Wechselkursen wehrte.

Dass 1971 doch erste Schritte hin zu Zusammenarbeit in Wirtschafts- und Währungsfragen gemacht wurden, war auch vor allem den wirtschaftlichen Rahmenbedingungen geschuldet. Im Sommer 1971 brach das **Bretton-Woods-System** auseinander, das seit 1944 für weltweite feste Wechselkurse gegenüber dem US-Dollar gesorgt hatte. Aufgrund der hohen Ausgaben der USA für den Krieg in Vietnam stand das Bretton-Woods-System seit den späten sechziger Jahren unter Druck. Das Ende des Systems 1971 war ein großes Risiko für die bestehende Zusammenarbeit in der EG. Unter anderem die Agrarpolitik mit ihren Fixpreisen benötigte stabile Wechselkurse zwischen den Währungen der sechs Länder. Bei einem Wegfall des globalen Rahmens war der Stufenplan, den Werner in seinem Bericht vorgelegt hatte, plötzlich mehr als willkommen, wenn auch schon einige Anpassungen erforderlich waren. Für die festen Kurse, die Werner erst als zweiten Schritt eingeplant hatte, bestand nun akuter Bedarf.

Die ersten Krisenerscheinungen, die sich im Mai 1971 zeigten, hatten noch zu einseitigen Maßnahmen der sechs Mitgliedstaaten geführt. In Ermangelung einer Einigung über einen gemeinsamen Ansatz der EG hatten Deutschland und die Niederlande ihre Kurse vom US-Dollar abgekoppelt, während die anderen Länder gerade daran festhielten. Auch beim definitiven Ende des Bretton-Woods-Systems im August 1971 fehlte es anfänglich an Übereinstimmung zwischen den sechs Mitgliedsländern. Auf Initiative Frankreichs vereinbarten die EG-Länder zusammen mit dem Vereinigten Königreich, Irland und den nordischen Ländern mit den USA eine maximale Bandbreite, innerhalb der der US-Dollar und die europäischen Währungen schwanken dürften. Diese Bandbreite wurde bei 2,25 Prozent nach oben und nach unten zu einem vorgegebenen Wechselkurs gegenüber dem Dollar festgesetzt. Die verschiedenen europäischen Währungen konnten dadurch untereinander bis zu 4,5 Prozent an Wert gewinnen oder verlieren. Im Frühjahr 1972 folgte diesen Vereinbarungen die europäische Einigung, dass die europäischen Währungen nicht mehr als 2,25 Prozent voneinander abweichen dürften. Diese sogenannte »**Schlange im Tunnel**« – innerhalb des Tunnels von 4,5 Prozent sollten die europäischen Währungen sich gemeinsam hin- und herbewegen können – sollte von den Zentralbanken der europäischen Länder überwacht werden, die mit Stützungskäufen oder gerade Abwertung einer Währung deren Wechselkurs stabilisieren sollten.

Der »Währungsschlange« war nur ein kurzes Leben gegönnt. Noch bevor die Absprachen festgelegt waren, musste das durch Spekulation geschwächte britische Pfund die Währungsschlange bereits wieder verlassen. Ein Jahr später verabschiedeten sich die meisten anderen europäischen Länder vom gemeinsamen Wechselkurs. Als die Wirtschaftskrise sich immer weiter verstärkte, gaben sie nationalen Lösungen Priorität, bei denen inländische Politikvorlieben leichter umgesetzt werden konnten. Während in Deutschland die Stabilität der Währung in den Vordergrund gestellt wurde, gaben Italien, Frankreich und das Vereinigte Königreich unter dem Druck von Streiks der Sozialpolitik den Vorzug. An dem Vorhaben des Gipfels in Den Haag, 1980 eine WWU zu etablieren, wurde festgehalten, aber die Praxis war eine ganz andere.

Der zweite Bereich, zu dem die Staats- und Regierungschefs in Den Haag erklärt hatten, die Zusammenarbeit vertiefen zu wollen, war die Außenpolitik. Dass die europäischen Politiker diese Möglichkeit erkunden wollten, war an sich schon ein Durchbruch: Seit dem Fouchet-Plan von 1961 war über das Thema der politischen Zusammenarbeit in der EG nicht mehr gesprochen worden. Die ersten Erkundungen auf der Grundlage der Vereinbarungen von Den Haag führten 1970 zur Gründung der **Europäischen Politischen Zusammenarbeit** (**EPZ**). Von den großen Ambitionen des Fouchet-Plans für eine politische Union war hierin wenig zurückzufinden. Um Diskussionen über die Übertragung von Souveränität zu vermeiden, beschränkte sich die EPZ auf freiwillige intergouvernementale Zusammenarbeit. Die EPZ sah halbjährliche Treffen der Außenminister der sechs Mitgliedstaaten vor, wo sie sich über aktuelle internationale Fragen austauschen und die Standpunkte aufeinander abstimmen konnten. Diese Abstimmung wurde durch regelmäßige Konsultationen zwischen den Beamten dieser Minister flankiert.

Trotz oder vielleicht gerade wegen dieser bescheidenen Ambitionen führte die EPZ tatsächlich zu mehr politischer Koordinierung. Während die sechs Mitgliedstaaten vor 1970 typischerweise jeweils einen eigenen Kurs fuhren bei zum Beispiel den Vereinten Nationen, arbeiteten sie seither in solchen internationalen Organisationen oft zusammen. Dies wurde daran deutlich, dass sich die sechs Mitgliedstaaten in der 1973 gegründeten Konferenz für Sicherheit und Zusammenarbeit in Europa (KSZE, seit 1995 Organisation für Sicherheit und Zusammenarbeit in Europa, OSZE) aufstellten, eine Organisation für Entspannung zwischen Ost und West, an der 35 Länder teilnahmen. Auch die Standpunkte zur Apartheid in Südafrika wurden innerhalb der EPZ abgestimmt, um nach außen hin mehr Gewicht zu haben. Doch die Kritiker der unverbindlichen EPZ erhielten Recht, als es den EWG-Ländern 1973 nicht gelang, zum sich verschärfenden israelisch-palästinensischen Konflikt und zum darauf folgenden Ölboykott durch die arabischen Länder eine gemeinsame Position einzunehmen. Eine mehr verpflichtende Form der politischen Zusammenarbeit zwischen den EWG-Ländern schien in diesem Konflikt sogar genauso weit entfernt, wie es 1962 der Fall gewesen war.

… und Erweiterung: hin zu einem Europa der Neun

Auch die erste Erweiterung von sechs auf neun Länder 1973 war ein Ergebnis des Gipfels in Den Haag 1969. Kurz nachdem die Staats- und Regierungschefs der EWG dort grünes Licht für den Beitritt neuer Mitgliedstaaten gegeben hatten, war im Vereinigten

Königreich zur Überraschung vieler der Konservative Edward Heath Premierminister geworden. Er kannte die Beitrittsproblematik aus nächster Nähe: Beim ersten britischen Beitrittsversuch zwischen 1961 und 1963 war Heath im Auftrag von Premierminister Macmillan Verhandlungsführer gewesen. 1970 musste Heath feststellen, dass die britische Wirtschaft kriselte, mit hoher Arbeitslosigkeit und einer instabilen Währung als Folge. Der Beitritt zur EG schien der einzige Ausweg. Gleichzeitig mit Irland, Dänemark und Norwegen meldete sich das Vereinigte Königreich 1970 dann erneut an den Toren der EWG. Heath war jedoch sehr wohl bewusst, dass er die Bevölkerung auch für neue Entwicklungen in der EWG, wie zum Beispiel die Pläne für eine Wirtschaftsunion, würde gewinnen müssen.

Ihrerseits standen die sechs EWG-Länder vor dem Dilemma, die Pläne für die Erweiterung mit den Plänen für die Vollendung und Vertiefung zu vereinen. Um die Absprachen auf dem Gebiet der Vollendung sicherzustellen, warteten die sechs Mitgliedstaaten bis 1971 mit der Eröffnung der formellen Beitrittsverhandlungen. Die sechs Mitgliedstaaten gaben somit der Festlegung der in Den Haag getroffenen Vereinbarungen über die Finanzierung der Agrarpolitik und den EWG-Haushalt den Vorrang. Zur Empörung der vier Kandidaten hatten die sechs Mitgliedstaaten daneben mit der Entwicklung einer gemeinsamen **Fischereipolitik** begonnen. Fischer aus den EWG-Ländern sollten freien Zugang zu Fischgründen der anderen erhalten. Diese unerwarteten Pläne stießen die Beitrittsländer vor den Kopf. Gerade das Vereinigte Königreich, Irland und Norwegen verfügten über viele Fanggründe und auch Dänemark hatte durch Grönland und die Färöer-Inseln große Fischereigebiete. Da Fischerei für die Wirtschaft der Beitrittsländer wichtig war, forderten sie während der Verhandlungen die Anpassung der vorgeschlagenen Fischereipolitik.

Das **Vereinigte Königreich** war als wichtigster Gesprächspartner wegen der schlechten wirtschaftlichen Situation nicht in der Position, Forderungen zu stellen. In Bereichen wie der Agrarpolitik, die in früheren Verhandlungsrunden noch für mehr Probleme gesorgt hatte, konnte die Briten jetzt nur noch Übergangsregelungen aushandeln. Vor allem Butter aus Neuseeland und Zucker aus der Karibik waren bekannte Produkte aus dem Handel mit den Ländern des Commonwealth, für die im Vereinigten Königreich traditionell Vorzugsbedingungen galten. Es wurde vereinbart, diese Vorzugsbedingungen langfristig abzubauen. Auch ein anderes heikles Thema, der britische Beitrag zum EWG-Haushalt, wurde durch Übergangsregelungen akzeptabler gemacht. Da das Vereinigte Königreich viele landwirtschaftliche Erzeugnisse aus Ländern außerhalb der EWG importierte und selbst eine relativ kleine Landwirtschaft hatte, würde das Land nach den soeben gemachten Absprachen über den EWG-Haushalt netto viel zum Haushalt beitragen müssen. Dieses Budget wurde weitgehend von Importzöllen getragen und wurde weitgehend zur Finanzierung der GAP aufgewendet. In den Verhandlungen wurde vereinbart, dass die Briten als Übergangsregelung in den nächsten fünf Jahren jährlich immer etwas mehr zahlen sollten. Zugleich versprach die EWG, an den Strukturreformen in der Landwirtschaft zu arbeiten, die für eine Senkung des GAP-Haushalts sorgen sollten.

Im Juni 1971 wurden die Verhandlungen nach einem Gipfeltreffen zwischen Heath und Pompidou schnell abgeschlossen. Das echte Husarenstück begann erst jetzt. Die britische Politik war sehr uneins über die Notwendigkeit eines Beitritts zur EWG, sodass die Zustimmung zum Beitrittsvertrag im Parlament lange Zeit keine Selbstverständlichkeit war. Die Trennlinien liefen, ungewöhnlich in der britischen Politik, quer durch beide großen Parteien. Die eher proeuropäisch gesinnte Labour Party entschied sich aus überwiegend opportunistischen Gründen gegen den Beitrittsvertrag, den der konservative Premierminister vorstellte. Nur mithilfe einiger Dissidenten unter den Labour-Abgeordneten und nach monatelangen Debatten gelang es Heath im Oktober 1972, für den Beitritt des Vereinigten Königreichs zur EWG eine Mehrheit im Unterhaus zu finden. Damit war das Vereinigte Königreich zum 1. Januar 1973 EWG-Mitglied.

In Dänemark, Irland und Norwegen wurden die Verhandlungen mit einem Referendum besiegelt. Abgesehen von Hindernissen wie der Fischereipolitik waren die Verhandlungen gut vorangekommen.

Wegen des Widerstands, den es unter der Bevölkerung jedes dieser drei Länder zur EWG gab, war der Beitritt dadurch noch nicht sicher. In **Irland**, wo das erste Referendum stattfand, bestand der Widerstand hauptsächlich aus Bedenken hinsichtlich der Neutralität, der eigenen Wirtschaftspolitik und dem möglichen Verlust der 1921 dem Vereinigten Königreich abgerungenen nationalen Souveränität. In Anbetracht der überwältigenden Zustimmung zum Beitritt in der Volksabstimmung muss festgestellt werden, dass diese Bedenken unwichtig waren angesichts der Aussicht auf Modernisierung und Wirtschaftswachstum, das die Iren mit ihrem Beitritt verbanden. In **Norwegen** war die Stimmung gegen den Beitritt stärker. Neben dem Gefühl, dass man hiermit die 70 Jahre zuvor erlangte Unabhängigkeit wieder aufgeben würde, überwog die Idee, dass vor allem die europäische Agrarpolitik, die Sozialpolitik und die Vereinbarungen im Bereich der Fischerei für die Norweger weniger vorteilhaft waren als die bestehenden nationalen Regelungen. Mit der Unterstützung einer soliden wirtschaftlichen Lage auf der Basis der nationalen Öl- und Gaseinnahmen votierte eine knappe Mehrheit der Norweger (53,3 Prozent) gegen den Beitritt. Auch in **Dänemark** war die Skepsis gegenüber der EWG groß. Eine Woche nach dem norwegischen »Nein« entschied sich dennoch eine große Mehrheit der Dänen (63 Prozent) für den Beitritt zur EWG. Die Mitgliedschaft war für die Dänen wegen des intensiven Handels mit dem Vereinigten Königreich und der Handelsmöglichkeiten mit der Bundesrepublik besonders wirtschaftlich attraktiv.

Mit den drei neuen Mitgliedern bildete die EWG vom 1. Januar 1973 an eine Gemeinschaft von 225 Millionen Einwohnern, womit sie die USA in Bezug auf die Bevölkerungsgröße hinter sich ließ. Während eines neuen europäischen Gipfels in Paris blickten die Staats- und Regierungschefs der neun Länder auf die weitere Zukunft. In der Abschlusserklärung stellten sie unumwunden fest, dass die Zusammenarbeit letztlich zu einer »Europäischen Union« führen sollte, ohne genau zu sagen, wie diese Union aussehen sollte. Mit diesem ehrgeizigen Plan, der von einer Kommission unter Leitung des belgischen Premierministers Leo Tindemans ausgearbeitet werden sollte (1974), schlugen die EWG-Länder ein neues

Kapitel in der Geschichte der Gemeinschaft auf. Kleinere Pläne in Bezug auf die weitere Zusammenarbeit im Bereich der Regionalpolitik, Sozialpolitik, Industriepolitik, Wissenschafts- und Technologiepolitik sowie Umwelt- und Energiepolitik unterstrichen das Vertrauen in die Vertiefung der Zusammenarbeit. Zugleich dämpften die Währungskrise und die Ölkrise von 1973 allzu hohe Erwartungen.

Zum Teil dank der Gipfeltreffen hatte sich die EWG aus den politischen Konflikten, die in den sechziger Jahren die Zusammenarbeit zu vereiteln schienen, herauswinden können. Als die Ende der sechziger Jahre aus dem EWG-Vertrag abgeleitete supranationale Entwicklung der Agrarpolitik und der Zollunion Form angenommen hatte, schien ein Impuls der Staats- und Regierungschefs unerlässlich. Die intergouvernementale Konsultation zwischen den Mitgliedstaaten war damals wichtig für die Konsolidierung, Erweiterung und Vertiefung der Zusammenarbeit. Auch externe Faktoren wie die Wirtschaftskrise konnten für Druck sorgen und so als Katalysator für mehr Zusammenarbeit fungieren. Die Probleme der Pläne für eine Wirtschafts- und Währungszusammenarbeit und der britische Beitritt machten zugleich deutlich, dass Interessenkonflikte zwischen den sechs Mitgliedstaaten die Zusammenarbeit noch immer blockieren könnten. Die Grundlage der Verträge bot vorläufig genug Raum für die Erweiterung und Vertiefung der Integration. Die jetzt neun Mitgliedstaaten, die zusammen die Europäischen Gemeinschaften bildeten, standen vor der Aufgabe, konkrete Pläne für den Ausbau zu entwickeln.

3 Wozu dient Europa?

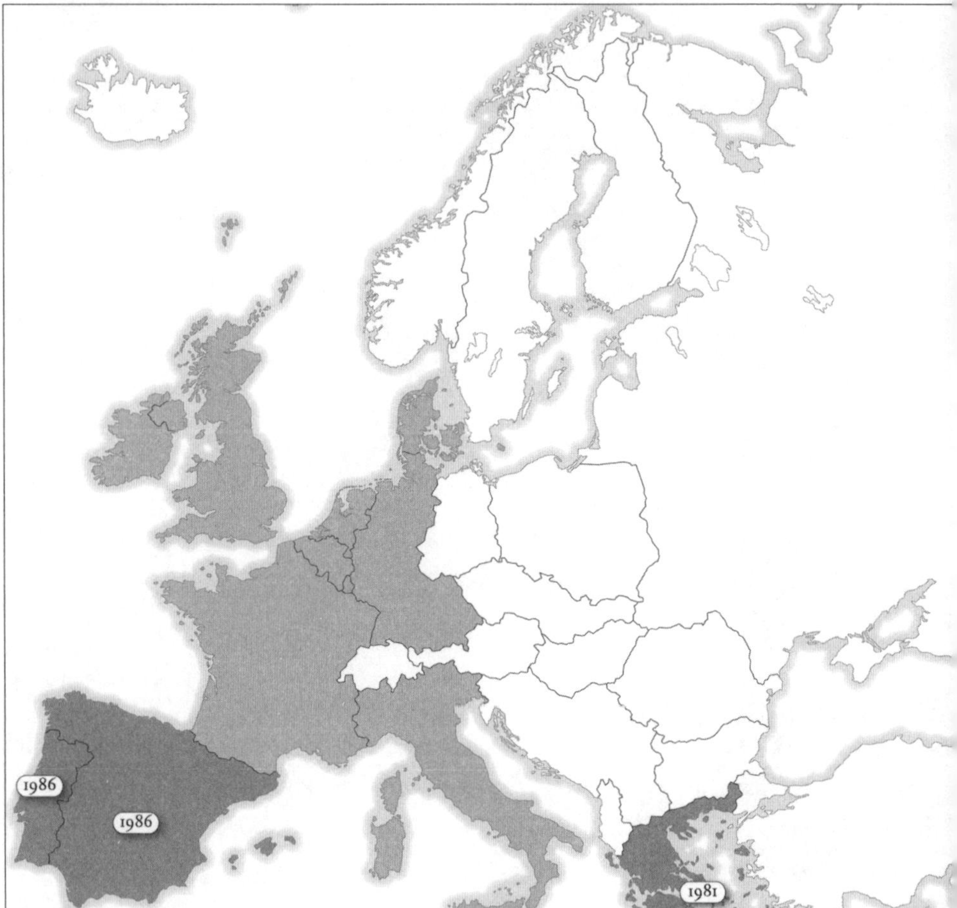

Abb. 3 Europa und die europäische Integration im Zeitraum 1974 bis 1986.

1976 Tindemans-Bericht: Europäische Union

1979 rafttreten EWS, erste Direktwahl EP

1981 Beitritt Griechenlands

1984 ernahme des Vertragsentwurfs zur Gründung der EU durch das EP; ropäischer Rat von Fontainebleau: Britischer »rebate«

1985 Unterzeichnung von Schengen I; Regierungskonferenz: Einheitliche Europäische Akte (EEA)

1986 Beitritt Portugal und Spanien

1987 Inkrafttreten der Einheitlichen Europäischen Akte (EEA)

Das Jahrzehnt nach dem britischen Beitritt 1973 war für Europa von wirtschaftlicher Malaise, Ölkrisen und zunehmenden politischen Spannungen zwischen Ost und West geprägt. In Antwort auf die sich rapide verschlechternden wirtschaftlichen und sozialen Aussichten stürzten sich nationale Regierungen in Maßnahmen zum Schutz ihrer eigenen Volkswirtschaft. Erst als der Glaube an den Mehrwert eines gemeinsamen Krisenmanagements zurückkehrte, entstand der notwendige politische Wille für die Fortsetzung des Integrationsprozesses und für eine substanzielle Reform der Verträge von Rom. Wichtigstes Motiv war die Aussicht auf einen großen gemeinsamen Markt in Europa. Die Einheitliche Europäische Akte von 1986/1987 bot nicht nur eine neue Grundlage für die Wirtschafts- und Währungszusammenarbeit, sondern auch eine im Bereich der Außenpolitik. Außerhalb der Scheinwerfer des Europäischen Rates profitierte die Europäische Kommission von der wachsenden Einsicht der Regierungschefs, dass mehr Zusammenarbeit handlungsfähigere Gemeinschaftsorgane benötigte. Auch das Europäische Parlament konnte in diesem Zusammenhang seine Position stärken. Die erste Direktwahl 1979 hat die Europäischen Gemeinschaften sicherlich nicht von einem Europa der Staaten in ein Europa der Bürger verwandelt, das Parlament erlangte dadurch jedoch mehr Gewicht im Machtdreieck mit dem Ministerrat und der Kommission. Währenddessen führte auch die Absicht von Griechenland, Spanien und Portugal, der EWG beizutreten, zu einem Schub in die Richtung von mehr Europa. Die wirtschaftlichen Strukturprobleme der südlichen Länder machte eine umfassende Ausweitung der Gemeinschaftspolitik notwendig, um die neuen Wohlstandsunterschiede in der EWG aufzufangen und die Qualität des Integrationsprojektes nicht zu gefährden. Zum ersten Mal sah sich die EWG mit dem Zusammenhang zwischen Erweiterung und Vertiefung der Integration konfrontiert.

»Eurosklerose« und nationale Reflexe

Mitte der siebziger Jahre wurde die Stagnation in der europäischen Zusammenarbeit mit einer Metapher belegt: »**Eurosklerose**«. Dieser Begriff wurde geprägt, um die zunehmende Erstarrung der europäischen Wirtschaftsordnung anzuprangern. Nach einer langen Phase des Wachstums und der Stabilität zeigte das Wirtschaftssystem jetzt vermehrt Zeichen von Erstarrung, die eine gute Wirkung des Marktes und den freien Verkehr von Kapital, Waren und Personen erschwerte. Von nun an sollte der Begriff »Eurosklerose« in jeder Wirtschaftskrise auftauchen. Schon bald wurde der Begriff vor allem von Anhängern einer weitergehenden Integration und Liberalisierung des europäischen Marktes im weiteren Sinne für die gesamte Stagnation des Integrationsprozesses verwendet: die langsamen Fortschritte der Erweiterung, die Ohnmacht Europas gegenüber den Zeichen einer Wirtschaftskrise und die anhaltenden Konflikte um den europäischen Haushalt.

Auf dem **Europäischen Rat von Paris** 1974 hatte der belgische Ministerpräsident Tindemans von seinen Kollegen den Auftrag erhalten, das große Konzept eines europäischen Zusammenarbeitsverbandes erneut zu durchdenken. Die allgemein gehaltene Formulierung dieses Auftrages war kein Zeichen übertriebener Ambitionen, sondern zeigte gerade, dass die Mitgliedstaaten nicht geneigt waren, sich zu sehr zu bewegen. In einer Phase der Renationalisierung und angespannter Beziehungen war es an Tindemans herauszufinden, was die gemeinschaftliche Basis der neun Mitgliedstaaten immer noch beinhaltete. Mit einer Rundreise durch die europäischen Hauptstädte und der Institutionen der EWG machte Tindemans eine Bestandsaufnahme der Zukunftschancen für Europa, sowohl politisch als auch institutionell. Er begann seinen Abschlussbericht im Dezember 1975 mit einer Ermutigung an die Mitgliedstaaten, sich auch weiterhin »im Geist von Monnet« stetig in eine föderale Richtung zu bewegen. Es gab in dieser Zeit nur wenige glühende Euroföderalisten, aber der belgische Ministerpräsident war einer von ihnen.

Für die Realisierung einer europäischen Union unterschied der **Tindemans-Bericht** drei Kernziele: ein gemeinsames Auftreten in

Bezug auf Außen- und Sicherheitspolitik, eine gemeinsame Politik im Wirtschafts- und Währungsbereich und die Stärkung der politischen Institutionen der EWG. Im Einklang mit dem intergouvernementalen Trend der Zeit erkannte der Bericht vor allem in Bezug auf die Außenpolitik dem gerade institutionalisierten Europäischen Rat der Staats- und Regierungschefs eine führende Rolle zu. Gleichzeitig plädierte Tindemans auch für größere legislative und kontrollierende Kompetenzen eines direkt gewählten Europäischen Parlaments. Am ehrgeizigsten und umstrittensten waren seine Vorschläge zur Vertiefung der Zusammenarbeit. Tindemans wollte den eher integrationsfreundlichen Ländern erlauben, in verschiedenen Politikbereichen enger zusammenzuarbeiten, ohne Verpflichtung für die Mitgliedstaaten, die noch nicht so weit waren. Mit den Briten, Iren und Dänen – den neuen, aber zurückhaltenden Mitgliedern der Gemeinschaft – musste bekanntlich vorsichtig umgegangen werden. Im Wesentlichen entwickelte er hiermit die Option der **differenzierten Integration**. Inzwischen ist diese Option ein fester Bestandteil des Brüsseler Repertoires, um die Integrationsdynamik nicht auf den kleinsten gemeinsamen Nenner aller Mitgliedstaaten zu beschränken und gerade mit Initiativen für eine verstärkte Zusammenarbeit zwischen einigen Staaten dafür zu sorgen, dass die EU sich weiterentwickelt.

Tindemans' Abschlussbericht war typisch für das Drängen der Vorkämpfer für europäische Föderalisten, neue Wege zu beschreiten. Die europäischen Staats- und Regierungschefs als Auftraggeber waren Mitte der siebziger Jahre für derartige Einsichten nicht aufgeschlossen. Im Europäischen Rat gab es nicht ausreichend politischen Willen, die Gemeinschaft institutionell drastisch zu reformieren. Erst später sollte der Tindemans-Bericht seinen Wert als eine Bestandsaufnahme der Probleme, möglichen Lösungen und Ambitionen beweisen.

Die **Zurückhaltung der Mitgliedstaaten** lässt sich durch eine Reihe schneller Veränderungen in der Weltwirtschaft und den internationalen Beziehungen erklären. Ab der zweiten Hälfte der siebziger bis weit in die achtziger Jahre wurde Europa von Symptomen einer Wirtschaftskrise geplagt. Die Währungskrise der Vereinigten

Staaten verbreitete sich auf die ganze Welt und traf die europäische Handelsgemeinschaft hart. Diese Krise löste einen Reflex für das Voranstellen nationaler Interessen und einer Bevorzugung nationaler Lösungen gegenüber einer gemeinschaftlichen Politik aus, trotz der oftmals viel höheren Kosten. Auf diese Krise reagierten die Mitgliedstaaten reflexartig mit nationalen Lösungen – trotz der oft sehr viel höheren Kosten gegenüber einer Gemeinschaftspolitik. Die EWG wurde bestenfalls als nützliches zwischenstaatliches Forum gesehen, um die Probleme zu diskutieren. Im wirtschaftlichen Bereich stützten Mitgliedstaaten gefährdete Unternehmen und Branchen mit staatlichen Hilfen, trotz vorheriger Vereinbarungen, dass diese Form der Wettbewerbsverzerrung durch die Europäische Kommission zurückgedrängt werden sollte. Auch in der Regional- und Agrarpolitik behielten die Mitgliedstaaten das Heft in eigenen Händen.

Die Ablehnung eines föderalen Europas wurde durch einen wachsenden Pessimismus über die Auswirkungen der Energieknappheit verstärkt. Die westliche Welt erlebte in den siebziger Jahren die Auswirkungen einer akuten Ölknappheit aufgrund von Konflikten im Nahen Osten. 1973 und 1979 verursachten diese Konflikte einen starken Anstieg der Ölpreise. Zusammen mit der starken Aufwertung des Dollars sorgten die **Ölkrisen** für die stärkste Rezession in Nordamerika und Westeuropa seit 1945. Auch hierauf versuchte jeder EWG-Mitgliedstaat in Eigenregie Antworten zu formulieren. Divergierende nationale Interessen und die Bemühungen aller, kurzfristig so gut wie möglich aus der Rezession zu kommen, standen einer gemeinschaftlichen Wirtschafts- und Energiepolitik langfristig im Wege.

Diese Haltung tangierte auch die **Europäische Politische Zusammenarbeit (EPZ)**. Dies wurde deutlich im Ausbleiben einer gemeinsamen europäischen Antwort auf die Invasion der Sowjetunion in Afghanistan 1979, wodurch der Kalte Krieg in aller Intensität wieder auflebte. Das Gleiche geschah 1981 nach den harten repressiven Maßnahmen gegen die oppositionelle freie Gewerkschaft Solidarność in Polen. Überall in Westeuropa erklang Missbilligung und Ablehnung, aber die EWG schaffte es nicht, mit einer Stimme zu sprechen. Die neun Mitgliedstaaten zeigten sich nicht in der Lage, die Probleme im wirtschaftlichen und politischen Bereich gemeinsam anzugehen.

Die Tendenz zur Eigensinnigkeit der Mitgliedstaaten war dann auch das Hauptanliegen des »**Ausschusses der Drei Weisen**« (der ehemalige Präsident der Europäischen Kommission, Robert Marjolin aus Frankreich, der britische Exminister Edmund Dell und der ehemalige niederländische Ministerpräsident Barend Biesheuvel), den der Europäische Rat 1978 berufen hatte, um Vorschläge für die Verbesserung der Beratungs- und Entscheidungsstruktur der EWG zu erarbeiten, insbesondere im Hinblick auf künftige Erweiterung. Bevor die »Drei Weisen« sich mit den institutionellen Fragen befassten, unterstrichen sie, dass das Grundproblem der EWG zu dieser Zeit die Unfähigkeit der Mitgliedstaaten war, den Integrationsprozess mit gemeinsamen Positionsbestimmungen in Gang zu halten.

Das mühsame Funktionieren der Institutionen blieb jedoch eine Tatsache. Die »Drei Weisen« machten eine scharfe Analyse der institutionellen Mängel der EWG nach der ersten Erweiterung 1973. Sie kamen zu dem Schluss, dass die europäische Zusammenarbeit auf der Ebene der Institutionen nach und nach in ihrer eigenen **Bürokratie** zu ersticken drohte. Die EWG war zu einem schwerfälligen Gebilde technischer Vorschriften und Umverteilungsmodelle für Einnahmen und Ausgaben geworden, während mögliche Maßnahmen zur Beseitigung von Wirtschafts- und Handelsbarrieren zwar identifiziert, aber nicht realisiert wurden. Hier offenbarte sich die Schattenseite der Methode Monnet der schrittweisen, unpolitischen Integration: Ohne größere Ziele und den politischen Willen, eine weiterreichende Perspektive zu bieten, blieb der gemeinschaftliche Apparat in Stagnation gefangen.

Im Zentrum dieses gemeinschaftlichen Apparates stand die **Europäische Kommission**. Die Ernennung von drei neuen Kommissaren bei gleichbleibenden Politikkompetenzen hatte dem Gewicht der einzelnen Portfolios nicht gut getan. Der Kommissionspräsident hatte gegenüber den Regierungschefs sowohl institutionell wie auch politisch eine schwache Position, vor allem, wenn dieser Präsident keine energische Person war, wie Anfang der achtziger Jahre der Luxemburger Gaston Thorn. Ob die Kommission in der Lage war, neue Initiativen anzustoßen, hing mehr vom Durchsetzungsvermögen der einzelnen Kommissare als von der Institution als Ganzes ab. Ursprünglich gedacht als Wegbereiter für eine europäische Regierung, war die Kommission durch die intergouvernementale Stimmung in Europa in die zweite Reihe geschoben worden. Sie wurde zu einem Exekutivsekretariat für die europäischen Regierungschefs und den Ministerrat reduziert. Die Schwächung der Rolle der Kommission hatte auch ihre Auswirkungen auf das Europäische Parlament, das den Ministerrat lediglich über die Vorschläge der Europäischen Kommission beraten durfte.

Der **Ministerrat** hatte sich im Laufe der Jahre in immer mehr Fachräte aufgeteilt, praktisch für jeden Politikbereich einen. Zu den Wichtigsten gehörten der Rat der Außenminister und der der Minister für Wirtschaft und Finanzen (ECOFIN). In diesen Jahren manifestierte sich der Ministerrat in seinen unterschiedlichen Konstellationen vor allem als Plattform für das Europa der Staaten. Er operierte ohne deutlichen gemeinsamen Kurs und zeigte sich nicht sehr beschlussfreudig. Dem Ministerrat waren noch immer vom Luxemburg-Kompromiss, der den Mitgliedstaaten im Grunde ein Vetorecht gegeben hatte und Mehrheitsentscheidungen ernsthaft behinderte, die Hände gebunden. Darüber hinaus hatte die Institutionalisierung des Europäischen Rates negative Folgen für die Handlungsbereitschaft des Ministerrates. Der Europäische Rat wurde zur Appellinstanz: Alle Fragen, über die die Minister sich nicht einigen konnten oder wollten, wurden den Regierungschefs vorgelegt.

Mit der anstehenden Erweiterung (Griechenland, Spanien und Portugal) drängten sich Ende der siebziger Jahre die **institutionellen Reformen** in Brüssel und Straßburg als unumgängliche Tagesordnungspunkte auf. Berichte wie jener von Tindemans und der der Drei Weisen hatten bisher allerdings nur eine Signalwirkung (und oft eine erstaunlich visionäre Sicht). Für radikale Verbesserungen der Arbeitsweise der Kommission und der Entscheidungs- und Machtverhältnisse innerhalb der Gemeinschaft, kurzum: Für die weitere Gestaltung einer politischen Union mochte sich die Mehrheit der Mitgliedstaaten nicht einsetzen. Für die neun Regierungschefs waren die institutionellen Probleme der EWG also nicht das Hauptanliegen. Ihre Aufmerksamkeit konzentrierte sich auf die schwierigen Beziehungen innerhalb des Europäischen Rates selbst. Die Befürworter einer verstärkten Integration sahen die Zurückhaltung der anderen Mitgliedstaaten als das größte Hindernis für die Zukunft der Gemeinschaft. Mit dem Beitritt eines jeden folgenden Mitgliedstaates sollten die unterschiedlichen Positionen und Interessen innerhalb der Gemeinschaft nur weiter zunehmen. Das Festhalten am Prinzip der Einstimmigkeit wurde dabei zu einer schweren Belastung für die Entscheidungsfindung, wodurch das Durchschlagen institutioneller Knoten und die Eröffnung neuer Politikbereiche immer schwieriger werden sollte. Zum Zeitpunkt der Süderweiterung betrachtete die EWG Vertiefung und Erweiterung als einen parallelen Prozess. In späteren Jahren jedoch, vor allem im Jahrzehnt nach Maastricht, erwies sich dieses Ziel als nicht erreichbar. Es schien unvermeidlich, eine Priorisierung vorzunehmen. Damit wurde die Wahl zwischen Bevorzugung der Erweiterung oder Vertiefung der Integration zu einem echten Dilemma.

Erweiterung ohne Vertiefung

Von 1979 bis 1984 waren die Sitzungen des Europäischen Rates von bitteren Diskussionen über die Gestaltung und Finanzierung der wirtschaftlichen Zusammenarbeit geprägt. Die größten Meinungsverschiedenheiten gab es nicht zwischen Frankreich und Deutschland, sondern zwischen dem Vereinigten Königreich und den kontinentalen Mitgliedstaaten. London verfolgte in dieser Zeit, gefolgt von Dublin und Kopenhagen, einen streng intergouvernementalen Ansatz und zeigte sich – übrigens nicht selten gemeinsam mit den Niederlanden – in seiner nationalen Interessenpolitik weiterer supranationaler Integration abgeneigt. Kein Mitgliedstaat übertraf die erneuerte »splendid isolation«, die das Vereinigte Königreich unter der konservativen Premierministerin Margaret

Thatcher (1979–1990) kennzeichnete. London richtete sich im Grunde nur auf **negative Integration**: Für die Förderung der wirtschaftlichen Entwicklung in Europa mussten alle Hindernisse für den freien Verkehr von Waren, Personen, Kapital und Dienstleistungen eliminiert werden. Europäische Vorschriften und protektionistische Maßnahmen wie die Gemeinsame Agrarpolitik waren in den Augen der britischen Regierung nur marktverzerrende Mechanismen. Für Frankreich und Deutschland wiederum stellte eine derartige Marktregulierung die Hauptantriebskraft für die europäische Zusammenarbeit dar.

Die Briten beschwerten sich über die Verteilung der eigenen Haushaltsmittel durch die EWG über die Politikbereiche und genauso über das Rechenmodell, nach dem diese Kosten auf die Mitgliedstaaten umgelegt wurden. Von den ersten Verhandlungen über den Beitritt des Vereinigten Königreichs an war die »**British budgetary question**« für den Europäischen Rat und die Kommission ein Albtraum gewesen. Die Briten liefen Sturm gegen ihre Position als »Nettozahler«. Im Rahmen der bestehenden Übertragungsregelung zahlte das Vereinigte Königreich als Großimporteur von Lebensmitteln aus Drittländern, vor allem aus seinen ehemaligen Kolonien, aus Einfuhrzöllen einen erheblichen Beitrag zum europäischen Haushalt. Dem standen relativ geringe direkte Auszahlungen durch die EWG an das Vereinigte Königreich gegenüber. Vor allem, weil es auf der Insel nur einen kleinen Landwirtschaftssektor gab, profitierte das Land nur wenig von den massiven Subventionen für die Landwirtschaft.

Seit den Anfangstagen der EWG war der **Gemeinschaftshaushalt** ein politisch sensibles Thema gewesen. Regelmäßig verhandelten die Mitgliedstaaten miteinander über die Finanzierung der Aktivitäten der Gemeinschaft und ihrer Institutionen. Bis Ende 1970 hatte die EWG die Kosten für ihre zunehmenden politischen Maßnahmen durch einen festen Beitrag der Mitgliedstaaten gedeckt. 1971 führte der Ministerrat ein völlig neues, abgestuftes Zahlungsmodell ein, um den EWG-Haushalt zu finanzieren. Der jährlich festzulegende Beitrag bestand aus drei Einkommensquellen: einer Importsteuer auf landwirtschaftliche Produkte aus Ländern außerhalb der EWG sowie eine Abgabe auf Zucker; den Einfuhrrechten für weiteren Handel mit Ländern außerhalb der EWG; und einem Anteil von bis zu 1 Prozent der Mehrwertsteuereinnahmen der Mitgliedstaaten. 1975 belief sich dies für die EWG auf umgerechnet fast 12 Milliarden Euro an eigenen Mitteln, 1980 rund 20 Milliarden. Der Handlungsspielraum, dieses Budget auszugeben, wurde im Laufe der Jahre allerdings immer kleiner, vor allem wegen der ständig steigenden Ausgaben für die Gemeinsame Agrarpolitik. Abgesehen vom Haushaltseffekt hatte die Einführung der Übertragungsregelung eine wichtige politische Bedeutung. Immerhin übertrugen die Mitgliedstaaten zu einem gewissen Teil die Kontrolle über ihre Staatseinnahmen an Brüssel. Die EWG hatte einen ersten Schritt gemacht beim Erheben supranationaler Steuern, auch wenn es dabei um indirekte Steuern ging. Darüber hinaus konnte die Europäische Kommission dank dieser eigenen Mittel unabhängiger auftreten.

Unmittelbar nach ihrem Amtsantritt 1979 machte Thatcher eine Änderung der Übergaberegelung zum Hauptziel ihrer Europapolitik, aus Verärgerung über die steigenden Kosten für die europäische Agrarpolitik, aber auch aus Sorge über die zweite Ölkrise und die wirtschaftliche Rezession. Die britische Regierung stellte der finanziellen Solidarität in Europa das buchhalterische Prinzip des »juste retour« gegenüber: Jeder Mitgliedstaat sollte direkt und proportional von dem Geld profitieren können, das er in die EWG eingebracht hatte. Ungleichgewichte müssten durch einen »**rebate**« kompensiert werden. In Thatchers Worten: »Wir wollen einfach nur unser Geld zurück.« Am indirekten politischen und wirtschaftlichen Mehrwert einer stärkeren EWG und des Binnenmarktes ging dieses Prinzip völlig vorbei.

Diese britische Forderung lähmte in den nächsten Jahren die Sitzungen der Regierungschefs und vergiftete die Beziehungen untereinander. Eine Lösung kam erst 1984 in Sicht, als die Frage Teil eines größeren Pakets im Rahmen der Haushaltsverhandlungen wurde, insbesondere über die Agrarausgaben und die Erhöhung des Budgets der Europäischen Kommission. Indem sie in diesen Bereichen mit Vetos drohte, zwang die britische Regierung schließlich Frankreich und Deutschland, ihr bei der gewünschten finanziellen Ausgleichsregelung entgegenzukommen. **Londons Blockadestrategie** war ein extremes Beispiel für die intergouvernementale Grundhaltung in diesen Jahren, die die Zusammenarbeit in der EWG auf eine buchhalterische Gewinn- und Verlustrechnung reduzierte. Erst als der Europäische Rat 1984 in Fontainebleau zu einer Einigung über eine jährliche Reduzierung des britischen Nettobeitrags kam, hatten Reforminitiativen wieder eine Chance auf Erfolg.

Zunächst aber sollte die Aussicht auf Vertiefung noch von der **zweiten Erweiterung** der Gemeinschaften verdrängt werden. Schon bald nach dem Anwachsen auf neun Mitgliedstaaten suchten auch Griechenland, Portugal und Spanien Zugang zur EWG. Als Folge ihrer diktatorischen Herrschaft war ein Beitritt lange tabu gewesen, doch das änderte sich, als die drei Länder Mitte der siebziger Jahre das Joch des Obristenregimes (1973) bzw. Salazar (1974) und Franco (1976) abwarfen. Es war selbstverständlich, dass demokratische Reformen eine nicht verhandelbare Forderung für die Aufnahme in die Gemeinschaften waren. Für die südeuropäischen Länder selbst war dies auch ein wichtiges Motiv. Eine »Rückkehr nach Europa« würde sie aus der internationalen Isolation holen und für das demokratische System eine Stütze bedeuten. Dabei hofften sie auf Hilfe von der EWG bei der Modernisierung ihrer eigenen Volkswirtschaften. Alle drei Kandidaten kämpften mit wirtschaftlichen Strukturproblemen, die eine andere Größenordnung hatten als die Wirtschaftskrisen in der EWG.

In vielerlei Hinsicht bildeten die europäischen Ambitionen der drei Länder eine Herausforderung für den Kurs und die Politik der EWG. Vor allem mit der Anfrage von Portugal und Spanien 1977 ging dem Europäischen Rat und der Kommission auf, welche wirtschaftlichen Auswirkungen eine solche große südliche Erweiterung haben könnte. Es begann damit, dass es zum ersten Mal ein wesentliches Wohlstandsgefälle innerhalb der Gemeinschaft geben würde. Dieses **Ungleichgewicht zwischen dem Norden und Süden Europas** würde sich direkt in den wichtigsten Wirtschaftssektoren fortsetzen. Frankreich und Italien sahen Auswirkungen auf ihre Wettbewerbsfähigkeit im Bereich der Landwirtschaft voraus. Allein mit Spanien nahm die landwirtschaftliche Produktion in der EWG mit einem Viertel zu. Iren, Briten und Dänen sahen eine ähnliche Entwicklung in der Fischerei voraus, die anderen nordischen Länder in der Stahlindustrie und im Schiffbau. Umgekehrt gab es die Sorge, dass die Mittelmeerländer dem Wettbewerbsdruck des Binnenmarktes nicht gewachsen sein würden. Die wirtschaftliche Rezession der späten siebziger Jahre verstärkte daneben die Angst vor einem massiven Zustrom billiger Arbeitskräfte, ein politisch sensibles Thema in Zeiten hoher Arbeitslosigkeit in Nordwesteuropa. Um die Folgen dieser sozialen und wirtschaftlichen Ungleichheit abzumildern, vereinbarten die Mitgliedstaaten verschiedene Übergangsregelungen und weitere Garantiebestimmungen. Dies war ein Präzedenzfall für zukünftige Erweiterungen, insbesondere dort, wo es anfällige Volkswirtschaften und Niedriglohnländer betraf. Beim Beitritt der ehemaligen Ostblockstaaten und der baltischen Sowjetrepubliken 2004 und 2007 sollten die EWG-Länder wieder Übergangsregelungen und Entschädigung für die sozioökonomischen Folgen einfordern. Diese Reaktion entstand einerseits aus einer ähnlichen Angst vor massiver Arbeitsmigration und dem Abwandern von Unternehmen in neue Mitgliedsländer mit viel niedrigeren Arbeitskosten, andererseits aus der Sorge über die notwendige finanzielle Unterstützung für die beitretenden Mitglieder, um deren Volkswirtschaften zu modernisieren.

Die Süderweiterung hatte auch Folgen für die Ausgaben der EWG. Während der Beitrittsverhandlungen Anfang der achtziger Jahre war schmerzlich deutlich geworden, dass die **Agrarpolitik** die EWG finanziell an den Rand des Abgrunds gebracht hatte. Dies war eine direkte Folge der Unfähigkeit der Gemeinschaft in den späten sechziger Jahren, die beiden zusammenhängenden Probleme Überproduktion und explosive Kostensteigerungen einzudämmen. Die EWG-Politik drehte sich im Wesentlichen um zwei marktverzerrende Mechanismen: Sie schützte einerseits den europäischen Agrarmarkt vor Einfuhren von außerhalb und garantierte andererseits dem europäischen Landwirt eine feste Abnahme zu einem (hohen) Produktpreis. Die EWG unterließ es allerdings, die Produktionssteigerungen, die durch diese Mechanismen stimuliert wurden, an ein Maximum zu binden. Hierdurch erreichte beispielsweise der Buttervorrat einen Umfang, der den Jahresverbrauch der Weltbevölkerung überschritt. Die EWG stand dabei für die Kosten gerade, um sowohl Absatz als auch stabiles Preisniveau in den Mitgliedstaaten zu gewährleisten. Durch die Mittelmeererweiterung drohte die Aussicht auf Bilder von Weinseen, unermesslichen Obstanbauflächen und einer Überproduktion von Olivenöl. Eine Reform des EWG-Haushaltes war unabdingbar.

Diese Risikofaktoren verzögerten die **Beitrittsverhandlungen** mit den südlichen Staaten erheblich. Durch spezifische und detaillierte Übergangsregelungen versuchte die EWG, die wirtschaftlichen Auswirkungen der Erweiterung in den Griff zu bekommen. Die Gemeinschaften schienen damit Zeit zu gewinnen, um die Institutionen und Entscheidungsverfahren anzupassen und eine Reihe akuter Probleme der Zusammenarbeit zu lösen, beginnend mit der Frage des britischen »rebate«. Der Aufnahme Griechenlands am 1. Januar 1981 waren schlussendlich fast dreijährige Verhandlungen vorangegangen, viel länger als bei der vorherigen Erweiterung. Im Falle von Portugal und Spanien wurde ein neuer Rekord erreicht. Es dauerte mehr als fünf Jahre, bevor die beiden Länder am 1. Januar 1986 der Gemeinschaft beitreten konnten.

In der letzten Phase der Verhandlungen trug Griechenland als jüngstes Mitglied die Schuld an der Verzögerung. Unter der Leitung des gerade angetretenen, wenig integrationsgesinnten Sozialisten Andreas Papandreou maßte sich die griechische Regierung in ihren ersten Jahren der Mitgliedschaft eine Haltung an, die von den Briten inspiriert schien. Sie machte ihre Zustimmung zur Aufnahme der iberischen Länder von der Gewährung von europäischen Mitteln zur Unterstützung der griechischen Wirtschaft und Arbeitsmarktes abhängig. Papandreou hatte seinen Blick auf zwei Fonds gerichtet, die von der EWG für eine solche **Strukturentwicklung** eingerichtet worden waren. Die Gemeinschaft betrieb seit den sechziger Jahren durch den Europäischen Sozialfonds (ESF) eine Unterstützungspolitik zur Beschäftigungsförderung in wirtschaftlich schwächeren Regionen und Branchen und hatte nach der ersten

Erweiterung mit dem **Europäischen Fonds für regionale Entwicklung** (**EFRE**) ein noch leistungsfähigeres Werkzeug geschaffen, um wirtschaftliche Ungleichgewichte durch strukturelle Entwicklungsgelder zu reduzieren und soziale Kohäsion zu fördern.

Der griechische Anspruch auf Mittel aus diesen Fonds behinderte nicht nur die Erweiterung der Gemeinschaft, sondern verhinderte auch, dass der Rat und die Kommission in anderen Bereichen Fortschritte bei der Vertiefung der Zusammenarbeit verbuchen konnten. Mit der Einrichtung eines integrierten Entwicklungsprogramms für den Mittelmeerraum, an dem die Griechen einen erheblichen Anteil erhielten, konnte die Europäische Kommission diese Blockade Anfang 1985 schließlich überwinden. Nach intensiven Gesprächen erreichten die Mitgliedstaaten eine Einigung über die noch strittigen Fragen rund um die Erweiterung. Dabei ging es vor allem um Maßnahmen zur Regulierung der Erhöhung des Wettbewerbsdrucks in Landwirtschaft und Fischerei. Der Anschluss der Iberischen Halbinsel an die europäische Zusammenarbeit wurde in der Folge im Frühjahr 1985 vom Europäischen Rat gebilligt.

Ebenso aus Eigeninteresse ging **Grönland** im selben Jahr den umgekehrten Weg und verließ die EWG, eine bis heute einzigartige Entscheidung. Die Insel war als dänische Provinz in die Gemeinschaft gekommen, erlebte dadurch aber vor allem negative Folgen. Der freie Zugang anderer Fischereiflotten zu den grönländischen Gewässern, die auf diesem Wege Teil eines großen europäischen Fanggebietes geworden waren, hatte die Wettbewerbsposition der grönländischen Fischer verschlechtert. Nachdem die Insel Ende der siebziger Jahre mehr Autonomie und wirtschaftliche Selbstverwaltung mit dem Mutterland ausgehandelt hatte, entschied sich die Bevölkerung in einem Referendum mit einer knappen Mehrheit für einen Austritt aus der EWG ab 1985. Nach komplizierten Verhandlungen gestand die EWG Grönland zu, dass das Land als überseeisches Gebiet assoziiert bleiben könne, mit spezifischen Vereinbarungen über eine zollfreie Einfuhr von grönländischem Fisch.

Mit dem Abschluss der Süderweiterung hatte sich die Zahl der Mitgliedstaaten in 13 Jahren verdoppelt. Die EWG war der größte

Markt und möglicherweise die wichtigste Handelsmacht in der westlichen Hemisphäre geworden. Aber die Gemeinschaft war in sozioökonomischer Hinsicht ebenfalls deutlich heterogener geworden. Die Folgen für das Integrationsprojekt auf lange Sicht waren nicht eindeutig. Mehr Mitgliedstaaten und divergierende nationale Interessen machten ehrgeizige Pläne für eine weitere Vertiefung schwerer realisierbar. Gleichzeitig wurde die Integrationsdynamik durch die Mechanismen, die Brüssel zur Verringerung der regionalen und sozioökonomischen Unterschiede ins Leben gerufen hatte, angespornt. Hinter diesen Mechanismen verbarg sich die Überzeugung, dass eine gemeinsame Politik und Solidarität untereinander ein hohes Maß an Homogenität erforderte. So führte das Ideal der Homogenität zu einer Stärkung der Kompetenzen der Institutionen der Gemeinschaft und der Zusammenarbeit der Mitgliedstaaten.

Demokratisierung der Europäischen Gemeinschaften

Mit dem zunehmenden Gewicht des Europäischen Rates erlebten die Institutionen der EWG in den späten siebziger und frühen achtziger Jahren schwierige Zeiten. Vorsichtig, um den Abstand zum Rat und den skeptischsten Mitgliedstaaten nicht größer werden zu lassen, versuchten die Kommission und das Europäische Parlament jeder auf eigene Weise, dem Intergouvernementalismus den Wind aus den Segeln zu nehmen. Insbesondere das EP veränderte sich in dieser Zeit, gestärkt durch erhöhte Aufmerksamkeit in der öffentlichen und politischen Debatte über den demokratischen Charakter der EWG. Seit Anfang der siebziger Jahre wurde in den Mitgliedstaaten, wenn für neue Vorhaben politische Kompetenzen an Brüssel übertragen werden sollten, immer nachdrücklicher die Frage gestellt, ob »Europa« dann nicht auch mehr **demokratische Legitimität** benötige. Sowohl diese Diskussion selbst als auch die Art, mit der der Europäische Rat schlussendlich auf dieses Dilemma reagierte, sollte die Rolle des Parlaments im Integrationsprozess stärken.

Während der ersten Phase der europäischen Integration in den fünfziger Jahren hatten die Gründer der EGKS und der EWG gezögert, ein institutionelles Gefüge, das noch im Aufbau war, bereits zu demokratisieren. Im Vorfeld zu Paris und Rom herrschte außerdem die Ansicht, dass es um funktionelle wirtschaftliche Projekte ging, die besonders effektiv organisiert werden mussten. Vorschriften für den gemeinsamen Markt schienen so begrenzt und technisch, dass die **demokratischen Kontrollmechanismen** nur wenig hinzufügen würden und nur kontraproduktiv wirken könnten. Vor allem die intergouvernemental eingestellten Partner sahen dies als ein ausgezeichnetes Argument, um die Rolle der Parlamentarischen Versammlung auf die eines Beratungs- und Debattierklubs zu beschränken. Aus diesem Grund verpflichtete dann auch ihr Mandat im Vertrag von Rom, »Entwürfe für die Abhaltung von allgemeinen unmittelbaren Wahlen vorzubereiten«, zu nichts und war auch nicht mit einem Zeitrahmen verbunden.

Diese Zurückhaltung bedeutete nicht, dass es keine Sorgen über die parlamentarische Kontrolle der supranationalen Zusammenarbeit gab. Sicherlich hegten Föderalisten den Wunsch nach einer »echten« europäischen Volksvertretung, die sowohl in der Kontrolle als auch als Mitgesetzgeber entsprechende Befugnisse hätte. Für Funktionalisten hatte jedoch die Schaffung einer europäischen Zusammenarbeit Priorität. Davor musste in den teilnehmenden Ländern viel Widerstand überwunden werden, auch ohne eine direkt gewählte Gegenmacht mit den entsprechenden Kompetenzen. Für die Kontrolle der europäischen Integration waren die nationalen Parlamente vorerst besser gerüstet.

Bereits ab dem ersten Tag ihrer Existenz sollte die Parlamentarische Versammlung der EWG eifrig daran arbeiten, diese Situation zu ändern. Wie die nationalen Parlamente wollte auch die Europäische Versammlung eine Stimme bei der Festlegung des Budgets, der Einrichtung der Kommission und der Festlegung europäischer Regeln haben. Zuallererst aber strebte die Versammlung das Abhalten von **Europawahlen** gemäß dem Mandat im Vertrag von Rom an. Die EWG hatte, was demokratische Legitimität anbelangte, immer noch den Charakter einer internationalen Organisation mit einer parlamentarischen Versammlung, die aus Vertretern der nationalen Parlamente mit einem Doppelmandat zusammengesetzt war. Bereits 1960 hatte das Europäische Parlament dem Ministerrat einen ersten Vorschlag für die Wahlen vorgelegt, der sich daraufhin für die Beratung drei Jahre Zeit ließ. Widerstand aus Frankreich verhinderte den notwendigen Konsens. Für de Gaulle und seine Minister war ein demokratisch legitimiertes Parlament auf europäischer Ebene eine unannehmbare Verletzung der französischen Souveränität.

Trotz der ständigen Bemühungen des Europäischen Parlaments, einen Durchbruch zu erzwingen, kam erst nach dem Rücktritt de Gaulles Bewegung in diese Angelegenheit. Der 1974 ins Amt gewählte liberalere Präsident Giscard d'Estaing sah die französischen Interessen deutlich anders. Nicht zuletzt, weil er im Gegenzug die Institutionalisierung des Europäischen Rates vor sich sah, stand er einem direkt gewählten Parlament weniger ablehnend gegenüber. Im Dezember 1974 machten die Staats- und Regierungschefs den Weg für die Direktwahlen zum Europäischen Parlament frei. Das Europäische Parlament erarbeitete zügig einen Vertragsentwurf, musste aber wieder zusehen, wie die Mitgliedstaaten im Ministerrat den Prozess verzögerten. Der größte Streitpunkt war die **Sitzverteilung**. Sobald beschlossen war, dass das Europäische Parlament von 198 auf 410 Sitze wachsen sollte, stellte sich die Frage, wie diese über neun Mitgliedstaaten mit sehr unterschiedlichen Bevölkerungszahlen zu verteilen seien. Deshalb wurde beschlossen, vom demokratischen Ideal, dass jeder Abgeordnete gleich viele Bürger vertritt, abzuweichen. Man entschied sich für eine gewichtete Verteilung der Sitze auf der Basis der degressiven Proportionalität. Dies bedeutet, dass die größten Länder (Frankreich, Deutschland und das Vereinigte Königreich) zahlenmäßig die meisten Abgeordneten stellen, dass zum Beispiel aber ein Abgeordneter aus Luxemburg weniger Bürger vertritt als sein deutscher Kollege. Eine streng proportionale Zusammensetzung hätte ein unmöglich großes Parlament bedeutet oder die Position der kleinsten Mitgliedstaaten (darunter drei der ursprünglichen sechs) wäre vollständig marginalisiert worden.

Vom 7. bis zum 10. Juni 1979 konnte die Bevölkerung der neun Mitgliedstaaten – eine imposante Wählerschaft von 192 Millionen Menschen – für die **ersten Wahlen zum Europäischen Parlament** zu den Wahlurnen gehen. Tatsächlich konnten die Wahlen jedoch kaum »europäisch« genannt werden. Sie fanden nicht an einem einzigen Tag statt und, anders als im Vertrag von Rom festgelegt, auch nicht nach den gleichen Regeln. In jedem Mitgliedstaat wurde gemäß nationaler Wahlverfahren abgestimmt; mit einem Listen- oder Mehrheitssystem, mit oder ohne Prozenthürde. Zudem dominierten nationale politische Parteien und innenpolitische Themen die Wahlen. In Ländern wie Frankreich, Dänemark und dem Vereinigten Königreich führten einige Parteien sogar einen dezidiert antieuropäischen Wahlkampf. In ganz Europa war die Wahlbeteiligung von 62 Prozent durchaus positiv, zwischen den einzelnen Ländern gab es jedoch erhebliche Unterschiede, von den wahlpflichtigen Belgiern mit 91 Prozent bis zu den Briten mit 32 Prozent.

Die Bedeutung der Wahlen lag vor allem in der demokratischen Legitimierung des Europäischen Parlaments. Obwohl die neue Generation direkt gewählter Europaparlamentarier kaum mehr Befugnisse hatte als ihre Vorgänger, handelte sie mit viel mehr Sicherheit und Selbstbewusstsein. Dies zeigte sich in wachsendem parlamentarischem Aktivismus. Mittels Anhörungen, Fragen, Anträgen, eigenen Kommissionen und Berichten versuchte das EP seit den späten siebziger Jahren, explizit eine eigene wirtschaftliche und reformorientierte Agenda zu formulieren. Nicht unwichtig war in diesem Zusammenhang das Entree der Briten, die ihre starke Debattierkultur in den Brüsseler Schmelztiegel parlamentarischer Traditionen mitbrachten. Mit der Einführung einer Fragestunde drückten sie trotz ihrer intergouvernementalen Grundhaltung der Funktionsweise des EP ihren Stempel auf. Angesichts des neuen Status des Parlaments als einzigem demokratisch gewählten Organ der Gemeinschaft führte dieser Aktivismus zu einer informellen Machtverschiebung im Dreieck von Parlament, Kommission und Ministerrat.

Die Anerkennung folgte 1980 mit einem Urteil des Europäischen Gerichtshofs. Im »**Isoglukose«-Fall** bestätigte der Gerichtshof, dass der Rat, wenn der Vertrag von Rom vorschrieb, dass das EP konsultiert werden müsse (Konsultationsverfahren), die Stellungnahme des Parlaments vor einer Entscheidung abzuwarten habe. Abgesehen davon, dass das EP damit faktisch die Möglichkeit erhielt, die Behandlung von Gesetzentwürfen zu verzögern, war es vor allem ein wichtiger moralischer Sieg. In seinem Urteil verteidigte der Gerichtshof das Grundprinzip, dass die Bürger über gewählte Vertreter Einfluss auf die Regierung ausüben können müssten, auch auf europäischer Ebene.

Mit diesem Prinzip im Rücken sollte das Europäische Parlament in den nächsten Jahren mehr und mehr Initiativen entfalten, um seine Kontroll- und Entscheidungskompetenz und damit seine Position innerhalb der Gemeinschaften weiter zu stärken. Mehr als 25 Jahre nach der Gründung der EGKS zeigte das Europäische Parlament nämlich noch immer wenig Zeichen einer vollwertigen Kontroll- und Gesetzgebungsgegenmacht. Im Vergleich zu den nationalen Parlamenten fehlte dem Europäischen Parlament unter anderem das Initiativrecht und waren auch Mitentscheidungsbefugnisse in Bezug auf Gesetzgebung und Haushalt sehr begrenzt. Das EP hatte kaum oder keine Kontrolle über Einnahmen und Ausgaben der EWG und verfügte nicht über wirksame Instrumente, Einfluss auf von der Kommission initiierte Rechtsvorschriften zu nehmen.

Zwischen 1970 und 1986 sollten zwei grundlegende Veränderungen in den institutionellen Verfahren die Position des EP als Kontrollinstanz und Mitgesetzgeber stärken. Eine gewisse Ausweitung seiner Kontrollbefugnisse hatte das EP 1970 und 1975 mit der Einführung eines **neuen Haushaltsverfahrens** erlangt, mit dem der Ministerrat und das Parlament gemeinsam für die Erstellung der Jahreshaushalte verantwortlich wurden. Diese Demokratisierung sollte auf supranationaler Ebene die Auswirkungen des neuen Haushaltsmodells der EWG kompensieren, dass die Kontrolle der nationalen Parlamente über den Staatshaushalt der jeweiligen Mitgliedstaaten gewissermaßen eingeschränkt hatte. Das EP konnte von diesem Moment an innerhalb der Budgetgrenzen Änderungen vorschlagen oder den Haushaltsplan in seiner Gesamtheit ablehnen.

Die Zuerkennung eines Haushaltsrechtes war jedoch weitgehend symbolisch, weil das Verfahren nicht für die wichtigsten festen Haushaltsposten galt, darunter jene der Regionalentwicklung und Landwirtschaft (drei Viertel der Gesamtausgaben).

Wichtiger waren die **Gesetzgebungskompetenzen**, die das EP Mitte der achtziger Jahre durchsetzen konnte. Das Konsultationsverfahren blieb auch weiterhin für die wichtigsten Artikel des Vertrags die vorgeschriebene Methode, um die Gesetzentwürfe der Kommission zu behandeln; die Entscheidungen fielen über den Rat vor allem in den Mitgliedstaaten selbst, das Europäische Parlament hatte nur eine beratende Funktion. Durch die Vertragsänderung durch die Einheitliche Europäische Akte 1986 wurde für eine Reihe von Artikeln allerdings das sogenannte Verfahren der Zusammenarbeit eingeführt. Das EP erhielt durch dieses Verfahren in etwa drei Viertel der Politikbereiche, darunter der Binnenmarkt, dem Rat gleichwertige Befugnisse. Es konnte in Zukunft Änderungsvorschläge einreichen und hatte das erste Recht auf Zustimmung oder Ablehnung, ehe schlussendlich der Rat die Entscheidung traf. Auch im Hinblick auf den Beitritt der neuen Mitgliedstaaten und internationaler Abkommen erhielt das EP gleiche Rechte wie der Rat. Auf der Grundlage dieser Befugnisse konnte sich das EP 1987, als die Einheitliche Europäische Akte in Kraft trat, zum ersten Mal vorsichtig ein legislatives Parlament nennen – ein Schritt in Richtung des gemeinschaftlichen Systems zum Nachteil der intergouvernementalen Methode.

An die formale Demokratisierung der EWG schloss sich das Bemühen um das Entstehen **einer europäischen Identität** in der Bevölkerung der Mitgliedstaaten an. Dieses Streben wurde im Lauf der siebziger Jahre in allen Institutionen der Gemeinschaft immer mehr beachtet. Unter Berufung auf die direkte Legitimation durch den europäischen Wähler bezeichnete sich das EP als die beste Institution, die etwas gegen das **demokratische Defizit** tun könne, ein Begriff, der in diesen Jahren in Mode kam, um die Kluft zwischen den Bürgern und den Institutionen der EWG zu problematisieren. In Zusammenarbeit mit der Kommission konzentrierte sich das Europäische Parlament in dieser Zeit auf die Steigerung der öffentlichen Sichtbarkeit von »Europa« und auf die Entwicklung einer aktiven europäischen Kulturpolitik. Die Regierungschefs gaben hierfür den entscheidenden Impuls. Nach der Feststellung, dass 1984 auch die zweite Direktwahl des Europäischen Parlaments enttäuschend wenig Begeisterung bei den Bürgern hervorgerufen hatte, beschlossen sie, einen Ausschuss mit der Förderung des gemeinsamen Erbes und der gemeinsamen Identität der Mitgliedstaaten zu betrauen, um so die **kulturelle Integration** Europas zu fördern. Die Verantwortung für die Umsetzung dieser Maßnahmen lag bei der Kommission. Bildungs-, Sport- und Kulturprojekte wie das Austauschprogramm Erasmus und die Wahl der europäischen Hauptstadt des Jahres sollten der Bevölkerung Europas ihre Verbundenheit miteinander bewusster machen. Mit dem gleichen Ziel sollte die EWG Symbole der europäischen Identität etablieren. Die blaue Flagge mit den zwölf Sternen als das offizielle Emblem der Institutionen, Beethovens »Ode an die Freude« als europäische Hymne, aber auch die standardisierten Reisepässe, Führerscheine und Autokennzeichen trugen zu einem gemeinsamen europäischen (Unter-)Bewusstsein bei und waren so wichtige Instrumente für eine Grundlage einer supranationalen europäischen Zusammenarbeit.

Neue Perspektiven

Voller Entschlossenheit, sich nicht von der Skepsis, die in den Mitgliedstaaten vorherrschte, aufhalten zu lassen, arbeitete die Kommission auch in die achtziger Jahre hinein unbeirrt weiter daran, der Integration neue Impulse zu geben. Unter dem Druck der ungünstigen wirtschaftlichen Zeiten konzentrierte sie sich neben der institutionellen Infrastruktur der EWG vor allem auf Initiativen für Währungsstabilität, industrielle Entwicklung und Freizügigkeit von Waren, Personen, Dienstleistungen und Kapital. Sie konnte sich der Unterstützung durch das EP sicher sein, das sich nach 1979 auch als Antreiber der Vertiefung der Integration profilierte. Im Rückblick wird deutlich, dass beide Institutionen mit diesem Aktivismus eine wichtige Grundlage legten für die **Wiederherstellung der Integrationsdynamik** in der zweiten Hälfte der achtziger Jahre.

Eines der Probleme, die bereits von Beginn der Weltwährungskrise oben auf der Tagesordnung standen, war die Anfälligkeit der europäischen Währungen. In der politischen Realität nach dem Scheitern des Werner-Plans für eine Wirtschafts- und Währungsunion und dem Ende des Wechselkursmechanismus der Währungsschlange 1970/1971 war ein schnelles Zustandekommen einer gemeinsamen Geldpolitik illusorisch. Unter dem Druck der wirtschaftlichen Rezession und der Schwankungen des Dollarwechselkurses der europäischen Währungen mussten die Mitgliedstaaten doch wieder neue Versuche unternehmen, um wenigstens die Kursschwankungen ihrer Währungen einigermaßen zu begrenzen. 1979 übernahmen Deutschland und Frankreich die Initiative des britischen Kommissionspräsidenten Roy Jenkins, zur Förderung der Preisstabilität ein **Europäisches Währungssystems** (**EWS**) einzurichten. Es war im Wesentlichen eine Adaption der früheren »Schlange im Tunnel«; die Teilnehmer vereinbarten, ihren Wechselkurs nicht mehr als 2,25 Prozent nach oben oder unten schwanken zu lassen. Neu war die Verwendung des **ECU** (European Currency Unit) als Recheneinheit. Der ECU war ein sogenannter »Währungskorb«, der sich aus den Werten der teilnehmenden nationalen Währungen zusammensetzte. Jede Währung hatte hierin einen gewichteten Anteil, abhängig von der Qualität der Wirtschaft des jeweiligen Landes. Starke Währungen von Ländern wie Deutschland konnten durch den An- und Verkauf von Valuta intervenieren, um sicherzustellen, dass alle Wechselkurse innerhalb der Bandbreite blieben. Im Gegenzug wurden von schwachen Volkswirtschaften wie Italien und Frankreich Finanzreformen gefordert, um die Position der Lira und des Franc gegenüber der D-Mark zu konsolidieren.

Das EWS war ein bescheidener Erfolg, sowohl durch seine direkte monetäre Wirkung als auch wegen seiner Bedeutung für den Integrationsprozess. Das EWS stabilisierte tatsächlich die Wechselkurse in der EWG und trug dazu bei, die Inflation einzudämmen. Die Basis des Wechselkursmechanismus war eine intergouvernementale: Die Mitgliedstaaten verpflichteten sich freiwillig zu einigen Geld- und Fiskalregelungen. So beteiligten sich Griechenland, Spanien und Portugal bis Ende der achtziger Jahre nicht am EWS. Das Vereinigte Königreich war wie Italien bereits nach kurzer Zeit (1990–1992) gezwungen, das System vorübergehend verlassen, da es den Kurs nicht innerhalb der angegebenen Bandbreite halten konnte. Ohne eine Vertragsgrundlage war das EWS in der Konstellation der Gemeinschaften zu dieser Zeit noch ein Fremdkörper. Später sollten solche Formen der differenzierten Integration außerhalb der Verträge öfter vorkommen.

Nach den gescheiterten supranationalen Initiativen war das EWS auch ein erster Anfang einer erneuten deutsch-französischen Führungsrolle in Europa und ein Hinweis auf die Bereitschaft der Mitgliedstaaten zu einer Einigung in der Wirtschafts- und Währungspolitik. In den Anfangsjahren des EWS sah vor allem die Kommission hier die Möglichkeit einer weiteren Institutionalisierung gemeinsamer **geldpolitischer Entscheidungen**. In der zweiten Hälfte der achtziger Jahre stimmten die Regierungschefs dem sukzessive zu, trotz erheblicher Meinungsverschiedenheiten über die beste Wirtschafts- und Währungsstrategie. Die Mitgliedstaaten hofften, dass ihre wirtschaftlichen Prioritäten sich durch weitere monetäre Abstimmung auf die Dauer von selbst angleichen würden. Auch bei späteren Beschlüssen zur wirtschaftlichen Integration in den neunziger Jahren und zu Beginn des neuen Jahrhunderts sollte diese Hoffnung eine wesentliche Triebfeder bleiben.

Wichtig waren auch die in den frühen achtziger Jahren erzielten Ergebnisse der Stimulierung der **technologischen Innovation**, einem wirtschaftlich relevanten, aber politisch weniger empfindlichen Politikbereich als zum Beispiel die Agrarpolitik. Während dieser Zeit verfestigte sich der Gedanke, dass Westeuropa im globalen Wettlauf um innovative Technologieentwicklung immer weiter hinter Asien und die USA zurückfalle. Die Kommission hielt es für eine gemeinsame europäische Herausforderung par excellence, diese Entwicklung umzukehren, mit sich selbst in der Hauptrolle. Sie schaffte es 1982, Vertreter von Industrieunternehmen und Universitäten für das erste große europäische Forschungsprogramm ESPRIT (Europäisches

Strategieprogramm für Forschung und Entwicklung in der Informationstechnik) zu begeistern. Die Kommission investierte im Rahmen dieses Programms in wissenschaftliche Forschungs- und Entwicklungsprojekte insbesondere in strategischen Sektoren der Wirtschaft. Auch ohne bahnbrechende technologische Neuerungen galt das Programm als erfolgreiches Modell der intellektuellen und strategischen Zusammenarbeit auf europäischer Ebene. Die Popularität des Programms brachte in Brüssel einen gewissen funktionalistischen Schwung zurück, in der Hoffnung und Erwartung, dass andere Politikbereiche folgen würden.

Der Versuch, die europäische Wettbewerbsfähigkeit in Forschung und Produktentwicklung zu verbessern, stand in direktem Zusammenhang mit dem Streben nach uneingeschränkter wirtschaftlicher Zusammenarbeit innerhalb der EWG, ein Ziel, das die Gemeinschaft sich selbst im Vertrag von Rom gestellt hatte. Ende der siebziger Jahre hatte sich die Kommission dem Ziel verpflichtet, nichttarifäre (technische und administrative) **Handelsbarrieren** so weit wie möglich abzubauen. Sie wurde hierzu durch ein Urteil des Europäischen Gerichtshofs vom Februar 1979 zum freien Warenverkehr innerhalb der EWG (der Fall Cassis-de-Dijon) ermutigt. Basierend auf dem gemeinschaftsrechtlichen Grundsatz der gegenseitigen Anerkennung der einzelstaatlichen Vorschriften hatte der Gerichtshof entschieden, dass Produkte, die in einem Mitgliedstaat legal hergestellt und auf den Markt gebracht wurden, auch in anderen Mitgliedstaaten auf dem Markt zugelassen werden mussten, ein Urteil mit weitreichenden Folgen.

Mit diesem Urteil in Händen war die Kommission in der Lage, einen ersten Durchbruch für die Verwirklichung des gemeinsamen Marktes zu erzielen. Diese Rechtsprechung ermöglichte es nicht nur, ohne Vertragsänderung an einer weiteren Harmonisierung der Vorschriften über den freien Warenverkehr zu arbeiten, sie lieferte auch die Motivation, dem Ausbau eines **gemeinsamen Marktes** wieder Priorität zu verleihen. Anfang der achtziger Jahre legte die Kommission eine Vielzahl von Vorschlägen vor zur Liberalisierung des Handels, Harmonisierung der Steuern, Vereinheitlichung technischer Standards und europäischer öffentlicher Ausschreibungen.

Vertreter **europäischer Unternehmen** waren die Ersten, die diese neue Perspektive auf eine barrierefreie Handelsgemeinschaft begrüßten. In mehreren Bereichen war es zu Beginn der achtziger Jahre deutlich geworden, dass in Krisenzeiten nationale Investitionsprogramme und protektionistische Maßnahmen nur wenig Trost boten. Das leichte Wirtschaftswachstum, das sich in einigen Mitgliedstaaten abzeichnete, war vor allem einem Aufschwung im Welthandel nach der Ölkrise zu danken. Die Wirtschaft in Europa war bemüht, den globalen Wettbewerb gemeinsam anzugehen und die ökonomische Erholung durch Deregulierung auf europäischer Ebene zu stimulieren. Die Kommission fühlte sich an dieser Front von einer Gruppe führender Industrieunternehmen wie Volvo und Philips unterstützt, die als selbst ernannter »European Round Table« von 1983 an eine aktive Lobbypolitik betrieben.

Auch in den eher integrationsgesinnten Ländern wuchs in den frühen achtziger Jahren ein Gefühl der Dringlichkeit, die EWG im politischen und wirtschaftlichen Sinne zu stärken. Trotz der zögerlichen Regierungschefs erklang bei nationalen Regierungen immer öfter der Ruf, die Gemeinschaft nicht nur demokratischer, sondern auch zielgerichteter zu machen. Die häufigere Aussetzung des Einstimmigkeitsprinzips zugunsten einer Beschlussfassung mit qualifizierter Mehrheit im Ministerrat und die Erweiterung der Zuständigkeiten des EP wurden oft als notwendige institutionelle Anpassungen genannt. Davon zeugte auch eine Initiative des deutschen Außenministers Hans-Dietrich Genscher und seines italienischen Amtskollegen Emilio Colombo von 1981. Aufbauend auf dem Tindemans-Bericht gaben sie den Anstoß, dass die Mitgliedstaaten sich zu einer »Europäischen Union« durch eine Stärkung der Institutionen der Gemeinschaft und durch effizientere Entscheidungsfindungsprozeduren verpflichten sollten. Im Mittelpunkt ihres Vorschlags stand eine gemeinsame Außen- und Sicherheitspolitik. Aufgrund der Verschlechterung der Beziehungen zwischen Ost und West plädierten die beiden Politiker dafür, die Europäische Politische Zusammenarbeit von 1970 wiederzubeleben und ihren Zuständigkeitsbereich um Sicherheitsfragen zu erweitern. Die Mitgliedstaaten waren geteilter Meinung über die Zweckmäßigkeit dieses Plans, der die Existenz der NATO untergraben könnte. Eine offene Vereinbarung, wieder zur Koordination von Positionen zu kommen, schien das maximal Erreichbare. Der feierliche Charakter des **Genscher-Colombo-Plans** konnte die Widerstände der Regierungschefs nicht auslöschen. Der Europäische Rat in Stuttgart im Juni 1983 kam nicht weiter als eine Absichtserklärung für eine engere Zusammenarbeit.

Mit verbessertem Selbstwertgefühl wurde auch das Europäische Parlament initiativ. Unter der Führung des italienischen Föderalisten der ersten Stunde Altiero Spinelli nahm eine Gruppe von Abgeordneten sich vor, eine europäische Verfassung auszuarbeiten. Der inoffizielle Verfassungsplan entwickelte sich schnell zu einer von vielen Seiten getragenen Agenda des EP. 1983 beendete eine Kommission für Institutionelle Fragen den **Entwurf eines Vertrags über die Gründung der Europäischen Union**, der auf einem Gemeinschaftssystem mit starken föderalen und demokratischen Elementen basierte. Der Entwurf sprach sich auch für die rasche Vollendung des Binnenmarktes und den Ausbau des EWS aus. Im Februar 1984 nahm das EP den Vertragsentwurf mit großer Mehrheit an. Ein einstimmiges Parlament war keine Garantie für einen Erfolg im Europäischen Rat, in dem nationale Interessen und Überlegungen schwerer wogen als die visionäre Rhetorik des Verfassungsplans. Dennoch, es erhöhte den Druck auf die Regierungschefs, eine Antwort auf die Stagnation des europäischen Projekts zu formulieren.

Auch der Schub der vierten Macht soll nicht unbemerkt bleiben. Außerhalb der Institutionen der »trias politica« war im Laufe der Jahre eine Vielzahl von unterstützenden **Verwaltungen und Kommissionen mit externen Experten** entstanden. Sie sorgten bei Konzipierung, Auslegung und Umsetzung der EWG-Beschlüsse in der täglichen Praxis für die Kontinuität des Integrationsprozesses. So hatte sich auch in der zweiten Hälfte der siebziger Jahre zur Unterstützung des Rates ein umfassendes intergouvernementales Netzwerk gebildet, in dem Wissenschaftler, Beamte und technische Sachverständige aus den Mitgliedstaaten zusammenkamen. Auf dieser Ebene griffen Intergouvernementalismus und Supranationalismus viel stärker ineinander, als die offizielle Position der Mitgliedstaaten in diesem Zeitraum vermuten ließ; die Sachverständigen blickten in der Regel über nationale Eigeninteressen hinaus und arbeiteten oft mit den Gemeinschaftsinstitutionen einträchtig zusammen.

Die Tatsache, dass die Regierungschefs solche Initiativen der Kommission, des Parlaments und der einzelnen Mitgliedstaaten während ihrer regelmäßigen Sitzungen in der ersten Hälfte der achtziger Jahre als verfrüht oder zu progressiv beiseiteschoben, konnte nicht darüber hinwegtäuschen, dass dieser »Integrationsaktivismus« zur Entstehung einer Dynamik beitrug, die europäische Zusammenarbeit wiederzubeleben. Es war auch kein Zufall, dass die Gemeinschaftsinstitutionen und die eher föderalistisch eingestellten Gründerväter gleichzeitig zu einem vergleichbaren Impuls für eine supranationale Union kamen. In vielerlei Hinsicht hatte sich der intergouvernementale Kurs nicht als eine fruchtbare Methode erwiesen, die wirtschaftlichen und politischen Probleme in und um Europa zu bewältigen. Vor diesem Hintergrund neigten die Regierungschefs zu einem Sprung vorwärts im Integrationsprozess. Von der Konjunkturabschwächung und der verglichen mit Industrienationen außerhalb der Gemeinschaft hohen Arbeitslosigkeit desillusioniert und frustriert von den wiederkehrenden Sackgassen im Europäischen Rat machten sie sich die Idee zu eigen, dass die EWG mehr sein konnte als ein Diskussionsforum.

Der bemerkenswerteste Vertreter dieser fortschreitenden Erkenntnis war der französische Präsident François Mitterrand. Bei seinem Amtsantritt im Mai 1981 hatte sich Mitterrand noch für eine klassische sozialistische und protektionistische Politik ausgesprochen, in der ein keynesianischer Ansatz mit starken Regierungseingriffen, durch die durch höhere Löhne und Sozialleistungen der Verbrauch angekurbelt werden sollte, den Ton bestimmte. Binnen zwei Jahren brachte Mitterrands dirigistische Politik Frankreich an den Rand des Bankrotts und kam die Position des Franc im EWS in große Gefahr. Auf dem Spiel stand auch das Vertrauensverhältnis mit Deutschland, wo die Geldwertstabilität heilig war. Um im EWS zu bleiben, musste Frankreich drastisch sparen und Anschluss an den neoliberalen, marktorientierten Kurs des übrigen Westeuropa suchen. Mitterrand vollzog diese Kehrtwende 1983, in die Richtung, die sein Finanzminister Jacques Delors vorgegebenen hatte.

In Bezug auf seine Vision für die europäische Zusammenarbeit schlug Mitterrand einen nicht weniger bemerkenswerten Haken. Überzeugt, dass die französischen Interessen in Europa lagen, tauschte er den traditionellen französischen Intergouvernementalismus gegen einen mehr supranationalen Ansatz. Mitterrand sah es als seine persönliche Mission, die Zusammenarbeit in Europa zu vertiefen und die Qualität zu verbessern. Er nutzte die halbjährige Ratspräsidentschaft im ersten Halbjahr 1984 dazu, die größten Hindernisse zu beseitigen: der britische »rebate« sowie die Fragen der Agrarausgaben und der Süderweiterung. Berühmt wurde seine Rede vor dem Europäischen Parlament im Mai 1984, in der er die Notwendigkeit für neue Ziele unterstrich: »A quoi sert l'Europe?« – Wozu dient Europa? Mitterrand sprach sich vollmundig für den Vertragsentwurf des EP für die Europäische Union aus und rief zu weitreichenden institutionellen Reformen und einer intensiveren Beschäftigung der Gemeinschaften mit innen- und außenpolitischen Themen auf, von Umweltschutz bis zu Verteidigung. In Helmut Kohl, seit 1982 Bundeskanzler, fand Mitterrand einen gleichgesinnten Partner. Aus einem gemeinsamen Idealismus, verwurzelt in einer Akzeptanz eigenen Interesses an europäischer Zusammenarbeit, entstand ein starker Impuls für die **deutsch-französische Führung** in der EWG.

So wurden die Regierungschefs Westeuropas nach Jahren der Stagnation Mitte der achtziger Jahre in eine neue Begeisterung für gemeinschaftliche Lösungen mitgezogen. Dem lag eine Kombination aus internationalen Entwicklungen und beharrlichen Initiativen einiger Mitgliedstaaten, vor allem aber der europäischen Institutionen, zugrunde. Mitte der siebziger und Anfang der achtziger Jahre waren die Signale dennoch äußerst negativ gewesen. Die zweite Rezession hatte zu Beginn der achtziger Jahre jede Aussicht auf wirkliche Verbesserung überschattet. Dennoch wurde – rückblickend – auch in diesen Jahren in kleinen Schritten begonnen, was sich später als Grundlage für die anschließende Erholung erweisen sollte. Die Europäische Kommission und das Europäische Parlament agierten beharrlich gegen den Trend, unterstützt vom Beamtenapparat und dem stillen Motor der europäischen Zusammenarbeit: dem Europäischen Gerichtshof. Der relative Erfolg des EWS hielt den Glauben an die Vertiefung der wirtschaftlichen und währungspolitischen Zusammenarbeit am Leben. Schließlich übernahmen die Regierungschefs der großen Mitgliedstaaten um 1984 die Schlüsselrolle beim Durchbrechen der Blockaden, wie sie es mehr als ein Jahrzehnt zuvor bei deren Entstehen getan hatten.

Rückkehr nach Rom: Binnenmarkt und Einheitliche Europäische Akte

Die letzte Sitzung des Europäischen Rates unter französischer Präsidentschaft im Juni 1984 in **Fontainebleau** war entscheidend für den neuen Schwung im Integrationsprozess. Ausschlaggebend waren dafür die verbesserten deutsch-französischen Beziehungen; eine vorsichtige konjunkturelle Erholung steckte die günstigen Rahmenbedingungen ab. Unter der Leitung von Mitterrand und Kohl erklärten sich die Mitgliedstaaten bereit, den Stillstand in der Haushaltsfrage zu überwinden, die Ausgaben für die Agrarpolitik zu reduzieren und eine Entschädigungsregelung für das Vereinigte Königreich zu vereinbaren.

Darüber hinaus beschlossen die Regierungschefs erneut die Einrichtung einer beratenden Kommission, um konkrete Vorschläge zur Verbesserung der Zusammenarbeit innerhalb der EWG sowohl in Wirtschafts- und Währungsfragen als auch in Bezug auf die politische Koordinierung der Außen- und Sicherheitspolitik zu erarbeiten. Diese Ad-hoc-Kommission von Sachverständigen unter Leitung des ehemaligen irischen Ministers James Dooge wurde angewiesen, die institutionellen Barrieren, die einer besseren Entscheidungsfindung im Ministerrat und einem wirksamen Funktionieren der gemeinschaftlichen Institutionen im Wege standen, anzugehen. Die **Dooge-Kommission** war bewusst nach der Spaak-Kommission modelliert, die Ende der fünfziger Jahre die Verträge von Rom vorbereitet hatte: Sie bestand als intergouvernementales Gremium aus Sachverständigen im Auftrag der Mitgliedstaaten, begleitet nur von einem Vertreter der Europäischen Kommission.

Als mindestens so bedeutend sollte sich die Entscheidung erweisen, den französischen Finanzminister **Jacques Delors** zum 1. Januar 1985 zum neuen Vorsitzenden der Kommission zu ernennen. Als rechte Hand von Mitterrand war Delors davon überzeugt, dass die sozioökonomischen Probleme der achtziger Jahre nur durch ein gemeinsames Vorgehen gelöst werden könnten. Delors hatte für die EWG eine Vision entwickelt, die Züge eines europäischen Gesellschaftsmodells zeigte: ein Sozialstaat auf der Grundlage einer gemischten Wirtschaft und eines modernen Industriesektor. Delors' Integrationsstrategie beruhte, anders als die von Monnet, auf visionären Projekten, um die Regierungschefs zu überzeugen. Mittelfristig hatte er große Pläne für die europäische Zusammenarbeit: eine gemeinsame Geldpolitik, vorzugsweise mit einer gemeinsamen Währung, eine integrierte Wirtschafts- und Sozialpolitik und eine gemeinsame Außen- und Sicherheitspolitik. Auch wenn diese Reformprojekte Delors' Selbstzweck waren, so skizzierte er damit auch die Konturen der künftigen Europäischen Union, in der Hoffnung, damit dem Integrationsprozess neue politische Impulse zu geben. Darin unterschied sich Delors von Monnet, der gerade versucht hatte, praktische Ziele zu formulieren, die die »große Politik« nicht berührten.

Da seine Reformagenda nicht gerade unumstritten war, konzentrierte sich Delors als Erstes auf das Projekt mit der breitesten Unterstützung: die Vollendung des gemeinsamen Marktes. Delors ließ seine Kommission ein sogenanntes **Weißbuch**, ein technisch-fachliches Dokument, erstellen, das eine Anleitung zur Vollendung des Binnenmarktes enthielt. Das Weißbuch war zu dieser Zeit für EWG-Maßstäbe einzigartig. Es formulierte ungefähr 300 konkrete Schritte und Maßnahmen, um in sieben Jahren alle tarifären und nichttarifären Handelshemmnisse zu beseitigen. Auch London konnte schwerlich diese Form der »negativen Integration« ablehnen. Streitpunkt war, ob diese Vollendung zusammen mit anderen institutionellen Reformen auch in einem Vertrag festgeschrieben werden sollte. Thatcher hatte sich in Fontainebleau deutlich für die weitere Integration im wirtschaftlichen Bereich ausgesprochen, sah diese aber eher durch intergouvernementale Abkommen als mit Vertragsänderungen realisiert. Um die Briten zu besänftigen, präsentierte Delors den Binnenmarkt als einen begrenzten Prozess, der viel früher begonnen hatte. »Da die Zollunion der wirtschaftlichen Integration vorangehen musste, sollte die wirtschaftliche Integration der europäischen Einheit vorangehen«, war das Argument im Weißbuch. Das Weißbuch stellte die Vollendung des Binnenmarktes nur als eine weitere Etappe auf dem Weg dar, der so deutlich im Vertrag von Rom abgesteckt war. Die Zollunion erlebte mit der Festlegung gleicher Ein- und Ausfuhrtarife für die gesamte EWG eine formale Vollendung, die 1968 erreicht wurde. Der gemeinsame Markt mit freiem Verkehr von Personen, Dienstleistungen, Waren und Kapital und der Abbau nichttarifärer Handelshemmnisse waren in der Natur der Dinge ein Prozess, der niemals vollständig abgeschlossen sein konnte. Um diesen langfristigen Prozess zu beschleunigen und das angestrebte Zieldatum Ende 1992 zu betonen, sprach Delors ab dem Weißbuch und der Einheitlichen Europäischen Akte gern vom »internen« anstelle vom »gemeinsamen« Markt, trotz der Schreckreaktion, die dies, vor allem bei den Briten, auslöste.

Während die Europäische Kommission sich auf die wirtschaftliche Zusammenarbeit konzentrierte, schloss die Dooge-Kommission im März 1985 ihren Bericht mit kurz- und langfristigen Zielen für die EWG ab. Die Kommission empfahl die Transformation der EWG in eine Europäische Union mit einem Binnenmarkt, Stärkung des Währungssystems und einem intensiveren gemeinsamen Auftreten zu globalen Themen durch Koordinierung in der EPZ. In institutioneller Hinsicht befürwortete der Bericht eine erweiterte Anwendung der Beschlussfassung mit qualifizierter Mehrheit, die zahlenmäßige Begrenzung der Kommissare, die Stärkung ausführender Kompetenzen der Kommission und der Entscheidungsbefugnisse des EP. Bei den Regierungskonferenzen der neunziger Jahre in Maastricht, Amsterdam und Nizza sollten diese Themen auch weiterhin die Tagesordnung bestimmen.

Die Tagung des **Europäischen Rates in Mailand** im Juni 1985, ein Jahr nach Fontainebleau und kurz nach der Einigung über die Süderweiterung, bedeutete schließlich den Durchbruch. Die zehn Mitgliedstaaten akzeptierten die im Weißbuch vorgeschlagenen Maßnahmen. Ende 1992 sollte der Binnenmarkt, in dem freier Verkehr von Waren, Personen, Dienstleistungen und Kapital (die sogenannten »vier Freiheiten«) gewährleistet war, vollendet sein. Die Empfehlung der Dooge-Kommission, die EWG in eine Union umzuwandeln, erwies sich als viel politischer. Sie berührte die divergierenden nationalen Interessen und unterschiedliche Bereitschaft der Mitgliedstaaten, sich auf europäischer Ebene auf Mehrheitsentscheidungen einzulassen. Die Briten, die Dänen und die Griechen verweigerten dem Vorschlag der Einberufung einer großen Regierungskonferenz, um eine Reform des Vertrages zu erarbeiten, ihre Zustimmung. Um nicht erneut in eine Pattstellung zu geraten, wagte Italien es in seiner sechsmonatigen Präsidentschaft, mit der ungeschriebenen Regel der einstimmigen Entscheidungen zu brechen. Der italienische Ministerpräsident erzwang mit der Unterstützung von Mitterrand und Kohl eine normale Abstimmung über die Einberufung einer Regierungskonferenz. Diese Aktion brach den Bann des Luxemburg-Kompromisses von 1966. Das Vereinigte Königreich, Dänemark und Griechenland protestierten heftig, sprachen aber kein Veto aus. Wegen der Aussicht auf den Binnenmarkt und weil nicht direkt eine große Verletzung der nationalen Interessen drohte, beschlossen sie, zunächst weiter mitzuarbeiten.

Die **Regierungskonferenz**, die im September 1985 begann, war ein neues Phänomen in der EWG. Vor allem der Umfang der Tagesordnung war beispiellos – die Regierungskonferenz hatte drei Aufgaben: die Vollendung des Binnenmarktes, institutionelle Reformen und die Implementierung der europäischen Außen- und Sicherheitspolitik. Frühere Regierungskonferenzen hatten sich stets auf einen bestimmten, eng definierten Bereich beschränkt. Auch in Bezug auf die Arbeitsweise war die Regierungskonferenz ein Novum. Die Aufgaben wurden auf Arbeitsgruppen hoher Beamter verteilt, die von Ministern der Mitgliedstaaten überwacht, aber von der Kommission mit inhaltlichem Input versorgt wurden. Das

Europäische Parlament war jedoch völlig außen vor. Nur wenige in Brüssel vermuteten Mitte der achtziger Jahre, dass die Regierungskonferenz in den Folgejahren die normale und regelmäßige wiederkehrende Plattform für Vertragsänderungen werden sollte.

Eine Kombination supranationaler und intergouvernementaler Faktoren gewährleistete, dass die erste Regierungskonferenz Ergebnisse lieferte. Nach monatelanger Vorbereitung in der Regierungskonferenz durch ihre Beamten beschlossen die Regierungschefs Ende 1985 in Luxemburg, die bestehenden Verträge von Paris und Rom durch die sogenannte **Einheitliche Europäische Akte** anzupassen. Die Entstehung der Akte beruhte im Wesentlichen auf der strategischen Kombination von Reformen durch Delors und seine Kommission. Die Aussicht auf einen europäischen Binnenmarkt verringerte auch in den Mitgliedstaaten den Widerstand gegen gezielte institutionelle Anpassungen: Für eine effektive und rasche Vollendung des Binnenmarktes musste die Regel der Einstimmigkeit in diesem Bereich durch Mehrheitsentscheidungen ersetzt werden. Die Kommission gewann die wirtschaftlich schwächeren (künftigen) Mitgliedstaaten in Südeuropa für die neue Akte mit finanzieller Unterstützung für die Regionalentwicklung.

Die Entstehung und Ausarbeitung der Einheitlichen Europäischen Akte wurde auch durch die Einmischung von Lobbyisten, multinationalen Unternehmen und Bankiers vorangetrieben, die rund um die offiziellen Konsultationsstrukturen ihren Einfluss ausübten. Unabhängig von den Auffassungen ihrer nationalen Regierungen plädierten sie aus ihrer eigenen wirtschaftlichen, finanziellen oder regionalen Perspektive für eine Vertiefung der Integration. Damit erhöhten sie den Druck auf die Verhandlungsführer, die Vertragsanpassung nicht scheitern zu lassen, und trugen sie zu einer erfolgreichen Umsetzung der Vorschläge bei.

Letztendlich war die Einheitliche Europäische Akte jedoch hauptsächlich ein durch Kompromisse gekennzeichnetes Verhandlungsergebnis der zwölf Regierungschefs. Nicht erhabene föderalistische Prinzipien, sondern die eigenen und die gemeinsamen Interessen waren der Ausgangspunkt gewesen: wirtschaftliche, monetäre und geostrategische. Als die Akte ihre endgültige Form erhalten sollte, nahmen die Mitgliedstaaten größtenteils wieder ihre altbekannten Positionen ein. Hochfliegende Ambitionen für die Reform und Demokratisierung der Entscheidungsprozesse und eine weitere geldpolitische Zusammenarbeit liefen sich daran fest. Verglichen mit den Vorschlägen der Dooge-Kommission, geschweige denn den Ratschlägen von Genscher und Colombo und dem von Spinelli initiierten Vertragsentwurf für eine Europäische Union war das Ergebnis der Regierungskonferenz 1985 dann auch mager. Das Endergebnis war ein kurzes und wenig inspirierendes Dokument, das Maximum an für alle Mitgliedstaaten akzeptablen Reformen.

Die Einheitliche Europäische Akte hatte in mehrfacher Hinsicht eine Bedeutung für die Entwicklung des europäischen Projekts. Allem voran gab die Vertragsänderung dem Prozess der **Vollendung und Vertiefung** eine neue Perspektive. Die Akte brach den vorhandenen, begrenzten Integrationsrahmen auf und schuf mehr Freiraum für zukünftige Vertiefung der Zusammenarbeit. Die Vereinbarung enthielt schließlich neun substanzielle Vertragsänderungen. Um eine einheitliche Basis der Gemeinschaften zu erreichen, hatten die Verfasser auf einige separate Vertragsanpassungstexte für einerseits die gemeinschaftliche EWG und andererseits für die Koordinierung ihrer Außenpolitik, für die weiterhin der intergouvernementale Ansatz ohne Mehrheitsentscheidung galt, verzichtet. Die Bezeichnung Einheitliche Europäische Akte sollte unterstreichen, dass alle Vereinbarungen in den gleichen vertraglichen Rahmen fielen.

Die Einheitliche Europäische Akte machte aus der EWG eine Gemeinschaft mit Zielen, die weiter reichten als nur Wirtschaft und Handel. Die wichtigste Neuerung war, dass die EPZ eine eigene Vertragsgrundlage erhielt. Gleichzeitig erhielten die europäischen Institutionen die Kontrolle über Teile der Sozialpolitik, über wirtschaftliche und soziale Kohäsion und über Fragen von Technologie, Wissenschaft und Umwelt. Von Delors' Bemühungen, die Mitgliedstaaten zur Schaffung einer Währungsgemeinschaft zu bewegen, war dagegen nicht viel mehr übrig geblieben als eine Absichtserklärung, soweit wie nötig die Konvergenz der Wirtschafts- und

Währungspolitik zu gewährleisten. Das Vereinigte Königreich hatte, von Deutschland und den Niederlanden unterstützt, weitergehende Vorschläge abgelehnt.

Zweitens hatte die Akte den **gemeinschaftlichen Charakter** der EWG gestärkt. Das wichtigste Element war der Durchbruch in der Entscheidungsfindung des Ministerrates. Der Rat sollte in Zukunft Maßnahmen in Bezug auf den Binnenmarkt mit qualifizierter Mehrheit beschließen; mit Ausnahme einer Reihe von sensiblen, die Souveränität betreffenden Fragen wie indirekte Steuern verzichteten die Mitgliedstaaten auf ihr Veto. So schuf die Akte eine wichtige Voraussetzung für die Verwirklichung des Binnenmarktes, ohne diese Zielsetzung als solche zentral zu stellen. Die Kommission erhielt keine weiteren formellen Befugnisse, aber sie vergrößerte mit der Ausweitung des Zuständigkeitsbereichs der EWG wohl ihre Einflusssphäre; Delors und seine Nachfolger konnten in mehr Politikfeldern die Regie an sich ziehen. Als Letztes erhielt das Europäische Parlament, zum ersten Mal mit diesem Namen in den Verträgen erwähnt, neue Möglichkeiten, die Gesetzgebung zu beeinflussen. Das EP konnte nun, wenn auch nur in einer begrenzten Zahl von Politikbereichen und mit vielen Einschränkungen, Anträge ändern und hatte eine Stimme in der endgültigen Entscheidung.

Die vielleicht größte Errungenschaft der Einheitlichen Europäischen Akte war die Verbesserung des Verhältnisses zwischen den Mitgliedstaaten. Eigensinnigkeit und gegenseitiges Misstrauen hatten einem Glauben an den Wert der Zusammenarbeit Platz gemacht. Die intergouvernementale Interessenpolitik war in keiner Weise geschwächt, fand aber immer nachdrücklicher in einem europäischen Rahmen statt. So erhielt der Europäische Rat der Staats- und Regierungschefs zehn Jahre nach der Einführung des festen Turnus in der Akte den formalen Status einer europäischen Institution.

Mit der Vertragsanpassung, in enger Abstimmung mit den Plänen für den Binnenmarkt, hatte die europäische Integration nach zehn Jahren der Zurückhaltung wieder Fahrt aufgenommen. Der belgische Premierminister Wilfried Martens schließt in seinen Memoiren, dass die Gemeinschaft durch die Einheitliche Europäische

Akte von ihrer »Eurosklerose« geheilt wurde. In der neuen Dynamik erhielt eine Gemeinschaft frei von Handelsschranken und Grenzkontrollen auch eine symbolische Bedeutung, die Bedeutung eines Schrittes in Richtung einer vollwertigen **europäischen Gesellschaft**. Für die Realisierung dieser Ambition standen Delors und seine Kommission jedoch immer noch vor vielen komplexen Themen.

4 Von der Gemeinschaft zur Union

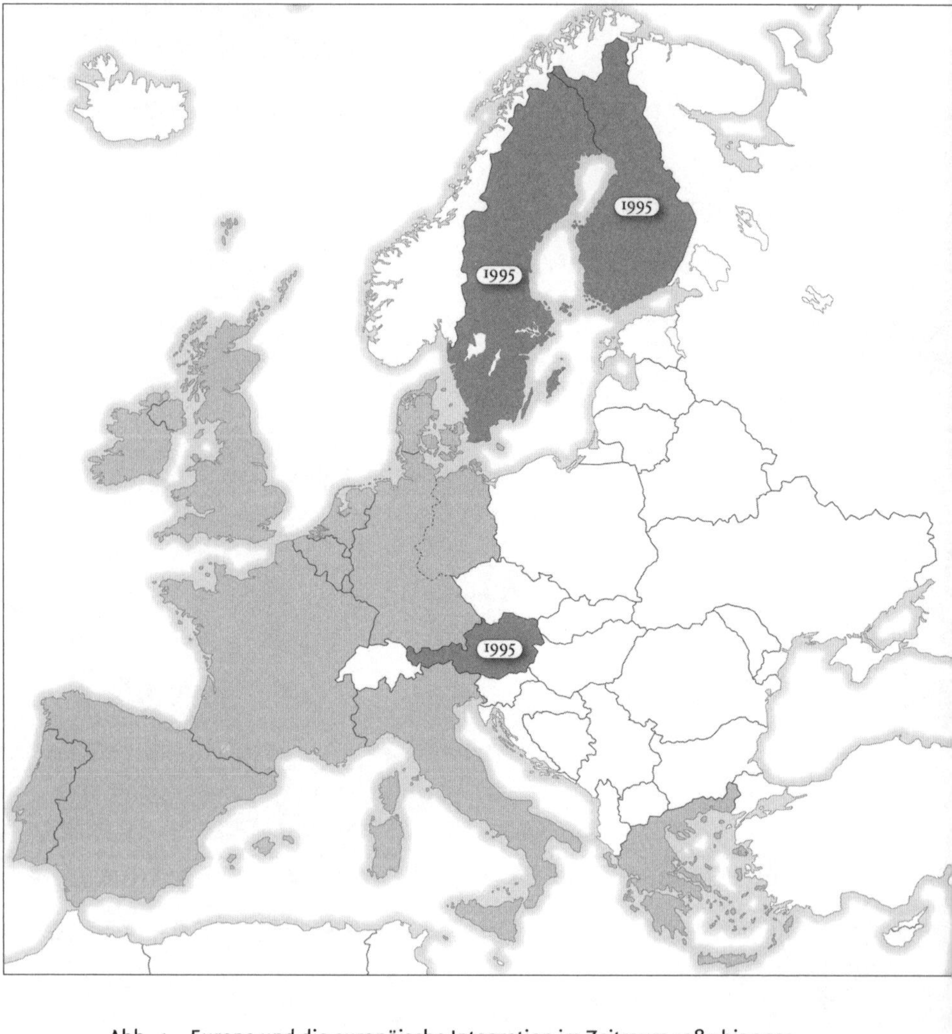

Abb. 4 Europa und die europäische Integration im Zeitraum 1987 bis 2001.

1989 Hilfsprogramm für Osteuropa (PHARE)

1990 ste Phase der Europäische Wirtschafts- und Währungsunion

1992 Unterzeichnung des Vertrages von Maastricht; Unterzeichnung des Abkommens zur Gründung des Europäischen Wirtschaftsraums

1993 r Europäische Rat von Kopenhagen: Beitrittskriterien

1995 Beitritt von Österreich, Finnland und Schweden

1997 enda 2000: Osterweiterung; Unter- chnung des Vertrages von Amsterdam

1999 Rücktritt der Santer-Kommission; Europäischer Rat von Helsinki: Kandidatenstatus für die Türkei

2001 Unterzeichnung des Vertrages von Nizza

Im europäischen Integrationsprozess war die Zeit zwischen der Europäischen Akte (1986/1987) und dem Vertrag von Nizza (2001/2003) deutlich dynamischer als die vorherige Phase. Historische Ereignisse wie die deutsche Wiedervereinigung, das Ende des Kalten Krieges und der Zerfall der Sowjetunion und Jugoslawiens führten zu neuen Herausforderungen. Eine der wichtigsten Herausforderungen war die Einbeziehung der ehemaligen kommunistischen Staaten in Osteuropa. Die Aufnahme dieser Staaten in den europäischen Integrationsprozess hatte große Folgen für das Funktionieren der europäischen Institutionen. Auch zu den Staaten, die nicht aufgenommen wurden, mussten neue Beziehungen aufgebaut werden, wenn auch nur, weil ihre Instabilität eine potenzielle Gefahr bildete. Für eine Gemeinschaft, die sich seit Langem auf sich selbst konzentriert und kaum eine gemeinsame Außenpolitik aufgebaut hatte, was dies keine leichte Aufgabe. Andererseits waren in den siebziger und achtziger Jahren bereits ehrgeizige Pläne entwickelt worden, um in den Bereichen Binnenmarkt und Wirtschaft noch enger zusammenzuarbeiten. In vier aufeinander folgenden Regierungskonferenzen versuchten die Mitgliedstaaten, Kompromisse zu diesen strittigen Themen und deren Auswirkungen auf die Beziehungen zwischen den europäischen Institutionen und auf die Entscheidungsfindungsprozeduren zu finden. Spätestens mit dem Vertrag von Nizza wurde klar, dass eine andere Art der Europäischen Union gebraucht wurde. Die größten Herausforderungen dafür waren die Ankündigung einer »Big-Bang«-Erweiterung, die eigene Verantwortung für den Frieden in Europa und die wachsende Skepsis der europäischen Bürger. Die ambitionierten Projekte der Mitgliedstaaten hin zu einer Wirtschafts- und Währungsunion oder zu einer gemeinsamen Außen- und Sicherheitspolitik wurden durch ein größeres Augenmerk auf die Bedürfnisse der Bürger ergänzt. **»Governance« in Europa** auf der Ebene von Mitgliedstaaten oder Regionen wurde mindestens ebenso wichtig, wie es die große Politik in Brüssel und in den nationalen Hauptstädten war. Es ist just die Vollendung des gemeinsamen Marktes und später der Wirtschafts- und Währungsunion, die ein hohes Maß an Kooperation und Steuerung auf europäischer, nationaler und regionaler Ebene erforderlich machten.

Der Fall der Berliner Mauer und das neue Europa

Der Vertrag von Maastricht (1992/1993) war seit der Gründung der EGKS und den Verträgen von Rom der wichtigste Wendepunkt des europäischen Integrationsprozesses. Die EGKS und die Römischen Verträge markierten den Abschied von den idealistischen Bestrebungen des Europäismus, die den Europarat gekennzeichnet hatten, und die Entstehung eines funktionalistischen, technokratischen Europas. Der Vertrag von Maastricht war der endgültige Durchbruch eines **»politischen« Europas**. Die Europäische Gemeinschaft hat sich lange auf den gemeinsamen Markt beschränkt, aber mit dem Vertrag von Maastricht kamen neue Bereiche wie die Anfänge einer gemeinsamen Währung, eine Innenpolitik und eine Außen- und Sicherheitspolitik hinzu. Um diese großen Veränderungen zu erklären, muss eine ganze Reihe von Faktoren berücksichtigt werden, die sich zum Teil auf die Weltpolitik bezogen und die zum Teil in der Dynamik des europäischen Projektes lagen.

Im Nachhinein scheint es eine Selbstverständlichkeit, dass der Fall der Berliner Mauer und das Ende des Kalten Krieges 1989–1991 für die Vorbereitung des **Maastrichter Vertrages** entscheidend waren. Noch zwei weitere wichtige Ursachen reichen jedoch weiter zurück, in die Zeit der achtziger Jahre. Zunächst waren sich die wichtigsten europäischen Politiker in diesen Jahren der Notwendigkeit weiterreichender Zusammenarbeit bewusst. Trotz des hintergründigen gegenseitigen Misstrauens entwickelte sich die Verbindung zwischen dem französischen Präsidenten François Mitterrand und Bundeskanzler Helmut Kohl zum Motor weiterer Zusammenarbeit. Darüber hinaus und ebenso wichtig war der ungezügelte Ehrgeiz der Europäischen Kommission und ihres französischen Präsidenten Jacques Delors. Delors kreierte eine Dynamik, die sich nicht leicht rückgängig machen ließ. Der Fall der Mauer, der deutsch-französische Motor und die Kommissionspräsidentschaft Delors' erklären, warum der Vertrag von Maastricht nicht nur als der letzte Vertrag des Zeitalters des Kalten Krieges, sondern auch als der erste Vertrag einer neuen europäischen Ära betrachtet werden kann. Zwei dieser Faktoren haben vor allem mit Annäherung innerhalb Westeuropas und der eigenen Entwicklung der Europäischen Gemeinschaft zu tun. Das Ende des Kalten Krieges erzeugte nur den zusätzlichen Handlungsdruck, um diesen Vertrag zu erreichen.

Nach dem Vertrag von Maastricht sollten innerhalb von zehn Jahren noch zwei weitere Verträge folgen, was darauf hindeutet, dass die Europäische Union mit Maastricht noch lange nicht vollendet war. Obwohl der Vertrag ein Meilenstein in der Geschichte Europas war, hatten die gegenläufigen Interessen, vor allem Großbritanniens, Frankreichs und Deutschlands, trotzdem zu zahlreichen Kompromissen geführt. Insbesondere die einheitliche europäische Währung war ein Projekt, das zwar initiiert wurde, das aber noch langwierige Überlegungen und Verhandlungen erfordern sollte. Es würde zudem noch einige Jahre dauern, bis die Folgen des Berliner Mauerfalls den westeuropäischen Politikern klar wurden. Die Konsequenzen eines möglichen Beitritts der ehemaligen kommunistischen Staaten und die Risiken verursacht durch den Zerfall der Sowjetunion und Jugoslawiens verstärkten den Ruf nach Änderungen beim Ausbau zur Stärkung der Institutionen und zur gemeinsamen Politikgestaltung. Die **Verträge von Amsterdam** (1997/1999) **und Nizza** (2001/2003) sollten die Schwächen des Maastrichter Vertrages beheben, waren aber nur teilweise von Erfolg gekrönt.

Am 19. August 1989 fand an der österreichisch-ungarischen Grenze ein informelles Treffen von ungarischen Oppositionsmitgliedern und Österreichern statt. Obwohl die Idee auf ungarischer Seite entstanden war, stach vor allem die Beteiligung des alten Thronfolgers des Habsburger Reichs, Otto von Habsburg, des Ehrenvorsitzenden der Paneuropa-Bewegung ins Auge. Die paneuropäische Bewegung aus der Zeit unmittelbar nach dem Ersten Weltkrieg war der wichtigste Vorläufer des Integrationsgedankens. Die Zusammenkunft, die als »Paneuropa-Picknick« bekannt geworden ist, war eine Reaktion auf die vorsichtige Öffnung der Grenze durch Ungarn im Zusammenhang mit dem Zustrom von Flüchtlingen aus Rumänien seit Beginn jenes Jahres. Das Picknick und die Öffnung der Grenze wurden auch von den Ostdeutschen beobachtet, die alsbald in einer langen Autokolonne nach Ungarn reisten, um über Österreich die Bundesrepublik Deutschland zu erreichen. Das Picknick selbst war nicht entscheidend für den Mauerfall, aber der Vorfall zeigt, wie stark das Verschwinden des Eisernen Vorhangs mit Europa und mit der europäischen Einigung verknüpft war.

1989 stürzten die kommunistischen Regime in Polen, Ungarn, der Tschechoslowakei, Rumänien und Bulgarien. Europäische Regierungschefs reagierten schneller als in jeder bisherigen Krise. Auf dem Europäischen Rat in Straßburg im Dezember 1989 standen der europäische Binnenmarkt, Sozialabkommen und die Europäische Währungsunion auf der Tagesordnung. Der Fall der Berliner Mauer am 11. November 1989 änderte die Prioritäten der Ratssitzung. Bereits im Juli 1989 gab es ein Programm (PHARE: Poland and Hungary Assistance for Reconstruction of Economy) der Europäischen Gemeinschaft unter der Ägide der Europäischen Kommission für den wirtschaftlichen Wiederaufbau in zuerst Ungarn und Polen, das später auch auf die anderen Staaten hinter dem Eisernen Vorhang ausgeweitet wurde. Die schnelle und angespannte Reaktion der westeuropäischen Politiker hatte viel mit der **deutschen Teilung** zu tun. Mit dem Verschwinden der Mauer wurde auch die Teilung Deutschlands, die Grundlage des Nachkriegseuropas und der europäischen Integration infrage gestellt.

Danach überschlugen sich die Entwicklungen der deutschen Wiedervereinigung. Im März 1990 gab es die ersten Wahlen in Ostdeutschland, die innerhalb von vier Monaten von einer Währungsunion mit der Bundesrepublik und am 3. Oktober 1990 von vollständiger Vereinigung gefolgt wurden. Damit war Ostdeutschland automatisch das erste ehemalige kommunistische Gebiet innerhalb der Europäischen Gemeinschaft. Einige Mitgliedstaaten, wie die Niederlande und zunächst auch das Vereinigte Königreich, sprachen sich gegen die Vereinigung und die Aufnahme in die Europäische Gemeinschaft aus, gaben ihren Widerstand aber alsbald auf.

Die Entwicklungen folgten auch außerhalb Deutschlands rasch aufeinander. Für die Vereinigung der beiden deutschen Staaten war zuerst die Zustimmung der Sowjetunion erforderlich, da die östlichen Gebiete Deutschlands Teil der Einflusssphäre der Sowjetunion waren. Interne Spannungen in der Sowjetunion, Finanzgarantien aus Deutschland und gute persönlichen Beziehungen zwischen Helmut Kohl und dem sowjetischen Führer Michail Gorbatschow führten dazu, dass diese Hürde relativ einfach genommen werden konnte. Mit Polen gab es noch die Frage der Ostgrenze Deutschlands. Die Oder-Neiße-Grenze lag westlich der Vorkriegsgrenze und war den Deutschen nach dem Krieg aufgezwungen worden. Sie war von der Bundesrepublik nie offiziell anerkannt worden. Im sogenannten Zwei-plus-Vier-Vertrag zwischen den Siegern des Zweiten Weltkrieges (den USA, der Sowjetunion, dem Vereinigten Königreich und Frankreich) und den beiden deutschen Republiken vom September 1990 wurde die Grenze bestätigt und der Krieg damit definitiv beendet. Mit diesen Ereignissen war auch der Kalte Krieg endgültig vorbei.

Vor diesem Hintergrund richteten **Kohl und Mitterrand** im April 1990 einen gemeinsamen Brief an den Europäischen Rat mit einem expliziten Aufruf zur Schaffung einer europäischen politischen Union. Die »weitreichenden Veränderungen in Europa«, die »Vollendung des Binnenmarktes« und »die Verwirklichung der Wirtschafts- und Währungsunion« machen es notwendig, so Kohl und Mitterrand, diesen Schritt zu setzen. Diese politische Union sollte bereits zum 1. Januar 1993 in Kraft treten. Der Europäische Rat nahm die Einladung an und initiierte zwei Regierungskonferenzen, eine für eine politische Union und eine für eine Währungsunion. Aufgrund der Erfahrungen des Zweiten Weltkrieges und nach einem halben Jahrhundert europäischer Teilung waren beide Politiker zur notwendigen Annäherung bereit. Die symbolische Handreichung Mitterrands und Kohls an den Kriegsgräbern von Verdun 1984 ist diesbezüglich das wohl bekannteste Beispiel. Die Vergangenheit des Vereinigten Königreichs war weniger ausschließlich mit Deutschland verbunden und die britische Bevölkerung war auch weniger vom Kalten Krieg betroffen gewesen. Margaret Thatcher protestierte sowohl gegen weitere Integrationsschritte als auch gegen die deutsche Einigung und wurde dabei auch von italienischen, polnischen und niederländischen Einwänden unterstützt, musste aber schlussendlich wider Willen die Pläne akzeptieren, die sie als Premierministerin vom ersten Tag an verabscheut hatte. Letztlich war die Position des Vereinigten Königreiches zu sehr isoliert, als dass es die Dynamik der europäischen Integration dieser Jahre hätte blockieren können.

Die politische und die Währungsunion wurden so vom Ende des Kalten Krieges und einer besonderen Generation europäischer Politiker vorangetrieben. Form und Inhalt des Vertrags von Maastricht wurden auch von anderen Faktoren stark beeinflusst. So gingen die ersten Ideen für eine politische und Währungsunion auf die späten siebziger und frühen achtziger Jahre zurück. Die wachsende Autonomie des Europäischen Parlaments seit den ersten Direktwahlen (1979) hatte zu einer klaren föderalistischen Position geführt. Zusammen mit der Europäischen Akte (1986/1987) legte diese Autonomie den Grundstein für einige der wichtigsten Neuerungen des Vertrages: die politische Union, die gemeinsame Entscheidungsfindung durch Parlament und Ministerrat (das »Mitentscheidungsverfahren«) und die gemeinsame Außenpolitik. Auch die Pläne für eine gemeinsame Währung waren älter und lassen sich bis in die siebziger Jahre zurückverfolgen. Allerdings hatten die meisten Pläne nicht zu Ergebnissen geführt. In Bezug auf den Binnenmarkt und vor allem die Rolle des Parlaments war die Akte von Erfolg gekrönt, dies traf jedoch bei der Außenpolitik oder einer gemeinsamen Währung nicht zu.

Der Impuls für weitere europäische Integration am Ende der achtziger Jahre kam jedoch nicht nur von den Mitgliedstaaten selbst, sondern auch aus den europäischen Institutionen und vor allem der Europäischen Kommission. Der französische Kommissionspräsident Delors spielte diesbezüglich eine Schlüsselrolle. Vor dem Hintergrund der schwierigen Themen wie das Vetorecht im Ministerrat, das nörgelnde Vereinigte Königreich oder das Fehlen einer gemeinsamen europäischen Stimme in der Weltpolitik hat die Europäische Kommission sich immer mehr in einer Führungsrolle behauptet. 1985 hatte der Europäische Rat, parallel zu den Vorbereitungen für die Einheitliche Europäische Akte, die Europäische Kommission beauftragt, den europäischen Binnenmarkt zu vollenden. Der freie Verkehr von Personen, Waren, Dienstleistungen und Kapital, wie in den Römischen Verträgen geregelt, hatte nicht automatisch zu einem Markt ohne Einschränkungen geführt. Nach der Abschaffung von Handelstarifen gab es noch eine Menge von physischen und technischen Einschränkungen im Handelsverkehr. Delors hatte sich dieser Aufgabe zusammen mit dem britischen Kommissar Lord Arthur Cockfield angenommen und einen Fahrplan ausgearbeitet, der schließlich 1992 abgeschlossen werden sollte. Delors teilte das Ideal eines gemeinsamen Marktes der Mitgliedstaaten ohne jegliche Barrieren und sprach von einem »Binnenmarkt« als Vollendung des langen Prozesses der »Vergemeinschaftlichung« des Marktes.

Das Weißbuch, das das Ergebnis dieser Planungsarbeit war, war aus mehreren Gründen von überragender Bedeutung für die späteren Verträge. Das Weißbuch war an sich sehr technisch und war weit entfernt von der ideologischen Integrationsvision, die so viele Politiker fürchteten. Gleichzeitig war der Aktionsplan ehrgeizig und hatte große Folgen für das Funktionieren der Europäischen Gemeinschaft. Ebenso wichtig war, dass Delors auf diesem Wege der Europäischen Kommission wieder mehr Gewicht gab. Seit der Hohen Autorität der fünfziger Jahre und der Europäischen Kommission in den frühen sechziger Jahren hatte der Ministerrat im Gleichgewicht der Gemeinschaft die Oberhand bekommen. Mittels unpolitischer, technokratischer Reformen gelang es Delors, der Europäischen Kommission die Initiative zurückzugeben und sie wieder zu einer supranationalen Institution zu machen. Er schuf eine Gemeinschaft, die wieder an den Spill-over-Mechanismus aus den fünfziger und sechziger Jahren erinnerte: Integrationsschritte würden die Notwendigkeit für weitere Integration stärken. Der Binnenmarkt würde zu einer einheitlichen Währungs- und Sozialpolitik sowie regionaler Entwicklung führen.

Delors war noch für einen weiteren wichtigen Beitrag zum Integrationsprozess verantwortlich. Er hat einen entscheidenden Schritt gesetzt, um die Aufgaben und den Haushalt der Europäischen Union zu vergrößern. Die beiden wichtigsten Instrumente dazu waren die Sozialpolitik und vor allem die Kohäsionspolitik. Die **Sozialpolitik** beschränkte sich lange Zeit auf Abmachungen zur Bekämpfung von Unrecht und Ungleichheit auf dem europäischen Markt. Dies führte zu Vereinbarungen über Arbeitsschutz, Gleichstellung und Arbeitnehmerrechte. Nationale Eigenheiten und der Wunsch, die Souveränität der Mitgliedstaaten nicht einzuschränken, machten und machen Sozialpolitik zu einem heiklen Thema. Insbesondere das Vereinigte Königreich hat sich lange gegen das gesträubt, was als das »Sozialkapitel« im Maastrichter Vertrag bekannt werden würde.

Delors und gleichgesinnte Politiker und Vertreter der Kommission verwendeten den gemeinsamen Markt für die Rechtfertigung neuer Politikbereiche. Das gilt auch für die **Kohäsionspolitik**. Kohäsionspolitik kann definiert werden als Verringerung der Entwicklungsunterschiede zwischen den Mitgliedstaaten oder vielmehr zwischen den Regionen der Mitgliedstaaten durch Investitionen in Regionalentwicklung. Die Kohäsionspolitik war zunächst ebenfalls umstritten. Der unmittelbare Zusammenhang von Delors' Initiative für die Kohäsionspolitik war der Beitritt der ärmeren Mittelmeerländer Griechenland, Spanien und Portugal. Regionen erhielten einen Anspruch auf Kohäsionsmittel, wenn das Pro-Kopf-Einkommen der Bevölkerung weniger als 75 Prozent des EU-Durchschnitts betrug. Einige Mitgliedstaaten hatten zunächst große Vorbehalte wegen der Gefahr, dass die Zuschüsse auf Kosten der Subventionen für die Landwirtschaft gingen (Frankreich und Deutschland) und dass der europäische Haushalt weiterwachsen würde (das Vereinigte Königreich und Deutschland). Schließlich setzte sich vor allem Deutschland in der Person von Helmut Kohl dafür ein, die Pattstellung diesbezüglich zu durchbrechen, indem den Briten ein »Rabatt« auf ihren Beitrag zum europäischen Haushalt zugesichert wurde (1988). Die Kohäsionspolitik sollte sich zum zweitgrößten Posten im europäischen Haushalt entwickeln und zum bevorzugten Instrument der Kommission, um die Integration Europas voranzutreiben.

Delors war ob seines Fachwissens und Ehrgeizes die Spinne im Netz des europäischen Integrationsprozesses. Da er als Präsident der Kommission an allen monatlichen Treffen der Präsidenten der europäischen Nationalbanken teilnahm, war er auch eine logische Wahl für die Gespräche über die Währungsunion, die ab 1988 im Europäischen Rat erneut aufgenommen worden. Ohne die deutsche

Einigung und das französische Bestreben, das deutsch-französische Gleichgewicht in Europa zu erhalten, wäre die Währungsunion wahrscheinlich nie zustande gekommen. Andererseits hat die Tatsache, dass diese Union eine realistische Option wurde, viel mit der Europäischen Kommission und Delors' Rolle als **politischer Stratege** zu tun.

Maastricht: Vertragsverhandlungen

Die Verhandlungen über das Doppelpaket aus Währungsunion und politischer Union, die im Dezember 1990 begannen, konnten in der ersten Hälfte des Jahres 1991 unter luxemburgischem Vorsitz im Ministerrat nicht abgerundet werden. Letztlich kam die Vereinbarung erst beim Rat von Maastricht im Dezember 1991, nun unter niederländischer Präsidentschaft, zustande. Im Vergleich zu den ehrgeizigen Plänen von Kohl und Mitterrand in ihrem gemeinsamen Schreiben ist der Vertrag zu großen Teilen als **Fehlversuch** zu betrachten. Dieses Bild dominiert in der Geschichtsschreibung und entspricht auch der allgemeinen zeitgenössischen Wahrnehmung. Rückblickend stellt sich Maastricht dennoch als Kehrtwende dar wegen der schrittweisen Einführung der Währungsunion, der gemeinsamen Außenpolitik und vorsichtiger Ansätze einer politischen Union. Mitgliedstaaten manövrierten so behutsam zwischen Fragen nationaler Souveränität und den Machtverhältnissen untereinander, dass es den Vertragsabschluss wahrscheinlich nie gegeben hätte, wenn nicht bei den Staats- und Regierungschefs der kollektive Eindruck entstanden wäre, dass die scharfen Kanten abgeschliffen worden waren. Somit meinten sie, guten Gewissens einen harmlosen Vertrag unterzeichnen zu können.

Trotz der großen Gegensätze kam der Plan für die Währungsunion noch am ehesten unversehrt durch die Verhandlungen, obwohl das Vereinigte Königreich und später nach einem negativen Referendumsergebnis auch Dänemark sich entschlossen, nicht teilzunehmen. Dieser Erfolg hatte drei Hauptursachen. Zuallererst wurde insbesondere die Währungsunion als das beste Instrument gesehen, um Deutschland auch in Zukunft in Europa zu verankern und einer Hegemonie der Deutschen Mark in Europa vorzubeugen. Außerdem war die Währungsunion der am besten vorbereitete aller Pläne und kannte auch die längste Vorgeschichte, die mit dem Werner-Bericht von 1969 begonnen hatte. Nicht zuletzt konnte der Plan nach und nach eingeführt werden und bot er Raum für Anpassungen oder Ausstieg.

Ein vom Europäischen Rat beschlossener **Drei-Phasen-Plan** war bereits vor dem Vertrag entwickelt worden. In der ersten Phase sollte die Wirtschafts- und vor allem die Geldpolitik der Mitgliedstaaten enger aufeinander abgestimmt werden. Diese Koordinierung betraf insbesondere Maßnahmen zur Inflationsbekämpfung und die Haushaltspolitik. Phase zwei beinhaltete die Gründung eines Europäischen Währungsinstituts (der Vorläufer der Europäischen Zentralbank), mit der Einführung der gemeinsamen Währung als letzte Phase. Diese letzte Phase sollte nur gestartet werden, wenn es die sogenannten Konvergenzkriterien (auch als »Maastricht-Kriterien« bekannt) erfüllt wären. Dem Vereinigten Königreich gelang es durchzusetzen, dass Staaten von einer Stufe zur nächsten mitgehen durften, aber dazu nicht verpflichtet waren, wodurch eine explizite Ausstiegsstrategie festgelegt war. Auch das Endziel war ein Kompromiss. Frankreich war der eifrigste Befürworter der Währungsunion. Das anfänglich zögernde Deutschland wurde durch das Zugeständnis überzeugt, dass die Union nach deutschem Vorbild eingerichtet werden würde, das heißt mit einer unabhängigen supranationalen Zentralbank. In den Worten des damaligen Vorstandes der Niederländischen Nationalbank André Szász war dies »ein französischer Plan in deutscher Ausführung«.

Viel schwieriger war die **politische Union**. Im Vorfeld der Verhandlungen war niemals deutlich, was diese Union genau beinhalten sollte. Eine politische Union weckte unweigerlich föderale Assoziationen. Während einige Staaten wie das Vereinigte Königreich grundsätzlich Bedenken gegen den föderalen Gedanken hegten, ist es im Nachhinein erstaunlich, wie offen bis zu den Verhandlungen in Maastricht über föderale Lösungen gesprochen wurde. Delors hat zum Beispiel anlässlich der Ereignisse in Osteuropa (die er sehr optimistisch als eine »Beschleunigung der Geschichte« betrachtete) explizit eine föderale Zukunft befürwortet, deren Verwirklichung er für das Jahr 2000 prophezeite. In einer Rede vor dem Europäischen Parlament Anfang 1990 stellte er die Europäische Kommission und europäische Regierung sowie das Parlament und den Ministerrat als Zweikammermodell einer solchen föderalen Union dar. In der britischen Presse wurde Delors persönlich in zunehmendem Maße Zielscheibe der britischen Euroskepsis. Als im ersten Entwurf des Vertrags von einem »föderalen Ziel« die Rede war, war die Ablehnung in der britischen Politik und Öffentlichkeit massiv.

Als Vorsitzender des Ministerrates in der ersten Hälfte des Jahres 1991 legte Luxemburg einen politisch weniger strittigen Plan auf den Tisch, der die Mitte zwischen dem großen Wurf einer Union und der alten sektoralen funktionalistischen Integration hielt. Drei Bereiche wurden vorgeschlagen, in denen jeweils andere Befugnisverteilungen und anderen Entscheidungsverfahren gelten sollten. Diese Bereiche betrafen erstens Wirtschafts- und Währungsfragen, zweitens Justiz und Inneres und schließlich auswärtige Angelegenheiten. Die letzten beiden Politikbereiche waren neu und umfassten zum Beispiel Migrationspolitik, Zusammenarbeit bei der Bekämpfung der organisierten Kriminalität (die Gründung von Europol) und des Terrorismus sowie der Beginn einer gemeinsamen internationalen Präsenz. Die Bereiche sollten durch einen gemeinsamen Vertrag miteinander verknüpft werden. Dies veranlasste den belgischen Außenminister Mark Eyskens dazu, von einem Tempelmodell zu sprechen: drei Säulen oder Pfeiler und ein Dach.

Wie unklar die Wünsche und Möglichkeiten für einen neuen Vertrag waren, zeigten die Vorschläge, die die Niederlande als nächster Vorsitzender einbrachten. Diese folgten wiederum eher einer föderalen Vision und prägten das Bild von einem Baum mit einem Stamm und einzelnen Politikbereichen als Äste, im Gegensatz zu dem weniger zentralisierten Tempelmodell. Im Tempelmodell blieben die verschiedenen Politikbereiche der Union weitgehend voneinander getrennt, obwohl die Union sie zu einem politischen System machte. Die politische Union im niederländischen Modell kannte ausschließlich supranationale Politikbereiche, einschließlich der Außenpolitik und der Währungsunion. Dieser Plan brach mit dem funktionalistischen oder sektoralen Ansatz der europäischen Integration, der die europäische Integration seit der EGKS geprägt hatte: Es sollte einen Vertrag und eine Union geben. Als die definitiven Entscheidungen gefällt wurden, zogen nur Belgien, Griechenland und die Europäische Kommission selbst mit. Während Deutschland und einige andere Staaten sich relativ neutral positionierten, waren es vor allem das Vereinigte Königreich, Frankreich und Dänemark, die während des Rates von Maastricht den Vorschlag blockierten: ein Moment, der als **schwarzer Montag** bezeichnet wird. Geschlagen mussten die ehrgeizigen niederländischen Unterhändler zum luxemburgischen Entwurf des Tempels zurückkehren und somit zu einem Mittelweg zwischen Union und sektoraler Integration.

Ein wichtiger Schritt, der mit dem Tempelmodell im Vertrag von Maastricht vollzogen wurde, war die endgültige Entscheidung, auch der Außenpolitik eine vertragliche Grundlage zu geben. Abgesehen vom unrühmlichen Scheitern der Europäischen Verteidigungsgemeinschaft in den fünfziger und die vorsichtigen Versuche politischer Zusammenarbeit in der EPS in den siebziger Jahren hatte es dazu kaum Initiativen gegeben. Die Implosion des kommunistischen Osteuropas machte diesen Schritt für Westeuropa unumgänglich. Mit dem Verschwinden des Warschauer Paktes schien zunächst auch die NATO ihre Daseinsberechtigung als Organisation kollektiver Sicherheit zu verlieren. Gleichzeitig ließen die Entwicklungen in Osteuropa eine ungewisse Zukunft erahnen. Die ersten Spannungen auf dem Balkan waren bereits 1990 spürbar und einen Tag, bevor im Dezember 1991 in Maastricht die Verhandlungen eröffnet wurden, fiel die Sowjetunion endgültig auseinander und wurde durch eine lose Gemeinschaft Unabhängiger Staaten ersetzt.

Der Hauptdiskussionspunkt bezüglich der Außenpolitik war die Frage, inwieweit die EU auch eigene Verteidigungsinitiativen entwickeln können sollte. Die USA lehnten dies ab, weil es ein neues Machtzentrum kreieren würde. Die transatlantisch orientierten Mitgliedstaaten zogen sich deswegen rasch zurück. Die Möglichkeit wurde jedoch im Maastrichter Vertrag offengelassen. Organisation oder Instrumente betreffend war die gemeinsame Außenpolitik also noch nicht weit gediehen. Sie beschränkte sich eigentlich auf die Befugnis zur »**gemeinschaftlichen Aktion**«. Das Wo und Wie dieses möglichen Handelns war gänzlich offen. Nichtsdestotrotz verstärkte allein schon die Möglichkeit einer gemeinsamen Außenpolitik den Eindruck, dass die Union mehr war als lediglich Markt und Währung.

Der Dreh- und Angelpunkt des Vertrages war das Entscheidungsfindungsverfahren in den Politikbereichen. Neben der Einführung der Währungs- und der Außenpolitik war das Mitentscheidungsverfahren die größte Erneuerung. Aufbauend auf der wachsenden Rolle des Parlaments in der Einheitlichen Europäischen Akte wurde diese Rolle in Maastricht dadurch endgültig, dass ab jetzt die Gesetzgebung sowohl vom Ministerrat als auch vom Parlament bestätigt werden musste. Gleichzeitig war diese Erneuerung auch die größte Enttäuschung des Vertrages. Das **Mitentscheidungsverfahren** sollte nur für die erste Säule gelten und auch in dieser Säule blieben einige Politikbereiche wie die Agrarpolitik ausschließlich dem Ministerrat überlassen. Die Säulen führten somit vertragstechnisch zu einer äußerst komplexen Situation. Der Vertrag von Maastricht umfasste eigentlich zwei Verträge: einerseits die überarbeiteten Römischen Verträge als »Vertrag zur Gründung der Europäischen Gemeinschaft« (die erste vergemeinschaftlichte Säule) und andererseits der neue »Vertrag über die Europäische Union« (VEU), der das Dach des Tempels und die intergouvernementalen zweiten und dritten Säulen beinhaltet.

Während das Konzept der Europäischen Union vor Maastricht zumeist als Vorstufe einer Föderation betrachtet worden war, war die in Maastricht verwirklichte Europäische Union eher eine explizite Anerkennung des Intergouvernementalismus. In diesem Sinne war es auch die Institutionalisierung dessen, was die »Zwischensphäre« genannt wird, der Raum zwischen Nationalstaat und supranationalen Institutionen, der die Souveränität und Machtverhältnisse unberührt lässt, aber zugleich Solidarität und Zusammenarbeit fördert. Die bleibende Bedeutung der Mitgliedstaaten wurde im Vertrag ausdrücklich festgeschrieben, indem die Grundsätze der **Subsidiarität** bei der Initiierung von politischen Maßnahmen aufgenommen wurden. Subsidiarität bedeutet, dass Beschlüsse auf der niedrigstmöglichen Entscheidungsebene gefasst werden sollten. So wurde festgelegt, dass Politikbereiche wie Bildung, Gesundheit und Kultur ausdrücklich und ausschließlich zu den Kompetenzen der Mitgliedstaaten gehörten. Der neue Ausschuss der Regionen sollte die Subsidiaritätsprüfung durchführen. Diese Organisation sollte aus Vertretern aus allen europäischen Regionen, wie Bürgermeistern oder Leiter der regionalen Behörden, bestehen. Neben Subsidiarität sollte der Ausschuss auch den Grundsatz der örtlichen Nähe (d. h. Entscheidungsfindung und Politik so nah wie möglich am Bürger stattfinden lassen) und die Zusammenarbeit zwischen Regionen und den verschiedenen relevanten Regierungsebenen fördern.

Nach einer vorläufigen Vereinbarung im Dezember 1991 konnte der Vertrag von Maastricht im Februar 1992 unterzeichnet werden. Der Vertrag trat jedoch erst zum 1. November 1993 in Kraft. Die Ratifizierung fand je nach Mitgliedstaat durch das Parlament oder mittels eines Referendums statt. Das erste Referendum fand im Juli 1992 in Dänemark statt und führte sofort zu Stagnation. Mit 50,7 Prozent der Stimmen wurde der Vertrag abgelehnt. Der Vertrag musste zurück auf das Reißbrett, nicht zuletzt, weil das französische Referendum im September nur knapp positiv endete. Das Ergebnis war ein entscheidender Schritt im Integrationsprozess. Obwohl das Vereinigte Königreich während der Verhandlungen bereits erreicht hatte, dass Teilnahme an der WWU und der Sozialpolitik keine Verpflichtung war, wurde jetzt zum ersten Mal als Zugeständnis das vereinbart, was später als »**Opt-out**« für spezifische Teile des Vertrages bekannt werden sollte. Diese Notlösung wurde später im Vertrag von Lissabon erneut angewandt. Nachdem Dänemark beim Edinburgh-Abkommen explizite Zusicherungen erhalten hatte, dass es nicht verpflichtet war, sich an der Währungsunion oder an einer möglichen künftigen Verteidigungspolitik zu beteiligen, stimmten die Dänen doch noch für den Vertrag.

Die EU und die internationalen Beziehungen

Die zehn Jahre nach dem Vertrag von Maastricht waren von drei **Herausforderungen** geprägt, die auch die Kulisse für die Verträge von Amsterdam, Nizza und Lissabon bildeten. Die erste und sicherlich nicht die geringste Herausforderung war das Beantworten der Fragen, die durch den Maastrichter Vertrag offengelassen worden waren. Darüber hinaus erwarteten die Staaten des ehemaligen Warschauer Paktes eine Beitrittsstrategie der Union. Beitritt erforderte große Anpassungen, sowohl in der Politik als auch in der institutionellen Struktur und würde potenziell nationale Konflikte in die Union bringen. Zudem waren die Folgen des Endes des Kalten Krieges auf globaler Ebene noch nicht absehbar. Europas Position in der Welt hatte sich als Folge davon von einem Tag auf den anderen geändert.

Außerhalb Europas wurde das Machtgleichgewicht zwischen den USA und der Sowjetunion durchbrochen, was zu einem radikalen Umbruch in den internationalen Beziehungen führte – von einer »bipolaren« hin zu einer »**unipolaren**« Weltordnung. Während die europäischen Politiker von den Verhandlungen und der Ratifizierung des Vertrags absorbiert waren, änderte sich die Weltlage zusehends. Außerhalb Europas konnten die USA ihre Hegemonie im Golfkrieg (1990–1991) behaupten, während die Sowjetunion implodierte. Eines der konkretesten Ergebnisse des Zusammenbruchs der Sowjetunion war die Unabhängigkeit der baltischen Staaten, die sich unmittelbar voll und ganz auf die Vollmitgliedschaft der Europäische Union konzentrierten. Die politische Zersplitterung reichte damit bis an die Außengrenze der Europäischen Union, mit der »samtenen Revolution« der Tschechoslowakei (1993) und den Balkankriegen als herausragenden Beispielen.

Die echte Konfliktеskalation in Europa fand jedoch auf dem Balkan statt. Sowohl Slowenien und Kroatien als auch Mazedonien hatten 1991 ihre Unabhängigkeit von der Bundesrepublik Jugoslawien erklärte, Bosnien-Herzegowina folgte 1992. Die **Sezession** von insbesondere Kroatien und Bosnien-Herzegowina führte zu blutigen Kriegen, da die ethnische Gemengelage hier die Festlegung unstrittiger Grenzen verhinderte. Im Osten Kroatiens lebten viele Serben. Bosnien-Herzegowina war noch wesentlich komplexer, weil hier neben den bosnischen Muslimen große Gruppen von Serben und Kroaten lebten, während eine starke gemeinsame Identifikation mit dem Staat fehlte. Die Kriege dauerten, bis es den USA gelang, mit dem Abkommen von Dayton Ende 1995 einen dauerhaften Waffenstillstand zu erzwingen. Der Krieg hatte zu Szenen geführt, die in Europa fatal an den Zweiten Weltkrieg und bei den ethnischen Säuberungen in zum Beispiel Prijedor und Srebrenica sogar an den Holocaust erinnerten.

Diese Kriege und Bürgerkriege in Südosteuropa waren für die europäische Integration von entscheidender Bedeutung. Nicht nur machten sie deutlich, dass sich politische Zersplitterung und blutige Kriege auch in Europa ereignen konnten, man kam jetzt auch zu dem Schluss, dass aktive Beteiligung an der Demokratisierung im Osten möglich und notwendig war. Darüber hinaus erhielt die neu zu entwickelnde Außenpolitik der Europäischen Union auch eine starke **ethische und humanitäre Dimension** wegen der ethnischen Säuberungen. Die Instrumente, die der Vertrag von Maastricht für die Außenpolitik geschaffen hatte, reichten nicht aus, um eine gewichtige Rolle in den Kriegen in Jugoslawien zu spielen. Außerdem gab es unter den europäischen Politikern kaum eine politische Kultur, die gemeinsames Handeln ermöglicht hätte. Diese Defizite wurden durch die Zurückhaltung einiger Mitgliedstaaten verschärft, wenn es um die Anerkennung der nationalen Unabhängigkeit der südslawischen Nationen der Kroaten und Slowenen ging. Staaten mit eigenen ethnischen Minderheiten fürchten, dass solche Präzedenzfälle nationaler Selbstbestimmung Auswirkungen auf das eigene Land haben würden. Es war somit eher die NATO, die 1992 ganz vorsichtig und zwei Jahre später ernsthaft gegen die Gewalt in Bosnien und Herzegowina aktiv wurde und so für sich Legitimität zurückgewinnen konnte.

Gleichzeitig suchte die NATO auch die Annäherung an die mittel- und osteuropäischen Staaten. Dies führte zunächst zu umfangreicher Zusammenarbeit im Rahmen der **Partnerschaft für den Frieden** (1994), die gegenseitige Verteidigungsvereinbarungen, aber auch Unterstützung für die Armeen dieser Staaten umfasste. 1999 folgte die erste Erweiterungsrunde der NATO mit Polen, der Tschechischen Republik und Ungarn. Der drohende Völkermord in Jugoslawien und die guten persönlichen Beziehungen zwischen den führenden Politikern dieser drei Staaten waren dabei von entscheidender Bedeutung. Die osteuropäischen Staaten hatten unmittelbar nach dem Fall der Mauer gegenüber die NATO als einem Gebilde des Kalten Krieges noch Vorbehalte gehabt. Für kurze Zeit erwarteten die Staaten eher »europäische« Lösungen wie von der Konferenz über Sicherheit und Zusammenarbeit in Europa (KSZE), die die Osteuropäer im Kalten Krieg im Kampf gegen die kommunistischen Diktaturen unterstützt hatte. Die Konsultationsstruktur der KSZE wurde später in eine echte Organisation für Sicherheit und Zusammenarbeit in Europa (OSZE) umbenannt und spielte weiterhin eine Rolle beim Schutz der Menschenrechte sowie bei der Medien- und Wahlbeobachtung. Allerdings zeigte sich, dass die europäischen Organisationen einschließlich der Europäischen Union nicht in der Lage waren, Verteidigungsaufgaben zu schultern. Den osteuropäischen Staaten wurde schnell klar genug, dass robuste Sicherheitsgarantien gegen eine mögliche neue russische Bedrohung nur von den USA und der NATO zu erwarten waren.

Herausforderungen im Osten

Obwohl die osteuropäischen Staaten nahezu unmittelbar nach der Wende auf die Europäische Union zugingen und offiziell den Wunsch äußerten, der Europäischen Union beitreten zu dürfen, war die nächste Erweiterung eine ganz andere. 1995 erhielten in der Runde, die auch als EFTA-Erweiterung bezeichnet wird, Finnland, Österreich und Schweden die Mitgliedschaft in der Union. Im Kalten Krieg waren diese drei Staaten neutral gewesen. Sie waren aus politischen Gründen nie der EU beigetreten und hatten sich deswegen stattdessen der Freihandelsorganisation EFTA angeschlossen. Kurz nach dem Ende des Kalten Krieges wurde eine Verbindung zwischen der EFTA und der EU hergestellt (1992). Beide Organisationen sollten von dem Moment an den Europäischen Wirtschaftsraum (EWR) bilden. Der EWR ermöglichte es Nicht-EU-Staaten, von der Freizügigkeit von Personen, Waren, Dienstleistungen und Kapital zu profitieren, unter der Bedingung, dass sie einen Teil der EU-Bestimmungen übernähmen.

Die Erweiterung von 1995 war aus Sicht der Europäischen Union unproblematisch, im Gegensatz zu der »großen« Osterweiterung von 2004 und 2007. Die drei Staaten kannten eine solide, von Dienstleistung dominierte Volkswirtschaft und das durchschnittliche Pro-Kopf-Einkommen der Bevölkerung erreichte 103,6 Prozent des EU-Durchschnitts. Sie würden somit den Kohäsionsfonds oder die Agrarsubventionen nicht über Gebühr belasten und den EU-Haushalt nicht unter Druck setzen. Völlig reibungslos verlief der Prozess trotzdem nicht. Finnland und Österreich suchten die Annäherung an die EU, als die Sowjetunion, die immer ihre Neutralität gefordert hatte, zusammenbrach. Neben Österreich und Finnland eröffneten aber auch Schweden, Norwegen und die Schweiz Verhandlungen. Ihre Überlegungen waren eher pragmatischer Natur: Sie waren besonders unglücklich über die begrenzten Vorteile, die ihnen der Zusammenarbeitsverband zwischen EWR-EFTA und EU bringen würde. Die Teilhabe am EWR bedeutete, dass diese Staaten EU-Regeln übernehmen mussten, ohne dass sie auf die politischen Entscheidungen irgendeinen Einfluss hatten. Diese Staaten könnten zudem nicht von allen Vorteilen des Europäischen Marktes profitieren. Die Schweiz zog sich bald zurück, da der EWR von der Bevölkerung bereits in einem Referendum abgelehnt worden war. Norwegen schloss die Verhandlungen ab, aber die Fischereivorschriften führten danach zu größeren Schwierigkeiten. Während das politische Establishment mehrheitlich für die Mitgliedschaft blieb, wies die Bevölkerung 1994 weitere Annäherung an die EU in einem Referendum zurück.

Schweden wurde schlussendlich doch Mitglied, aber auch in diesem Fall gab es einige schwierige Sachfragen. So war die politische Neutralität in Schweden tief verwurzelt, da dieses Prinzip bereits im 19. Jahrhundert Teil der nationalen politischen Kultur worden war. Fragen der Souveränität sowie der Währungs- und

Außenpolitik waren daher von wesentlicher Bedeutung für Schweden. Das Land erhielt zwar keine explizite »Opt-out«-Vereinbarung wie das Vereinigte Königreich oder Dänemark bei der gemeinsamen Währung, entschied sich aber strategisch schlicht dafür, die Voraussetzungen für die Euroeinführung nicht zu erfüllen. Die Außen- und Verteidigungspolitik ist aus der EU-Perspektive betrachtet eine interessante Frage. Einerseits ist Schweden zögerlich, Verpflichtungen einzugehen, und betont es den freiwilligen Charakter seiner Beiträge an Missionen, aber andererseits zeigt sich Schweden als Mitgliedstaat aktiv. Die Schweden fühlen sich insbesondere der Zusammenarbeit mit den Vereinten Nationen und der Förderung der humanitären und friedensichernden Aspekte der Außenpolitik verpflichtet. Somit ist Schweden ein gutes Beispiel dafür, wie Erweiterung nicht nur die Machtbeziehungen oder die Entscheidungsfindung der Europäischen Union, sondern auch die Ausrichtung der EU-Politik beeinflussen kann.

Die Aufnahme der ehemaligen kommunistischen Staaten in die Europäische Union erwies sich als ein komplexerer Prozess. Das BIP pro Kopf ihrer Bevölkerung betrug im Beitrittsjahr weniger als die Hälfte des EU-Durchschnitts. Darüber hinaus war die Zahl der Staaten diesmal viel größer: Die EU wuchs mit dieser Erweiterungsrunde in Bezug auf die Bevölkerung um knapp 20 Prozent. Aufgrund der schnellen Reaktion der Europäischen Gemeinschaft 1989 waren die Erwartungen der Osteuropäer hoch. Das PHARE-Hilfsprogramm für Polen und Ungarn wurde schnell auf andere Länder in der Region ausgeweitet und umfasste schließlich fast alle Länder des ehemaligen Warschauer Paktes.

Schon bevor der Maastricht-Vertrag in Kraft getreten war, legte der Europäische Rat in Kopenhagen im Juli 1993 die Rahmenbedingungen für einen Beitritt fest. In Anbetracht von Umfang und Komplexität der Osterweiterung waren die Kriterien erstaunlich kurz gefasst: »Stabilität der Institutionen, Demokratie, Rechtsstaatlichkeit, Menschenrechte sowie Achtung und Schutz von Minderheiten garantieren«; »eine funktionierende Marktwirtschaft und die Fähigkeit, dem Wettbewerbsdruck und den Marktkräften standzuhalten« und die Fähigkeit, »die Verpflichtungen der Mitgliedschaft zu übernehmen, inklusive Beteiligung an der politischen, wirtschaftlichen und Währungsunion«. Nach diesen Bedingungen klang die Schlusserklärung recht resolut: »Der heutige Europäische Rat hat vereinbart, dass die assoziierten Staaten in Mittel- und Osteuropa, die dies wünschen, Mitglied der Europäischen Union werden.« Man machte sich damals noch keine großen Sorgen um das, was später als die Aufnahmekapazität der Europäischen Union bekannt werden sollte: ihre Fähigkeit, neue Mitgliedstaaten effizient in Politikbereiche und Entscheidungsfindungsprozesse der Union zu integrieren.

Die assoziierten Länder waren Staaten, die in den Jahren 1991 und 1992 Europa-Abkommen mit der EG geschlossen hatten, die bereits unter anderem Handelsabkommen beinhalteten. Das waren damals die sogenannten Visegrád-Staaten Ungarn, Polen, Tschechien und die Slowakei (die in Visegrád eine regionale Partnerschaft für Handelskooperationen geschlossen hatten), aber auch Bulgarien und Rumänien. Die baltischen Staaten folgten wegen ihrer späteren Unabhängigkeit (1991) und wegen der heiklen Beziehungen zu Russland ab 1995. Die anfänglichen Vorreiter des Transformationsprozesses, Polen und Ungarn, stellten ihren Mitgliedsantrag 1994. Bulgarien, Estland, Lettland, Litauen, Rumänien und die Slowakei folgten 1995 und die zwei wohlhabendsten, Slowenien und Tschechien, die ob des Beitritts zuversichtlich waren und einen unabhängigeren Kurs verfolgten, wieder ein Jahr später.

Der Beitrittsprozess verlief in den neunziger Jahren jedoch sprunghaft. Deutschland war die treibende Kraft hinter den neuen **Assoziierungsabkommen**, die die früheren Europa-Abkommen von Anfang der neunziger Jahre ersetzen sollten. Der deutsche Außenminister Hans-Dietrich Genscher sprach schon vor dem Vertrag von Maastricht wiederholt den Wunsch aus, dass die osteuropäischen Länder »so bald wie möglich« und »vor dem Ende des Jahrzehnts« Mitglieder sein sollen. Deutschland hatte nicht nur eine lange Grenze zu den mittel- und osteuropäischen Staaten zu verteidigen, sondern hatte als Nachbar auch große wirtschaftliche Interessen in der Region. Frankreich sah die deutsche wirtschaftliche Expansion ungerne. Deutsche Unternehmen siedelten sich bald in Ländern mit nach wie vor niedrigen Löhnen und gut ausgebildeten Facharbeitern an und stärkten die deutsche Position in europäischen Angelegenheiten immer weiter.

Allerdings fehlte dem Prozess lange Zeit die Dynamik. Es gab dafür zwei Gründe. Erstens befanden sich die Staaten selbst in einem **Transformationsprozess** von Diktatur und Planwirtschaft zu Demokratie und Marktwirtschaft. Außerdem fiel die Tschechoslowakei auseinander und machten rechtsautoritäre Regierungen der Slowakei zu schaffen. Die wirtschaftliche Schocktherapie, die vor allem in Polen angewendet wurde, führte dazu, dass der Wohlstand auf ein Niveau weit unter dem von 1989 absackte. Die baltischen Staaten entwickelten sich relativ erfolgreich, mussten aber bei ihrer Annäherung an NATO und EU behutsam manövrieren, um keine harschen Reaktionen aus Moskau hervorzurufen. In Rumänien und Bulgarien blieb die kommunistische Elite zunächst an der Macht, sodass Reformen bald ins Stocken gerieten. Außerdem war die Union in den Jahren nach dem Abschluss des Vertrages von Maastricht vor allem mit der Reform der eigenen Institutionen beschäftigt.

Bereits zu Beginn der neunziger Jahre gab es deswegen auch beunruhigende oder kritische Berichte aus Mittel- und Osteuropa. Der tschechische Präsident Václav Havel, der wegen seiner Vergangenheit als Anführer im Kampf gegen den Kommunismus große moralische Autorität besaß, fand den Maastrichter Vertrag zum Beispiel zu **technisch**. Ihm fehlten Aussagen über die Bedeutung der europäischen Kultur und die Gestaltung der gemeinsamen Zukunft. Später sprach er sogar die Vermutung aus, dass sich die westeuropäischen Staaten nach den Zeiten des Kalten Krieges sehnten, als alles noch geordnet und überschaubar gewesen war. Die »Rückkehr nach Europa« Mittel- und Osteuropas, wie er es nannte, traf auf formalisierte Kriterien und Bürokratie.

Die Kopenhagener Kriterien und der anfängliche Zuspruch für die Erweiterung sollten ihre Spuren bei den nachfolgenden Erweiterungsbestrebungen hinterlassen. Eine entscheidende Entwicklung im Beitrittsprozess der mittel- und osteuropäischen Länder war die zentrale Rolle, die die Europäische Kommission bei der Ausarbeitung der in Kopenhagen festgelegten Beitrittskriterien und deren Kontrolle auf sich nahm. Den Anfang bildeten die Assoziierungsabkommen, die zwar von Deutschland initiierten worden waren, aber dann von der Europäischen Kommission weiter ausgearbeitet wurden. Infolgedessen sicherte sich die Europäische Kommission auch eine wichtige Rolle, als 1998 die **offiziellen Verhandlungen** begannen. Mit der Hauptrolle der Europäischen Kommission wurde der Prozess zusehends technischer und bürokratischer und weniger eine rein politische Frage. Die Verhandlungen begannen zunächst mit Estland, Polen, Slowenien, Tschechien und Ungarn sowie Zypern, wurden aber ein Jahr später um Malta und die übrigen fünf ehemaligen kommunistischen Staaten Bulgarien, Lettland, Litauen, Rumänien und die Slowakei erweitert. Die Europäische Kommission führte die Verhandlungen und formulierte die Fortschrittsberichte. Auch die endgültige Entscheidung des Europäischen Parlaments und des Ministerrats wurde auf der Grundlage einer Empfehlung der Europäischen Kommission gefällt. Vor allem in den Beitrittsländern selbst entstand der Eindruck, dass der EU-Kommissar für Erweiterung Günter Verheugen (1999–2004) eine entscheidende Stimme hatte. Gleichzeitig büßte die Europäische Kommission nach dem Ausscheiden von Präsident Jacques Delors, der durch den weniger energischen Luxemburger Jacques Santer ersetzt wurde, in vielen anderen Bereichen ihren Einfluss ein.

Dass die fünf weniger entwickelten ehemaligen kommunistischen Länder (Bulgarien, Lettland, Litauen, Rumänien und die Slowakei) ebenfalls zum Verhandlungstisch gebeten wurden, hat viel mit dem Mangel an Stabilität in Südosteuropa zu tun. 1999 hatte die Situation im ehemaligen Jugoslawien einen neuen Tiefpunkt erreicht, als die NATO in Reaktion auf die Verbrechen des Regimes von Slobodan Milošević im Kosovo serbische Ziele bombardierte. Man befürchtete eine Eskalation des Konflikts in der Region. Zudem begann die Bombardierung nur wenige Wochen, nachdem Polen, Tschechien und Ungarn Mitglied der NATO geworden waren. Für die Tschechische Republik und Ungarn war die Mitverantwortung für diese militärische Intervention durch die NATO gewöhnungsbedürftig.

Der Kosovokrieg war nicht die einzige Erklärung für die Aufnahme von Verhandlungen mit den Staaten, die mit ihrer Transformation kämpften, weil dies auch die baltischen Staaten betraf.

Die Erweiterungspolitik wurde auch eingesetzt, um weitere **Reformen und Demokratisierung** zu erzwingen. In den baltischen Ländern war dies sehr wichtig, da nur innere Stabilität echten Schutz gegen russische Bedrohungen bieten würde. Die Idee war, dass gute Aussichten auf Vollmitgliedschaft den Reformwillen erhöhen würden. Die Europäische Union hatte nicht nur bereits früh die Mitgliedschaft versprochen, sondern hatte auch auf Solidarität und historisches Unrecht verwiesen, sodass es immer schwieriger wurde, eine restriktive Erweiterungspolitik zu führen. Die formalistische Kontrolle der Zulassungskriterien kollidierte mit den viel gehörten idealistischen Sprüchen der europäischen Staats- und Regierungschefs und der europäischen Diplomaten. Osteuropäische Politiker wie Václav Havel wiesen immer wieder auf dieses Messen mit zweierlei Maß hin.

Die offenen Fragen von Maastricht

Die wechselhaften internationalen Beziehungen und die Auswirkungen eines Europas mit immer mehr Staaten und Kandidaten auf die institutionelle Struktur Europas zwangen zu einer weiteren Vertragsreform, wie man sie eigentlich bereits in Maastricht vor allem für die Außenpolitik vereinbart hatte. 1995 wurde zu diesem Zwecke eine Reflexionsgruppe aus Vertretern der Mitgliedstaaten sowie der europäischen Institutionen eingesetzt. Diese Vertreter waren nicht nur Minister oder Diplomaten, sondern auch Altpolitiker oder Experten. Durch diese breite Zusammensetzung der Reflexionsgruppe war der Tenor des Abschlussberichts freier als bei Verhandlungen zwischen den europäischen Entscheidungsträgern. Die Regierungskonferenz von Amsterdam über die Vertragsreform begann einige Monate später im März 1996.

Im Vertrag, der im Juni 1997 das Ergebnis war, fehlten trotz langwieriger Verhandlungen die angesichts der nahenden Erweiterungen dringend erforderlichen institutionellen Reformen. Die Entscheidungsstruktur war damals auf eine kleine EWG mit sechs Mitgliedern zugeschnitten. Die »alten« Mitgliedstaaten wollten ihre erworbenen Ansprüche auf ein Kommissionsmitglied und auf Vetos nicht aufgeben. In Bezug auf einen zukünftig weiteren Anstieg der Zahl der Mitgliedstaaten kam eine wichtige Stellungnahme zustande. Im Rückblick auf die Verhandlungen über die Währungsunion und den Beitritt der EFTA-Länder war in der Reflexionsgruppe auch über die Möglichkeit von »**Vorreitern**« innerhalb der Europäischen Union nachgedacht worden. Helmut Kohls Außenminister Klaus Kinkel fragte sich, ob der »Konvoi« vom »langsamsten Schiff« aufgehalten werden sollte oder ob weiterentwickelten und integrationsfreudigen Staaten die Möglichkeit gegeben werden sollte, einen Vorsprung zu nehmen. Der endgültigen Vertragsänderung gelang es, die damit drohende Fragmentierung eines Europas der zwei Geschwindigkeiten oder einer Mitgliedschaft zweiter Klasse zu verhindern. Der Vertrag von Amsterdam tolerierte diese Möglichkeiten, schaffte es aber auch, die meisten europäischen Aktivitäten im EU-Vertrag zu erhalten oder zu integrieren. So wurde zum Beispiel auch der Versuch gemacht, andere Abkommen und Organisationen wie Schengen oder die NATO mit der EU zu verbinden.

Weitaus weniger erfolgreich waren die Verhandlungen über eine neue Verteilung der Stimmengewichtung im Ministerrat. Die Zahl der Mitglieder der Kommission, die wegen der Erweiterungen unpraktikabel zu werden drohte, war, wie sich herausstellte, genauso wenig verhandelbar. Dagegen war die Übertragung von einer Reihe von Politikbereichen (mit der Einwanderungspolitik als wichtigstem) in den ersten Pfeiler und damit das Mitentscheidungsverfahren von Erfolg gekrönt. Außerdem wurde die Zahl der Politikbereiche, für die eine Mehrheitsentscheidung möglich war, leicht erhöht. Im Hinblick auf die institutionellen Reformen waren die Ergebnisse des Vertrages von Amsterdam nur kleine Schritte.

Der Vertrag von Amsterdam wird vor allem in Erinnerung bleiben als der Vertrag, der die außenpolitischen Instrumente einbrachte und auch Sicherheit und Grenzpolitik auf die Tagesordnung setzte. Die auffälligste Änderung war die Einführung eines **Hohen Vertreters für die Gemeinsame Außen- und Sicherheitspolitik (GASP)**, der den Ministerrat für auswärtige Angelegenheiten unterstützte. Die Führung in internationalen Krisen wurde bis dahin von dem Land getragen, das zu dem Zeitpunkt den Vorsitz im Ministerrat innehatte, in der Regel in Form einer Troika (d. h. der Präsident, sein Vorgänger und sein Nachfolger). Diese unbefriedigende Situation wurde nun durch einen Hohen Vertreter für die Außen- und Sicherheitspolitik ersetzt. Die Wahl des ersten Hohen Vertreters war bezeichnend. Der Spanier Javier Solana hatte gerade eine Amtszeit als Generalsekretär der NATO hinter sich und wechselte nun zur EU. Die Europäische Kommission hatte immer noch kein außenpolitisches Mandat, weil dieser Politikbereich intergouvernemental blieb. Dennoch hatte es seit der allerersten Kommission immer einen Kommissar gegeben, der die Außenbeziehungen in seinem Portfolio hatte. Dies betraf aber in der Regel den Außenhandel oder spezifische Fragen wie die Beziehungen zu den Erweiterungskandidaten.

Außen- und Sicherheitspolitik sollte komplementär zu und in **Zusammenarbeit mit der NATO** entwickelt werden, so der nachdrückliche Wunsch des Vereinigten Königreichs, der in geringerem Maße von Deutschland geteilt wurde. Für das Vereinigte Königreich war dies die Art und Weise, wie die eigenen transatlantischen Präferenzen stärker verankert und ein eigener konkurrierender europäischer Weg verhindert werden konnten. Deutschland war aus historischen und politischen Gründen zurückhaltend beim Ausbau von Militärkapazitäten. Als die europäischen Entscheidungsträger 1999 beschlossen, die USA bei ihren Plänen zur Bombardierung Serbiens zu unterstützen, um so die humanitäre Katastrophe in Kosovo zu stoppen, führte dies in Deutschland zu heftigen Debatten. Es wäre das erste Mal seit dem Zweiten Weltkrieg, dass deutsche Soldaten im Krieg eingesetzt werden sollten und einige politische Parteien waren wegen des Krieges oder als Pazifisten der Meinung, dass Deutschland nie mehr zur Waffe greifen sollte.

Die verstärkte Zusammenarbeit zwischen der alten Westeuropäischen Union und der EU war ganz im Einklang mit dem doppelten Ziel, die eigenen Verteidigungskapazitäten auszubauen, aber sich zugleich auf die NATO zu verlassen. Mit dem Vertrag von Maastricht wurde damit der Anfang gemacht. Die WEU (1954), die zunächst Belgien, Deutschland, Frankreich, Italien, Luxemburg, die Niederlande und das Vereinigte Königreich umfasste, war aus dem Brüsseler Vertrag von 1948 entstanden und sollte die Sicherheit Westeuropas gewährleisten. Sie hatte immer im Schatten der NATO gestanden, sollte sich aber jetzt zur operativen Einheit der europäischen NATO-Staaten entwickeln. Mit der NATO-Identitätskrise nach dem Ende des Kalten Krieges ergab sich für kurze Zeit die Möglichkeit, die WEU als Kern einer neuen europäischen Sicherheitsstruktur aufzubauen. Zu diesem Zweck legten die WEU-Mitgliedstaaten auch 1992 die sogenannten **Petersberg-Aufgaben** fest. Dies war ein Versuch zu definieren, in welchen Fällen eine eigene Mission eingesetzt werden könnte. Sowohl der NATO-Vertrag als auch der der WEU enthielt einen Artikel, der zu Solidarität im Falle eines Angriffs von außen verpflichtete. Mit dem Ende des Kalten Krieges war die direkte Relevanz dieses Artikels verschwunden und richtete sich die Aufmerksamkeit vor allem auf Sicherheitsrisiken und humanitäre Katastrophen außerhalb des Vertragsgebietes. Besonders für die NATO waren Interventionen außerhalb des Bündnisgebietes ein heißes Eisen. Die drei Petersberg-Aufgaben waren friedenerhaltende, friedenschaffende und humanitäre Missionen. Mit dem Amsterdamer Vertrag wurden diese Aufgaben zur Grundlage der Außenpolitik der Europäischen Union. Die schrittweise Eingliederung der WEU in die EU führte schließlich 2011 zur formellen Beendigung der WEU, als der ursprüngliche Vertrag auslief.

Mit der Betonung der Petersberg-Aufgaben richtete sich die EU bei ihren ersten vorsichtigen Schritten auf dem Gebiet der Sicherheit weniger auf die konventionellen militärischen Instrumente der nationalen Sicherheit. Die kollektive Verteidigung der EU-Mitgliedstaaten blieb weitgehend bei der NATO. EU-Missionen hatten in erster Linie das Ziel, bewaffnete Parteien auseinanderzuhalten und nicht die eigene Beteiligung an Kampfhandlungen. Als mehr als ein Jahr später die Spannungen auf dem Balkan wieder angestiegen, waren es Frankreich und das Vereinigte Königreich, die ohne den Europäischen Rat versuchten, einen Durchbruch zu erreichen. Das Serbien von Slobodan Milošević weigerte sich, der Sezessionsbewegung der albanischen Kosovaren entgegenzukommen. Mit den Kriegen in Kroatien und Bosnien-Herzegowina vor

Augen war europäisches Handeln gefragt. Die Kombination aus Frankreich und dem Vereinigten Königreich, vertreten von Präsident Jacques Chirac und Premierminister Tony Blair, war in gewisser Hinsicht sehr bemerkenswert: Das Vereinigte Königreich war traditionell stärker transatlantisch orientiert und Frankreich war seit 1966 nicht mehr Teil der Verteidigungsstruktur der NATO. Dennoch erreichten die beiden im Dezember 1998 im französischen Ferienort **Saint-Malo** einen Kompromiss. Sie kamen in einer Vereinbarung überein, dass die EU zu »autonomen« Aktionen befähigt werden und die dazu notwendigen militärischen Kapazitäten aufbauen sollte. In den nächsten Sitzungen des Europäischen Rates in Köln und Helsinki (im Juni und Dezember 1999) wurden diese Pläne ausgearbeitet. In Helsinki wurden sie in Form der »Helsinki-Headline Goals« konkretisiert: Die Union sollte in der Lage sein, 60.000 Truppen innerhalb von 60 Tagen und für mindestens ein Jahr zu mobilisieren. Die militärischen Maßnahmen gegen Serbien zum Schutz ethnischer Minderheiten wurden jedoch noch unter der NATO-Flagge durchgeführt und führten so erneut zu einem internationalen Gesichtsverlust.

Ein letzter wichtiger Schritt von Amsterdam war die Integration des Schengener Abkommens in den EU-Vertrag. Das Schengener Abkommen war 1985 zwischen den Beneluxstaaten, Frankreich und Deutschland geschlossen worden und sollte mittelfristig die Grenzkontrollen zwischen den Ländern aufheben. Die Länder des Schengen-Raums hatten im Grunde offene Binnengrenzen und trugen die gemeinsame Verantwortung für die Außengrenze. In gewissem Sinne waren diese Länder dem Rest der EU voraus, weil Schengen vor allem im Dienst des Binnenmarktes stand. Die Integration von Schengen war ein wichtiger Schritt, vor allem, da Fragen der Grenzkontrolle und Migration als immer wichtigere künftige EU-Kompetenzen galten. Auch in diesem Punkt ist die Botschaft des Vertrags von Amsterdam offensichtlich. Trotz der Tatsache, dass das Schengen-Gebiet nicht alle EU-Mitgliedstaaten umfasste (aber auch andere Staaten, die nicht zur EU gehörten, wie Island, Norwegen, Liechtenstein und die Schweiz), war dies ein Versuch, das Dickicht verschiedener europäischer Verträge und Organisationen zu reduzieren. Trotz der begrenzten Schritte in der Abänderung der Entscheidungsprozesse und der Institutionen war der Tenor des Vertrags Zentralisierung und Schaffung von Einheit.

Obwohl der Vertrag im Falle der institutionellen Anpassungen wenig erreichte, gab es auf anderem Wege dennoch weitere Schritte, um Europa auf weitere Erweiterung vorzubereiten. Parallel zu den Plänen für einen neuen Vertrag wurde Ende 1995 bereits auf dem Madrider Gipfel vereinbart, dass die Europäische Kommission einen Plan für die neuen Herausforderungen erarbeiten sollte. Das Ergebnis war die **Agenda 2000** für eine »stärkere und größere Union«, die von der Europäischen Kommission einen Monat nach der Unterzeichnung des Vertrags von Amsterdam vorgelegt wurde. Die Agenda 2000 beinhaltete eine umfassende Reform der Agrar- und Kohäsionspolitik, weil diese beiden Politikbereiche nach dem Beitritt der ärmeren Agrarstaaten in Ost- und Südosteuropa am stärksten unter Druck geraten würden. Der Plan für die Reformen wurde 1999 offiziell verabschiedet. Noch abgesehen vom Inhalt der Pläne zeigte dieser Verlauf deutlich die Rollenverteilung der Institutionen. Mit dem Mandat des Europäischen Rates und den Vertragsverhandlungen konnte die Europäische Kommission umfassende technische Anpassungen in den Politikbereichen auszuarbeiten, die oft entscheidender waren als die schwerfälligen Vertragsänderungen.

Der Vertrag von Nizza und die Euroskepsis

Wie der Vertrag von Amsterdam wurde auch der Vertrag von Nizza bereits bei Abschluss des vorherigen Vertrages angekündigt. Dies hatte einerseits mit den ungelösten Fragen, die nach jeder Verhandlungsrunde übrigblieben, zu tun. Andererseits war es symptomatisch für die Art und Weise, wie die europäischen Politiker in den Jahren bis nach der Jahrtausendwende über Integration dachten: als ein Prozess, der typbedingt immer »work in progress« bleiben würde. Europäische Zusammenarbeit wurde als ein zukunftsorientiertes Projekt gesehen. Wie die Verträge deutlich vor Augen führten, hieß das nicht, dass die europäischen Mitgliedstaaten nach immer mehr Integration strebten. Es hieß aber schon, dass fast jeder die EWG und später die EU als ein unvollendetes Projekt betrachtete.

In den Verhandlungen von Nizza stand viel auf dem Spiel. Das Ansehen der Union hatte in den Jahren nach dem Vertrag von Amsterdam bereits durch Zögern auf der internationalen Bühne (Kosovo) gelitten, vor allem aber durch einen großen Skandal bezüglich der Ausgaben der Europäischen Kommission. Der niederländische Kommissionsmitarbeiter Paul van Buitenen hatte als Whistleblower Ende 1998 ungerechtfertigte Ausgaben und die Versuche, diese zu verschleiern, ans Licht gebracht. Das Europäische Parlament nahm die Sache ernst und weigerte sich, den Haushalt zu genehmigen. Obwohl sich die Beschwerden schließlich in erster Linie gegen die Kommissarin Édith Cresson, die ehemalige französische Premierministerin, richteten, bot Präsidenten Santer nach langer Überlegung den **Rücktritt der gesamten Kommission** an – das erste Mal in der Geschichte der Europäischen Kommission. Nach einer kurzen Interimskommission wurde Ende 1999 der Italiener Romano Prodi Vorsitzender einer komplett neuen Kommission. Dies war ein großer Sieg für das Europäische Parlament und eine Anerkennung der Macht und der Bedeutung des Parlaments. Für die Bewertung der Brüsseler Bürokratie durch die europäischen Bürger waren die Folgen aber katastrophal. Immer mehr verfestigte sich das Bild, dass in der Europäischen Kommission Selbstbereicherung, Weltfremdheit und mangelnde Kontrolle vorherrschten.

Vor diesem peinlichen Hintergrund musste zudem noch über hochkomplexe und technische Reformen verhandelt werden. In Nizza stand zum Beispiel vor allem das Entscheidungsverfahren wegen der Mitgliedskandidatur der Mittel- und Osteuropäer hoch oben auf der Tagesordnung. Bis die Verhandlungen in der ersten Hälfte des Jahres 2000 unter der portugiesischen Präsidentschaft begannen, waren die Mitglieder sich in der Notwendigkeit von Reformen weitgehend einig. Dennoch kamen kaum konkrete Schritte zustande, trotz einer ganztägigen Marathonsitzung in Nizza im Dezember dieses Jahres. Die Hauptpunkte waren die Ausweitung der Politikbereiche, die mit **qualifizierter Mehrheit** im Ministerrat entschieden werden konnten, und die Stimmengewichtung in diesem Verfahren. Insbesondere das Vereinigte Königreich beanstandete wieder Mehrheitsentscheidungen bezüglich Sicherheit und Steuern, während Deutschland Bedenken hatte bei einer supranationalen Migrationspolitik. Was die qualifizierte Mehrheit anbelangt, kam man nicht weiter, als dass in Zukunft eine Mehrheit der Stimmen nicht reichen würde (das Stimmgewicht jedes Mitgliedstaates hängt vom Bevölkerungsumfang ab), sondern dass auch eine zahlenmäßige Mehrheit der Mitgliedstaaten erforderlich sein würde und dazu sogar eine Mehrheit der repräsentierten Bürger.

Noch strittiger war die Frage der Zahl der **Eurokommissare**. Diesbezüglich gab es erste kleine Erfolge. Deutschland, Frankreich, das Vereinigte Königreich, Italien und Spanien machten ein wichtiges Zugeständnis, indem sie auf das Privileg verzichteten, zwei Kommissare zu stellen. Mit den Ländern aus Ost- und Südosteuropa vor der Tür würde auch die neue Regel von einem Kommissar pro Mitgliedstaat bald unausführbar werden, aber dieses Problem schob man vor sich her. Erst ab 26 Mitgliedstaaten müsste zu einem Rotationssystem übergegangen werden. Bei der Gesamtzahl der Sitze im Europäischen Parlament passierte etwas Ähnliches: Die Maximalzahl von Amsterdam wurde auf 732 angehoben.

So wie das »Sozialkapitel« im Vertrag von Maastricht außerhalb des Haupttextes geblieben und nur als Protokoll hinzugefügt war, weil es für das Vereinigte Königreich unakzeptabel war, so wurde in Nizza über den Status der Charta der Grundrechte der Europäischen Union gefeilscht. Die Idee eines eigenen Grundrechtedokuments war umstritten, weil dies sowohl die Illusion von Verfassungsgrundsätzen wecken als auch eine Reihe neuer Politikbereiche und Verpflichtungen bedeuten würde. Die Charta der EU war eine Grundlage in Bezug auf Menschenrechte und für eine europäische Verfassung. Sie gab auch den Anstoß für entweder Annäherung an oder Konkurrenz mit dem Europäischen Gerichtshof für Menschenrechte des Europarates in Straßburg. Der Widerstand gegen die Bestimmungen war jedoch zu groß, als dass man sie in den Vertrag selbst hätte aufnehmen können, aber sie wurden als Charta dem Vertrag hinzugefugt. In Analogie zum »Sozialkapitel« bildete der inoffizielle, unklare Status des Abkommens später nichtsdestotrotz die Grundlage für den weiteren Ausbau der Kompetenzen. Bald verwies der Europäische Gerichtshof in seinen Urteilen auf die Charta und verfestigte so ihren Status.

Das Jahrzehnt von Maastricht, Amsterdam und Nizza war von sowohl großen Erfolgen als auch Misserfolgen und sinkender Popularität geprägt. Gerade in dieser Zeit wurden Schritte gesetzt, die in der Nachkriegspolitik in Europa einzigartig waren. Die lang erwartete Währungsunion wurde gegründet, ebenso eine europäische Außenpolitik. Die neue Entscheidungsfindungsstruktur mit mehr Macht für das Europäische Parlament und den Ausbau der Anzahl der Politikbereiche in der Zuständigkeit des Parlaments war schlussendlich noch wichtiger. Auf der anderen Seite wurden die Beziehungen zwischen den Ländern immer wieder durch starke Appelle an die Nationalinteressen und Pattstellungen belastet.

Typisch war diesbezüglich auch die Tatsache, dass die steuernde und initiierende Rolle der Europäischen Kommission im Laufe der neunziger Jahre immer stärker zur Diskussion gestellt wurde. Die Europäische Kommission erhielt zwar immer neue Aufgaben und wuchs wie nie zuvor, aber die Führungsrolle aus Delors' Jahren verschwand nach und nach. Delors hatte einen wichtigen Beitrag zur Vollendung des Binnenmarktes, Gründung der Währungsunion und Eröffnung neuen Politikbereichen geleistet. Ab den neunziger Jahren war es immer der Ministerrat oder der Europäische Rat, der die Führungsrolle auf sich nahm. Die geänderte Position der Kommission wurde symbolisch in diesem Jahrzehnt durch den Leerstand und die Renovierung des Berlaymont-Kommissionsgebäudes bestätigt. Paradoxerweise bedeutet dies nicht, dass die Kommission schrumpfte oder weniger wichtig wurde. Die neuen Politikbereiche Kohäsionspolitik und Erweiterungsverhandlungen forderten zum Beispiel umfassende technische Unterstützung und gaben der Kommission neuen Einfluss. Intergouvernementalismus und Supranationalismus gingen diesbezüglich Hand in Hand.

Entscheidend für diese Phase war, dass mit dem Fall der Berliner Mauer ein »europäisches« Jahrzehnt eingeläutet wurde: Sowohl Befürworter eines föderalen Europa als auch Anhänger eines Europa der souveränen Nationalstaaten waren gezwungen, ihre Lösungen innerhalb eines europäischen Rahmens zu entwickeln. Während das Ende des Kalten Krieges auch in anderen Teilen der Welt spürbar war, blieb die EU zunächst stark auf sich selbst orientiert. Dennoch verschwand die europäische Euphorie des Endes des Kalten Krieges nach und nach. Dass dies nicht unbemerkt geblieben war, zeigten die ehrgeizigen, aber verkrampften Versuche nach Nizza, diesen Geist mittels Kultur neu zu beleben. Dies zeigte, dass die Idee einer unpolitischen europäischen Integration zusehends schwieriger durchzuhalten war. Die Bürger und die öffentliche Meinung wurden immer wichtiger.

Der Hauptantreiber der Integration in diesen Jahren war schlussendlich die nahende Osterweiterung der EU. Sie forderte zur Revision des Entscheidungsverfahrens auf und schuf das Bedürfnis nach Sicherheitspolitik, Demokratisierungsförderung und Unterstützung der Reform dieser Volkswirtschaften. Die EU wurde somit von den ältesten Kräften des Integrationsprozesses geprägt: Zwischen Erweiterung und Vertiefung der Integration gab es eine starke positive Korrelation.

5 Eine Verfassung für ein größeres Europa?

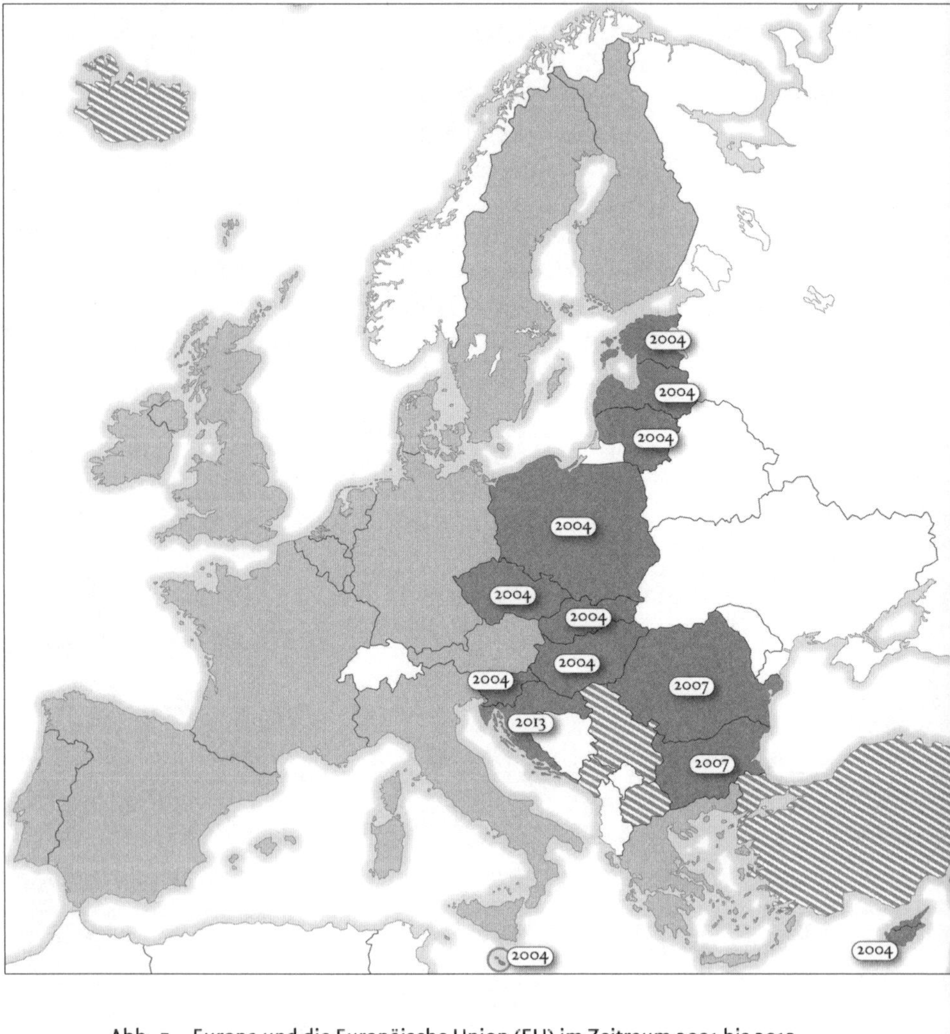

Abb. 5 Europa und die Europäische Union (EU) im Zeitraum 2001 bis 2013.

2000
Lissabon-Agenda
Proklamierung der Charta der Grundrechte

2002
Einführung der Eurobanknoten und -münzen
Europäischer Konvent in Brüssel

2003
Perspektive auf Mitgliedschaft für die Westbalkanländer

2004
itritt von Estland, Lettland, Litauen, alta, Polen, Slowenien, Slowakei, der Tschechischen Republik, Ungarn und Zypern
nterzeichnung des Vertrages über eine Verfassung für Europa

2007
Beitritt von Bulgarien und Rumänien
Unterzeichnung des Vertrages von Lissabon

2010
nrichtung der Europäischen Finanzstabilisierungsfazilität

2012
In Kraft treten des Europäischen Stabilitätsmechanismus

2013
Einführung der Fiskalunion
Beitritt von Kroatien

Die laufende Vertiefung der wirtschaftlichen Integration stärkte in den letzten Jahrzehnten die Position und die Zuständigkeiten der Kommission und des Parlamentes. Diese Entwicklung machte die Mitgliedstaaten besonders wachsam und sorgte für komplexe Kompromisse, um einerseits die Union funktionieren zu lassen und andererseits die Kontrolle durch die Mitgliedstaaten zu garantieren. In einer Zeit, in der die Bürger auf nationaler Ebene mehr Beteiligung und mehr Transparenz seitens des politischen Establishments verlangten, wurde diese Europäische Union das Symbol einer entpolitisierten und undemokratischen Macht. Neben der nahezu zahlenmäßigen Verdoppelung der Mitgliedstaaten war es vor allem die akute Notwendigkeit, ein »Europa der Bürger« zu schaffen, die um die Jahrtausendwende zu ambitionierten Plänen für eine Charta, einen Konvent und eine europäische Verfassung führten. Gerade die Ausstattung der EU mit den Symbolen und Institutionen eines Nationalstaates rief bei den misstrauischen Bürgern in den Mitgliedstaaten eine negative Reaktion hervor. Mit dem Vertrag von Lissabon erhielten Funktionalität und intergouvernementale Garantien wieder Vorrang vor Demokratie und Transparenz. In der anschließenden Eurokrise nahm im Norden der Union der politische und öffentliche Unmut bezüglich der Kosten der europäischen Solidarität zu, während im Süden nicht nur die Bürger, sondern auch die nationalen Regierungen und Parlamente sich von Brüssel fremdbestimmt fühlten.

Der Europäische Konvent und der Verfassungsvertrag

Die **Regierungskonferenz von Nizza** im Dezember 2001 endete für alle Beteiligten mit einer Ernüchterung. Die Staats- und Regierungschefs hatten es trotz des Zeitdrucks der Osterweiterung nicht geschafft, überzeugende Antworten auf die »Restfragen von Amsterdam« zu finden. Diese Fragen betrafen die Zusammensetzung der Kommission, die Sitzverteilung im Parlament, die nationalen Stimmengewichte im Ministerrat und die Ausweitung der Abstimmung mit qualifizierter Mehrheit (QMV). Prestigefragen und nationale Interessen schienen schwerer zu wiegen als europäische Antworten auf diese drängenden Fragen. Die Kompromisse von Nizza boten großzügig Garantien für die Souveränität der Mitgliedstaaten, doch dies ging auf Kosten der institutionellen und prozeduralen Einfachheit. In der öffentlichen und politischen Debatte nach Nizza setzte sich die Auffassung durch, dass weder die schrittweise Methode Monnets noch die großen Pläne Delors' die Kraft gehabt hatten, die Integration auf ein höheres Niveau zu heben. Der Kommissionsvorsitzende Jacques Delors (1985–1995) hatte es zwar mit der WWU und der GASP geschafft, die Mitgliedstaaten von zwei ehrgeizigen Maßnahmenpaketen zu überzeugen, aber dies bedeutete noch keine Auflösung der institutionellen Pattsituation zwischen Mitgliedstaaten und EU. Im Gegenteil: Mit der Übertragung von immer mehr politischen Kompetenzen nach Brüssel schien das Interesse der Mitgliedstaaten, ein intergouvernementales Gegengewicht aufzubauen, nur zuzunehmen.

Schon vor der Regierungskonferenz bewegten das Gefühl, dass Nizza keinen Durchbruch bringen würde, und die Notwendigkeit, die institutionellen Fragen vor dem Beitritt von zehn neuen Ländern zu lösen, den deutschen Außenminister Joschka Fischer zu einer neuen Integrationsstrategie. »**Finalité**« war das Schlüsselwort seines Vortrags am 12. Mai 2000 an der Humboldt-Universität in Berlin: Erst Übereinstimmung über das visionäre Endziel der Integration erreichen und dann rückwärts argumentierend konkrete Schritte vereinbaren. Diese Strategie war das Gegenteil der Monnet-Methode, die durch Pragmatismus und Entpolitisierung gerade vermeiden wollte, dass Mitgliedstaaten kalte Füße bekamen.

Das Erreichen eines institutionellen Durchbruches war nicht Fischers einzige Sorge. Der Mangel an demokratischer Legitimation Europas wurde in den neunziger Jahren zunehmend kritisiert. Daher schlug er für eine künftige EU mit 30 oder mehr Mitgliedern eine Struktur vor, die einer nationalen Demokratie ähnelte: ein Verfassungsvertrag, eine Abgeordnetenkammer (das EP mit Mitgliedern, die auch in ihrem nationalen Parlament einen Sitz haben würden), ein Senat (der Ministerrat) und eine »europäische Regierung« (der Europäische Rat oder die Kommission). Die Reaktion auf Fischers Vorschläge waren eher zurückhaltend, aber seine Humboldt-Rede steht doch für eine neue Phase, in der europäische Staats- und Regierungschefs versuchten, »Europa« durch institutionelle Erneuerungen den Bürgern näher zu bringen. **Demokratie und Partizipation** standen plötzlich ganz oben auf der politischen Agenda, während sich Delors' Reformagenda vor allem auf die politische Elite und die europäische Politik konzentriert hatte. Dieser neue Ansatz hatte sich bereits in den Jahren 1999–2000 mit dem Europäischen Konvent als Gipfeltreffen der nationalen und europäischen Institutionen angekündigt, der eine Charta der Grundrechte der Europäischen Union abfasste. Ein neuer Konvent über die Zukunft Europas 2002–2003 erhielt den Auftrag, einen Verfassungsvertrag zu entwerfen.

Unter dem Kommissionsvorsitzenden Jacques Delors begann die EU, zunehmend einem föderalen Staat zu ähneln. Europäische Vorschriften bestimmten in immer mehr Bereichen das Leben von Millionen von Bürgern in den Mitgliedstaaten. Es wurde daher weithin als Manko gesehen, dass der EU-Vertrag ein funktionelles Abkommen zwischen Staaten war, ganz im Geist der fünfziger Jahre. Der Europäische Rat beschloss daher 1999, eine Charta mit europäischen Grundrechten zu schaffen. Unter Leitung des ehemaligen deutschen Bundespräsidenten Roman Herzog trat im Dezember 1999 ein »**Konvent**« zusammen. Dieser Konvent bestand aus zwei Vertretern aus jedem nationalen Parlament, einem Regierungsvertreter pro Land, Mitgliedern des EP und einem Vertreter der Europäischen Kommission. Sowohl die starke Präsenz von demokratischen Vertretern als auch der selbst gewählte Name »Konvent«, der auf die Philadelphia Convention verwies, die 1787 die amerikanische Verfassung entworfen hatte, symbolisierten den Wunsch, Europa den Bürgern näher zu bringen. Die vom Konvent entworfene Charta wurde noch kein Jahr später vom Europäischen Parlament, der Kommission und dem Ministerrat proklamiert. Die Charta basierte größtenteils auf der Europäischen Menschenrechtskonvention des Europarates von 1950 und enthielt inhaltlich kaum Überraschungen: Gleichheit, Meinungsfreiheit, soziale Rechte, das Verbot von Folter und Todesstrafe und so weiter.

Weniger offensichtlich als der Inhalt war der rechtliche Status der **Charta**. Im späteren Vertrag von Lissabon (2007/2009) fehlt die Charta, während dies im gescheiterten Verfassungsvertrag von 2003/2004 noch vorgesehen gewesen war. Seit Lissabon hat die Charta dennoch denselben rechtlichen Status wie die EU-Verträge und können sich EU-Bürger vor dem Gerichtshof in Luxemburg darauf berufen. Die Mitgliedstaaten legten Wert darauf, dass die Charta kein Freibrief für den Gerichtshof und die Kommission werden sollte, sich nach Belieben in nationale Gesetzgebung und politische Entscheidungen einzumischen und damit das Subsidiaritätsprinzip zu untergraben. Daher wurde in der Charta ausdrücklich angegeben, dass sie nur für Fragen gelte, die die Umsetzung des europäischen Rechts beträfen. Angesichts der Reichweite der europäischen Rechtsvorschriften, insbesondere im Hinblick auf die vier Freiheiten (freier Verkehr von Gütern, Arbeit, Dienstleistungen und Kapital), war diese Bestimmung in der Praxis nicht geeignet, der europäischen Einmischung Einhalt zu gebieten. Der erste Eindruck des Umgangs mit der Charta war für einen Außenstehenden so vielleicht intergouvernemental, während der zugrunde liegende Trend supranational war.

Nach der Fertigstellung der Charta lud der Europäische Rat Ende 2001 zu einem neuen Konvent unter Leitung des ehemaligen französischen Präsidenten Valéry Giscard d'Estaing ein, mit der ehrgeizigen Aufgabe, einen europäischen Verfassungsvertrag zu entwerfen. Die Zusammensetzung war ähnlich der des ersten Konvents; es wurden nun auch die Regierungen und Parlamente der Beitrittsländer eingeladen. Mit öffentlichen Versammlungen, Diskussionsrunden, Internetforen und Medienkampagnen wurde mit noch mehr Nachdruck versucht, die europäische Öffentlichkeit für das Thema zu interessieren. Einmal mehr zeigte sich trotz aller guten Absichten, wie schwierig es war, die komplexen inhaltlichen und prozeduralen Fragen für ein Laienpublikum zu übersetzen. Auch im Rahmen des Konvents sah sich Giscard gezwungen, in der Entwurfsphase die Regie über den Text an sich zu ziehen. So konnte der Konvent im Juli 2003 dem Europäischen Rat einen einzigen, kohärenten **Verfassungsentwurf** vorlegen. Formal war der

Entwurf für den Rat nicht bindend, aber angesichts der breiten Kritik an der fehlenden demokratischen Legitimität Europas schienen größere Anpassungen durch die Regierenden von vornherein ausgeschlossen.

Das Misstrauen der europäischen Bürger wuchs durch die darauf folgenden mühsamen Verhandlungen hinter verschlossenen Türen. Auch die prunkvolle feierliche Unterzeichnung in Rom am 29. Oktober 2004 (in dem Raum, in dem 1957 der EWG-Vertrag unterzeichnet worden war) hat dieses Misstrauen nicht ausräumen können. Die politische Erleichterung über dieses Ergebnis war von kurzer Dauer. Die **Ratifizierungen** durch die Mitgliedstaaten (in der Regel durch das Parlament, manchmal durch ein Referendum) geriet ins Stocken, als Volksabstimmungen in Frankreich und den Niederlanden negativ ausgingen. In Frankreich lehnten am 29. Mai 2005 55 Prozent und drei Tage später in den Niederlanden 61 Prozent den Entwurf ab.

Die Beteiligung der Öffentlichkeit und Transparenz waren für Europa nach diesen bitteren Erfahrungen wieder tabu, als es um die Verträge ging. Die europäischen Staats- und Regierungschefs erlegten sich sofort eine »Zeit der Reflexion« auf. Sie kehrten zu Verhandlungen hinter verschlossenen Türen zurück. Ein Rat der Weisen unter Leitung des ehemaligen italienischen Premierministers Giuliano Amato erhielt 2006 den Auftrag, einen Ausweg aus der Krise zu suchen. Seine Empfehlungen führten zum gegenwärtig geltenden **Vertrag von Lissabon**, der am 13. Dezember 2007 unterzeichnet wurde. Es gab nicht einen einzigen neuen Vertrag mit einer klaren Trennung zwischen Verfassungs- und Durchführungsmaßnahmen, sondern es gab Revisionen der beiden bestehenden Verträge: Der angepasste EU-Vertrag von Maastricht mit den eher grundsätzlichen Bestimmungen erhielt den Titel Vertrag über die Europäische Union (EUV), der modifizierte EWG-Vertrag von Rom mit eher ausführenden Bestimmungen erhielt den Namen Vertrag über die Arbeitsweise der Europäischen Union (AEUV), wobei auch in diesem Text »Gemeinschaft« durch »Union« ersetzt wurde. Die Ratifizierung des Vertrags von Lissabon durch die nationalen Parlamente verlief glatt, obwohl Warschau und Prag ihre

Zustimmung nur gegen zusätzliche Zugeständnisse seitens Brüssel gaben. Nur die Iren waren konstitutionell verpflichtet, ein Referendum abzuhalten, das bei der zweiten Abstimmung im Oktober 2009 eine Mehrheit für den Vertrag ergab.

Im Vergleich mit dem Verfassungsvertrag machte der Vertrag von Lissabon vor allem bei symbolischen Punkten Zugeständnisse an die Abneigung der europäischen Wähler gegen »mehr Europa«: Keine europäische Flagge oder Hymne, keine hochtrabende Präambel oder Anrufung Gottes und die verantwortliche Person für die Außenpolitik durfte nicht »Minister« genannt werden. Europäische Identität und eine stärkere Beteiligung der Bürger durch Politisierung der Brüsseler Entscheidungsfindung waren zentrale Ziele des Verfassungsvertrags gewesen. Den entpolitisierten Vertrag von Lissabon hielt man bewusst so technisch und neutral wie möglich. Die Mitgliedstaaten konnten daneben in einigen strategischen Punkten die **intergouvernementalen Garantien** auf Kosten der supranationalen Institutionen und Verfahren stärken. Institutionell und prozedural kehrten die meisten Innovationen aus dem Verfassungsvertrag jedoch im neuen »Reformvertrag« von Lissabon von 2007/2009 zurück.

Die **Europäische Union**, mit dem Vertrag von Maastricht als Dachverband eingeführt, ersetzte mit Lissabon die Europäische Gemeinschaft als Rechtsperson. Die Unterscheidung zwischen dem kommunitären ersten Pfeiler, der seit Maastricht Europäische Gemeinschaft (EG) genannt wurde, einerseits und dem intergouvernementalen zweiten außenpolitischen und dem dritten Polizei- und Justizpfeiler andererseits wurden offiziell aufgehoben. Faktisch blieben die Pfeiler bestehen, denn im Gegensatz zum Verfassungsvertrag erklärte der Vertrag von Lissabon ausdrücklich, dass für die Außenpolitik eigene Entscheidungsverfahren gültig blieben und dass Kommission und Parlament hier nicht mehr Einfluss erhalten würden. Der dritte Pfeiler wurde wohl in die kommunitäre EU integriert.

Die **Charta** wurde bindendes Recht, wurde aber nicht in den Vertrag aufgenommen. Aus den gleichen symbolischen Gründen wurde auch der Vorrang des europäischen Rechts in einen Anhang verbannt, während die nationale Souveränität im Vertragstext gerade hervorgehoben wurde. Darüber hinaus wurde im Vertrag zum ersten Mal nicht nur der Beitritt zur EU geregelt, sondern auch ein »geordneter Austritt« aus der EU. Als diese Bestimmung niedergeschrieben wurde (2004 für den Verfassungsvertrag und 2007 für Lissabon), erschien dies als ein eher hypothetisches Szenario.

Bezüglich der **Demokratisierung** der EU hat Lissabon deutlich weniger zu bieten als der Verfassungsvertrag. Übernommen wurde die Bürgerinitiative, das Recht von einer Million Einwohnern aus einem Viertel der Mitgliedstaaten, die Kommission um einen Gesetzentwurf für ein bestimmtes Thema zu ersuchen. Die Zukunft muss auch hier zeigen, ob das, was die Krönung der Partizipation sein soll, auch praktikabel ist. Ein zweites Instrument der demokratischen Kontrolle, die »gelbe Karte« der nationalen Parlamente, erscheint als ein starkes Instrument im Vertrag von Lissabon. Ein Drittel der nationalen Parlamente hat die Macht, eine Gesetzesinitiative der Kommission zu stoppen, wenn sie sich einig sind, dass die Initiative gegen das Subsidiaritätsprinzip verstößt. Die Kommission ist dann verpflichtet, ihre Initiative zumindest zu überdenken und zu begründen. Die Häufigkeit der Nutzung der Subsidiaritätskontrolle variiert stark von einem Mitgliedstaat zum nächsten, sogar zwischen den Kammern des gleichen Parlaments. Um das Quorum für eine »gelbe Karte« zu erreichen, ist eine mühsame Konsultation und Koordination zwischen Parteifraktionen in einer Kammer, zwischen den Kammern sowie zwischen den nationalen Parlamenten erforderlich. Sie ist offensichtlich nicht ein Allheilmittel für die Unzufriedenheit der Bevölkerung, das demokratische Defizit oder die europäische Untergrabung des Kontrollmandats der nationalen Parlamente. Ein dritter wichtiger Schritt der Demokratisierung war die Wahl des Kommissionsvorsitzenden durch das Europäische Parlament (statt der zuvor üblichen Zustimmung durch das EP). Auf diese Weise wurde die Bedeutung der Europawahlen aufgewertet.

Institutionell blieben die meisten Erneuerungen des Verfassungsvertrags bestehen: der ständige Vorsitzende des Europäischen Rates für einen Zeitraum von zweieinhalb Jahren und die Doppelfunktion des Hohen Vertreters für die GASP und Kommissar für die Außenbeziehungen. Beide neuen Machtkonzentrationen wurden zunächst durch die Ernennung des Belgiers Herman van Rompuy und der Britin Catherine Ashton, zwei Politikern ohne großen europäischen Ruf oder Hausmacht, eingeschränkt. Letztere hatte die schwere Aufgabe, als »europäische Außenministerin« die Generaldirektion der Kommission und die Mitarbeiter des Ratssekretariats zu integrieren. Der neue diplomatische Dienst, der Europäische Auswärtige Dienst (EAD), muss dazu einen wichtigen Beitrag liefern als Brücke zwischen den kommunitären Strukturen der Kommission und den intergouvernementalen Strukturen des Ratssekretariats. Der EAD schien zunächst ein Spielball der Unwilligkeit der Mitgliedstaaten, in diesem Bereich Souveränität aufzugeben, und des Wettbewerbs zwischen Rat und Kommission zu werden. Vier Funktionen sind keine leichten Aufgaben: Als Kommissarin für auswärtige Beziehungen war Ashton zugleich Vizepräsidentin der Kommission und als Hohe Vertreterin war sie qua Amt die Ständige Vorsitzende des Ministerrats für Allgemeine Angelegenheiten und Außenbeziehungen. Die vier Schlüsselfiguren – der Präsident der Europäischen Kommission, der Ständige Präsident des Europäischen Rates, der Hohe Vertreter/Vizepräsident der Kommission und die halbjährlich rotierende Präsidentschaft des Ministerrates – mussten ein neues Machtgleichgewicht entwickeln.

Für einige institutionelle **Restfragen von Amsterdam** wurde im Vertrag von Lissabon die Lösung aus dem Verfassungsvertrag übernommen. Am wenigsten umstritten war die Obergrenze für die Größe des Europäischen Parlaments, die bei 750 Sitzen festgesetzt wurde. Daneben sollte ab 2014 jedes Land (unabhängig von seiner Größe) in jeder dritten Kommissionsperiode keinen Kommissar stellen. Damit sollte die Größe der Kommission in angemessenen Grenzen von etwa 20 Kommissaren gehalten werden. Obwohl der Kommissar kein nationaler Mandatsträger ist, war diese Entscheidung so umstritten, dass die Klausel hinzugefügt wurde, dass diese Reduktion nicht eingeführt werden solle, wenn der Europäische Rat einstimmig zu einer anderen Entscheidung kommen würde (was 2008 auch prompt geschah). Die konstitutionelle Lösung für die unmögliche dreifache Mehrheit von Nizza war eine praktikable doppelte Mehrheit von mindestens 55 Prozent der Staaten und mindestens 65 Prozent der Bevölkerung. Die Mitgliedstaaten hatten noch bis 2014 die Möglichkeit, sich auf die dritte Mehrheitsregel von Nizza zu berufen, um eine Entscheidung zu blockieren.

Den **Europäischen Rat** der Staats- und Regierungschefs gab es bereits seit 1974 als regelmäßiges Gipfeltreffen, bei dem die großen Linien der europäischen Politik erarbeitet wurden. Obwohl der Rat formell keine EU-Institution war, war er derjenige, der die Kommission beauftragte, in wichtigen Politikbereichen Gesetzesinitiativen zu entwickeln. Erst im Verfassungsvertrag wurde der Europäische Rat zum ersten Mal (und später im Vertrag von Lissabon) als EU-Institution in die Verträge aufgenommen, obwohl er bereits in der Europäischen Akte und im Maastricht-Vertrag erwähnt worden war. Gleiches galt für die Europäische Zentralbank (EZB). Dies sind die beiden Gesichter der EU: einerseits die Fähigkeit, ihre eigene Arbeitsweise in komplexen formalisierten Verfahren zu erfassen und andererseits die Kunst, in wesentlichen Punkten wenn nötig ohne jegliche formale Instanzen zu funktionieren.

Neben institutionellen Antworten schuf Lissabon auch neue Möglichkeiten für eine Vertiefung der Integration. Instrumente für **weitergehende Zusammenarbeit** boten drei Mechanismen, von denen nur der Europäische Auswärtige Dienst zur Unterstützung des Hohen Vertreters größere Bekanntheit erreichte. Darüber hinaus kreierte der Vertrag von Lissabon die Möglichkeit einer »Avantgarde« von mindestens neun Mitgliedstaaten, die gemeinsam eine »engere Zusammenarbeit« innerhalb der EU-Strukturen beschließen würden. Dieser Mechanismus der differenzierten Integration ist seither nur bei einigen spezifischen »technischen« Politikbereichen tatsächlich angewandt worden. Neu war auch die ähnliche »Ständige strukturierte Zusammenarbeit« in der Verteidigungspolitik. Da dies eine politische Kernaufgabe ist, bedarf die Errichtung einer solchen Zusammenarbeit durch einige Mitgliedstaaten der Zustimmung einer qualifizierten Mehrheit des Ministerrates als Ganzes.

Als die Ratifizierung Ende 2009 abgeschlossen war, stimmten die Regierungschefs und die Kommission darin überein, dass die Ära der »großen« **Vertragsreformen** (sechs in 15 Jahren, von der Europäischen Akte bis Lissabon) beendet war. Angesichts der Euroskepsis der Bürger und der Renationalisierungstendenz würde man mit einem solchen Abenteuer immer auch alle Errungenschaften der europaweiten Integration aufs Spiel setzen. Innerhalb der bestehenden Verträge gab es darüber hinaus auch Raum für Vertiefung, vorausgesetzt, dass der politische Wille dafür existierte, möglicherweise durch differenzierte Integration, die nicht von allen Mitgliedstaaten gleichermaßen eine Teilnahme erforderte. Auch während der späteren existenziellen Krisen der EU, zum Beispiel die Finanzkrise, die die gemeinsame Währung des Euro bedrohte, wurde eine Vertragsreform nur selten als Option in die Diskussion eingebracht.

Rückblickend hatte das zehn Jahre dauernde Bemühen, sowohl die demokratische Legitimität Europas zu stärken als auch die institutionelle Architektur zu vereinfachen, vor allem im Hinblick auf Letzteres substanzielle Ergebnisse gebracht. Demokratisierung und Politisierung haben die Rolle des Bürgers nur auf dem Papier verstärkt. Das EP und die nationalen Parlamente haben ihre Position gestärkt, aber Gleiches gilt für den Europäischen Rat und den Ministerrat als intergouvernementales Gegengewicht. Die **differenzierte Integration** fördert die Vertiefung, aber im Vergleich zur relativen Einfachheit und Eleganz von Lissabon produziert sie mehr Komplexität, Ausnahmen und Doppelungen. Sie wird also eine negative Auswirkung auf transparente Entscheidungsfindung und wiederhergestelltes Vertrauen der Bürger in die EU haben.

Differenzierte Integration

Angesichts der zunehmenden Häufigkeit und Vielfältigkeit der differenzierten Integration ist es wichtig, eine Klassifizierung vorzunehmen. Die wichtigste Unterscheidung ist die zwischen **Vertiefungsdifferenzierung**, die für die Mitgliedstaaten mehr oder weniger Integration ermöglicht, und **Erweiterungsdifferenzierung**, die für Nichtmitgliedstaaten mehr als gar keine Integration ermöglicht. Grundsätzlich kennt die Europäische Union nur zwei Kategorien von Staaten: Mitgliedstaaten und Nichtmitgliedstaaten. Staaten werden auf Herz und Nieren geprüft, bevor sie Mitglied werden dürfen, um die Qualität des Integrationsprozesses zu gewährleisten. Die Eurokrise, die um 2010 begann, zeigte die schlimmen Konsequenzen, wenn das schwächste Glied in der Kette bricht. Gegenüber dieser Exklusivität mit ihren strengen Bedingungen stehen jedoch die grundsätzliche Offenheit der EU für alle europäischen Staaten und der Wunsch, die Mitgliedschaft auch wirklich für neue Staaten erreichbar zu machen. Potenzielle neue Mitgliedstaaten brauchen oft den Anreiz der EU-Perspektive und die finanzielle, administrative und strategische Unterstützung durch Brüssel, um überhaupt die festgelegten Kriterien erfüllen zu können. Auf die Frage, ob Reformen eine Voraussetzung für eine Beitrittsperspektive sind oder ob die Perspektive ein notwendiger Impuls für Reformen ist, kann keine Schwarz-Weiß-Antwort gegeben werden. Trotz der Trennung zwischen Mitgliedstaaten und Nichtmitgliedstaaten wird Brüssel mit dem Versprechen von mehr Unterstützung und mehr Integration versuchen, die Dynamik der Reformprozesse zu fördern. Die EU hat selbst auch ein Interesse daran, politische und wirtschaftliche Reformen und Stabilität in (benachbarten) Ländern zu fördern, die keine Beitrittsperspektive haben. Auch hier ist eine Form der »selektiven Mitgliedschaft« oder der Assoziierung ein strategischer Hebel, um den Einfluss von Brüssel zu stärken.

Auch innerhalb der EU ist Differenzierung ein Dauerthema. Ist Vertiefung der Integration überhaupt noch möglich, wenn jeder Schritt erst gemacht werden kann, wenn alle Mitgliedstaaten dazu bereit sind und die festgelegten Kriterien erfüllen? Trotz der prinzipiellen Warnungen vor einem »Europa der zwei Geschwindigkeiten« oder einer Mitgliedschaft »à la carte« ist die Frage bei einer Union mit fast 30 Mitgliedern auch bei der Vertiefung nicht mehr, *ob* von differenzierter Integration Gebrauch gemacht wird, sondern nur noch, *wie* und unter welchen Bedingungen. Darüber hinaus stellt sich bei näherer Betrachtung heraus, dass die EU-Architektur bereits seit Längerem viele verschiedene Formen der Differenzierung kennt. Dies ist vielleicht das zentrale Paradox der EU: Die Dynamik der Vertiefung und Erweiterung benötigt die Illusion, dass es keine anderen Optionen als Mitgliedschaft oder Nichtmitgliedschaft gäbe, aber gleichzeitig sind eine Vielzahl von Zwischenformen und Zwischenstationen notwendig, um Vertiefung und Erweiterung auch tatsächlich zu realisieren. Der Kandidatenstatus ist, was das betrifft, nur die Spitze des Eisbergs. Das Ergebnis ist eine institutionelle und prozedurale Architektur, die durch Vertiefungs- und Erweiterungsdifferenzierung immer komplexer wird.

Ein klassisches Beispiel ist das **Schengener Abkommen**, die Abschaffung der Grenzkontrollen im Personenverkehr zwischen den EG-/EU-Staaten, wie es – im Vorgriff auf Binnenmarktpläne – von Frankreich, Deutschland und den Beneluxländern 1985 eingeführt worden war: ein Beispiel für Vertiefungsdifferenzierung. Nicht jeder Mitgliedstaat der Europäischen Union gehört automatisch zum Schengen-Raum. Seit dem Vertrag von Amsterdam ist jeder Mitgliedstaat verpflichtet zu versuchen, diese zusätzlichen Kriterien, die von der EU übernommen wurden, zu erfüllen; zuerst im dritten Pfeiler, später dann großenteils im ersten Pfeiler. So wurden die neuen osteuropäischen Mitgliedstaaten erst 2007–2008 schrittweise in den Schengen-Raum aufgenommen. Als Schengen 1999 mit dem Vertrag von Amsterdam Teil des Acquis wurde, beschlossen das Vereinigte Königreich und Irland, für sich ein Opt-out zu beanspruchen und damit nicht an diesem Teil der europäischen Integration teilzunehmen: ein Beispiel negativer Integration. Umgekehrt sind Norwegen, Liechtenstein und die Schweiz wohl Teil des Schengen-Raums, obwohl sie nicht Mitglied der Union sind. Einige Ministaaten wurden aus pragmatischen Überlegungen in den Schengen-Raum aufgenommen, wie San Marino, das sonst Kontrollposten an der Grenze mit dem einzigen Nachbarn, Italien, hätte einrichten müsse. Diese Länder sind zwar an die Schengen-Protokolle gebunden, sind aber von der Entscheidungsfindung darüber ausgeschlossen. Schengen ist eine besondere Kombination aus Erweiterungs- und Vertiefungsdifferenzierung.

Die WWU und die Eurozone sind vergleichbare Phänomene der Differenzierung. Nicht alle Mitgliedstaaten, aber eine substanzielle Mehrheit von ihnen haben die Maastricht-Kriterien für den Euro erfüllt. Auch hier hat das Vereinigte Königreich ein Opt-out und hat Schweden nach einem negativen Referendum beschlossen, die Einführung des Euro ohne ein neues Zieldatum zu verschieben. Einige Ministaaten wurden in die Eurozone aufgenommen: Vatikanstadt, Monaco und San Marino können, anders als Andorra, ihre eigenen Euromünzen schlagen.

Eine ältere Anwendung der differenzierten Integration betrifft koloniale und autonome Teilgebiete von Mitgliedstaaten. In den Verhandlungen über den EWG-Vertrag stellten (ehemalige) **Kolonien** und ihre Handelsbeziehungen mit dem Mutterland große Stolpersteine dar. Mittlerweile ist es so geregelt, dass Mitgliedstaaten des britischen Commonwealth als unabhängige Staaten mit Ausnahme der Handelsprivilegien kein besonderes Band mit der EU haben. So sind sehr unterschiedliche und komplexe Regelungen entstanden. Französische überseeische Gebiete wie die Insel Mayotte im Indischen Ozean oder die spanischen Exklaven Ceuta und Melilla in Nordafrika nutzen den Euro und haben sogar das Stimmrecht für das Europäische Parlament, sind aber nicht Teil der Schengen-Zone. Umgekehrt haben die Färöer-Inseln und Grönland territoriale Autonomie im dänischen Staat, sind aber nicht mehr Teil der EU. Aruba, Curaçao und Sint Maarten sind unabhängige Staaten im Königreich der Niederlande und nutzen den Aruba-Florin und den Antillen-Gulden. Die nahe gelegenen Inseln Bonaire, Sint Eustatius und Saba sind trotz ihres Status als Besondere Niederländische Gemeinden 2011 zum US-Dollar übergetreten.

Zwei zwischenstaatliche Integrationsformen sind ***außerhalb* der Verträge** denkbar. Praktisch, aber nicht schön ist eine Ad-hoc-Koalition von Ländern für eine bestimmte Aufgabe. Ziel ist hier, ein akutes Problem, bei dem Zusammenarbeit erforderlich ist, in Angriff zu nehmen. Teilnahme aller EU-Staaten ist weder wünschenswert noch praktikabel und Institutionalisierung kein Ziel. Die Zusammenarbeit der EU-Staaten, die die US-Intervention im Irak unterstützten, war eine solche »Koalition der Willigen«. Übereinstimmung im Rahmen der GASP war nicht erreichbar und von Institutionalisierung konnte nicht die Rede sein.

Demgegenüber steht das Modell der »Avantgarde«, das in Brüssel auf mehr Sympathie rechnen kann. Eine Gruppe von Staaten unternimmt zwischenstaatlich einen weiteren Integrationsschritt, zu dem noch nicht alle Länder bereit sind, aber mit dem ausdrücklichen Ziel, diese Zusammenarbeit für alle bereitwilligen Länder offen zu halten, und mit dem Bemühen, diese letztlich im EU-Rahmen zu etablieren. Dieser Ansatz schafft Dynamik in der Vertiefung, auch in einer EU-28, ohne die Verträge unnötig komplex zu machen. Ein Beispiel hierfür ist Schengen mit ursprünglich fünf teilnehmenden Ländern.

Auch die Integration ***innerhalb*** **der Verträge** hat zwei Formen. Ebenfalls praktisch, aber nicht schön ist das Opt-out: ein Mitgliedstaat, der sich von einem neuen Integrationsschritt (teilweise) durch ein Protokoll bei der Vereinbarung distanziert. Das Vereinigte Königreich und der Euro oder Polen und die Charta sind Opt-outs, die zeigen, dass es hier die Gefahr eines Europas »à la carte« gibt. Es gibt auch den umgekehrten Fall: selektiver Ein- oder Ausschluss von Ländern durch die EU in bestimmten Politikbereichen. Die besondere Kontrolle und die Einschränkungen, die seit dem Beitritt 2007 (vorübergehend) für Rumänien und Bulgarien auf dem Gebiet des Binnenmarktes und des dritten Pfeilers unter der Bezeichnung »Mechanismus für Zusammenarbeit und Verifikation« galten, sind eine unfreiwillige Einschränkung der Vollmitgliedschaft. Hier wurden nicht die Länder eingeschlossen, die höhere Kriterien (wie Schengen oder die Eurozone) erfüllten, sondern wurden gerade Länder ausgeschlossen, die (noch) nicht die normalen EU-Kriterien erfüllten.

Da Differenzierung immer wichtiger wird, wurden mehrere Versuche unternommen, im Rahmen der Verträge Raum für funktionale Differenzierung zu schaffen. Am wenigsten umstritten ist die in den neunziger Jahren entwickelte und in Lissabon formalisierte »Offene Koordinierungsmethode« (OMK), bei der der Rat auf Vorschlag der Kommission Benchmarks für Politikbereiche festlegt, in denen die EU eigentlich nicht zuständig ist. Die Benchmarks sind nicht bindend, müssen aber wohl Vereinheitlichung und einen Austausch von »best practices« fördern. Es bleibt den Mitgliedstaaten überlassen, ob und wie sie diese Benchmarks einhalten oder nicht. Nicht die Politik wird von Brüssel überprüft, sondern nur die erzielten Ergebnisse.

»**Verstärkte (oder engere) Zusammenarbeit**« wurde in Amsterdam für den ersten und dritten Pfeiler eingeführt, kam aber erst in Fahrt, als sie in Nizza auf den zweiten Pfeiler ausgedehnt wurde. Darüber hinaus wurde es damals anderen Mitgliedstaaten verboten, eine Initiative zur »verstärkten Zusammenarbeit« von mindestens einem Drittel der Mitgliedstaaten innerhalb der Verträge zu blockieren. Auf dem Gebiet der Verteidigung heißt dies »Ständige Strukturierte Zusammenarbeit in der Verteidigung« (PESCO), aber das Verfahren ist das gleiche. Die Einrichtung eines solchen Kooperationsprojekts erfolgt im Rat durch einen Beschluss mit qualifizierter Mehrheit und die Durchführungsentscheidungen werden danach einstimmig von den teilnehmenden Ländern getroffen.

Solang es um weit von der EU entfernte ehemalige Kolonien, europäische Ministaaten oder Nachbarländer, die weitestgehend den Kopenhagener Kriterien entsprechen, geht, ist Erweiterungsdifferenzierung in der rechtlichen Umsetzung komplex, aber politisch unproblematisch. Das Gegenteil trifft auf die Situation größerer Nachbarländer zu, die in vielen Bereichen nicht die Kriterien von Demokratie, Rechtsstaatlichkeit und funktionierender Marktwirtschaft erfüllen, insbesondere die Balkanstaaten und Nachbarländer wie die Türkei, Ukraine, Moldova und Weißrussland. Eine Vielzahl von Differenzierungen, die einem Land begrenzte oder Teilmitgliedschaft einschließlich politischer und institutioneller Beteiligung anbieten würden, ist tabu geblieben. Umgekehrt wird viel diskutiert, was in der Fachliteratur »Assoziierung plus« genannt wird: selektive Teilnahme an spezifischen europäischen Politikbereichen und Fonds ohne Beteiligung und Vertretung. Für die Länder des Westbalkans, mit einer bestenfalls mittelfristig möglichen Mitgliedschaft, werden solche Varianten gleichermaßen diskutiert wie für Nichtkandidaten in Nordafrika oder in Osteuropa und im Kaukasus. Dazu gehört auch die Zollunion, die 1996 zwischen der

EU und der Türkei in Kraft getreten ist, die Visafreiheit für Länder wie Albanien oder Moldova und der Aufbau einer Freihandelszone zwischen der EU und den westlichen Balkanstaaten.

Das Ergebnis der Brexit-Verhandlungen 2017–2019 kann der differenzierten Integration ein neues Kapitel hinzufügen. Das Vereinigte Königreich wird nicht mehr Mitglied sein, aber London und Brüssel werden versuchen, ihre Beziehungen und die Zusammenarbeit von diesem Nullpunkt aus nicht neu zu organisieren. Stattdessen wird ein begrenzter Anteil von Teilen der Mitgliedschaft aufrechterhalten werden, wo politischer Wille und die institutionell-prozeduralen Rahmen dies erlauben. Das Ergebnis wird eine hybride Kombination aus Erweiterungs- und Vertiefungsintegration sein: mehr als Kandidatenländern gegönnt wird und weniger als innerhalb der Union selbst durch Opt-outs verhandelbar wäre. Differenzierte Integration lehrt, dass zwischen einem weichen und einem harten Brexit (mit oder ohne Zugang zum Binnenmarkt) viele Abstufungen denkbar sind. In welchen Politikbereichen London auch integriert bleiben möge, es verliert trotzdem seine Beteiligung an der Weiterentwicklung von europäischen Gesetzen und Vorschriften.

In Bezug auf die Erweiterungsdifferenzierung sprechen die **Gegner** von einer EU der »zwei Geschwindigkeiten« oder einer »Zweite-Klasse-Mitgliedschaft«, um zu betonen, dass diese Ungleichheit dem Ideal der Europäischen Union zuwiderläuft. Die Befürworter verweisen auf den Mehrwert für die Dynamisierung und Flexibilisierung des Integrationsprozesses. »Avantgarde«, »Kern-Europa«, »Gravitationszentren« und »Variable Geometrie« sind die Fachtermini, die zu dieser Sichtweise gehören. Skeptiker sehen bei Erweiterungsdifferenzierung schon bald die Zugangsanforderungen und die Qualität der Mitgliedschaft in Gefahr, während die Befürworter einer differenzierten Integration auf die Bedeutung substanzieller und/oder symbolischer Handreichungen für potenzielle Kandidaten hinweisen.

Von Fünfzehn zu Achtundzwanzig

1998 begannen die **Beitrittsverhandlungen** mit sechs Ländern: Polen, Ungarn, Tschechien, Estland, Slowenien und Zypern. Bei der Bestimmung der Auswahl und der Anzahl stritten ideelle, strategische und pragmatische Erwägungen um Vorrang. Die Tatsache, dass die ostmitteleuropäischen Kandidaten Polen, Ungarn und Tschechien (aber nicht die vor allem bei der Demokratisierung stagnierende Slowakei) und die kleinen Länder Estland, Slowenien und Zypern die politischen und ökonomischen Kriterien objektiv besser erfüllten als die anderen sechs, wurde kaum infrage gestellt. Die Ergebnisse der Reformen und die Anpassung der nationalen Rechtsvorschriften, die sogenannte Acquis-Harmonisierung und deren Defizite, wurden von der Kommission in einem jährlichen Fortschrittsbericht für jedes Kandidatenland dokumentiert und identifiziert.

Zwei pragmatische Überlegungen brachten den Rat dazu, 1999 die festgestellten Mängel nicht überzubewerten und auch die anderen sechs (Malta, Lettland, Litauen, Slowakei, Rumänien und Bulgarien) einzuladen, um Verhandlungen zu beginnen. Erstens würde eine weitere Verzögerung eine lange, temporäre EU-Außengrenze mit allen damit verbundenen Kosten für die Infrastrukturen von Grenz- und Zollkontrollen schaffen. Zweitens würde ein Beitritt der östlichen Kandidaten in zwei oder mehr Etappen die von Brüssel gewünschte intraregionale Zusammenarbeit beeinträchtigen. Im Dezember 2002 wurden die Verhandlungen mit den fünf ostmitteleuropäischen Kandidaten zusammen mit den drei baltischen Staaten und den beiden Mittelmeerinseln, aber ohne Rumänien und Bulgarien abgeschlossen. Die Mitgliedschaft in der EU wurde als Krönung des zehnjährigen postkommunistischen politischen und wirtschaftlichen Transformationsprozesses gesehen. Die Erweiterung von einer EU-15 zu einer EU-25 am 1. Mai 2004 vergrößerte die EU-Bevölkerung um fast 20 Prozent und das Territorium um mehr als 20 Prozent. Die eigentliche Herausforderung dieser »**Big-Bang**«**-Erweiterung** lag jedoch vor allem in der unvollendeten politischen und wirtschaftlichen Transformation und der dadurch in vielerlei Hinsicht stark erhöhten Heterogenität der EU, die einst als homogene Sechs begonnen hatte. Das Wohlfahrtsniveau in den neuen Mitgliedstaaten ist auch jetzt noch ein Drittel niedriger als in der EU-15.

Einer der Grundsätze des Osterweiterungsprozesses war die Regel, dass die EU keine **Konflikte** zwischen den Staaten »importieren« wollte. Aus Angst vor ethnischen Konflikten zwischen den künftigen Mitgliedstaaten in Osteuropa führte Frankreich 1993 den Balladur-Stabilitätspakt ein, um regionale Zusammenarbeit und bilaterale Abkommen zu fördern. Dieser Pakt erwies sich als weitgehend überflüssig, weil die erwartete Explosion von Minderheitenkonflikten ausblieb und weil keine Regierung die EU-Perspektive wegen Grenz- oder Minderheitenfragen aufs Spiel setzen wollte. Die stabilisierende Wirkung der EU-Perspektive ist hierbei unbestritten. In der Frage der staatenlosen russischen Minderheit, die im unabhängigen Estland und Lettland keine oder nur begrenzte politische Rechte erhielt, ließ Brüssel schlussendlich zu, dass ein (potenzieller) Minderheitenkonflikt mit Russland inkorporiert wurde. Die Alternative war, dass Moskau den Schlüssel für den Beitritt der baltischen Staaten in Händen halten würde.

Eine ähnliche strategische Entscheidung wurde in der Zypernfrage getroffen. Auch hier drohte die eine Konfliktpartei damit, die andere mit der EU-Mitgliedschaftsperspektive unter Druck zu setzen. Die Nordhälfte der ehemaligen britischen Kolonie ist seit 1974 von der Türkei besetzt. Wenn die griechischen politischen Führer und ihre türkischen Kontrahenten in der geteilten Hauptstadt Nikosia bei allen UN-Vermittlungsversuchen noch nicht unversöhnlich genug waren, dann mengten sich auch noch Athen und Ankara in den Konflikt. Um die Beitrittsperspektive als ultimatives Druckmittel nutzen zu können, entwickelten die UNO und die EU 2002 gemeinsam den Annan-Plan. Der Plan basierte auf einer Konföderation zweier in hohem Maße unabhängiger Teilrepubliken. Für das ärmere und international nicht anerkannte Nordzypern erwies sich die EU-Perspektive als attraktiv genug, um in einem Referendum dafür zu stimmen. Die Zyprioten im Süden lehnten den Plan jedoch mit großer Mehrheit ab, wohl wissend, dass die Mitgliedschaft bereits zum 1. Mai 2004 unumkehrbar war.

Hiermit importierte die EU ungewollt doch einen Konflikt, der allerdings seit Jahren nicht mehr zu bewaffneten Auseinandersetzungen geführt hatte, der aber durch die Besetzung der halben Insel Komplikationen verursachte. Da die Türkei als einziges Land Nordzypern anerkennt und keine Beziehungen mit Südzypern unterhält, verweigert Ankara (trotz der Zollunion mit der EU) Schiffen aus Zypern den Zugang zu türkischen Häfen. Zypern ist nicht nur ein zusätzlicher Zankapfel in den in letzter Zeit ohnehin konfliktreichen Beziehungen zwischen der EU und der Türkei, sondern stellt auch ein administratives Problem für die EU selbst dar. Formell ist ganz Zypern seit 2004 Mitglied der EU. Die türkischen Truppen in der nicht anerkannten nördlichen Republik stellen völkerrechtlich gesehen eine Besatzungsmacht dar – eines Landes, das selbst die EU-Mitgliedschaft anstrebt. Angesichts der Dichte der europäischen Integration sorgt die Teilung für zahllose bürokratische und praktische Probleme: Formal dürfen Nordzyprioten an den Europawahlen teilnehmen, gilt die europäische Agrarpolitik auch für Olivenbäume in Famagusta und ist der Euro im Norden ein gültiges Zahlungsmittel. Die Zypernfrage zeigte, dass die Beitrittskriterien von Kopenhagen den Zustand von Demokratie, Rechtsstaatlichkeit und Marktwirtschaft im Kandidatenstaat betreffen, aber nicht die Beziehungen zu den Nachbarländern. In einer ganz anderen Größenordnung sollte dieses Problem in Brüssel wieder aktuell werden – bei der Integration der ehemaligen jugoslawischen Republiken zu Beginn des 21. Jahrhunderts mit ihrer jungen Geschichte der gegenseitigen Kriegsführung und der Nichtanerkennung Kosovos durch Serbien und Mazedoniens durch Griechenland.

Die EU-Mitgliedschaft wurde in den ehemals kommunistischen Staaten in Osteuropa als »Rückkehr nach Europa« betrachtet, ein historischer Augenblick, mit dem jede politische Partei und Regierung sich brüsten wollte. Dies machte die Entscheidung der EU-15 im Mai 2004, zehn Länder wohl zuzulassen, zwei andere aber nicht, zu einer bitteren Pille für Bukarest und Sofia. Die Hauptkritikpunkte der Fortschrittsberichte der Kommission im Oktober 2002 für **Rumänien und Bulgarien** betrafen neben notwendigen Investitionen im Bereich von Landwirtschaft, Verkehrsinfrastruktur und

Umwelt insbesondere die Reform der Justiz und der staatlichen Bürokratie. Die Abwägung zwischen strikter Anwendung der Beitrittskriterien und der grundsätzlichen Offenheit der EU blieb ein politisches Dilemma für Brüssel. Der mühsame Reformprozess in der Politik und im Staatsapparat kam anscheinend ohne den Druck und die Ermutigung der Beitrittsperspektive nicht voran. Auf der anderen Seite wollten die EU-15 dafür nicht die Homogenität und Qualität der europäischen Integration riskieren und fürchteten darüber hinaus, dass die europäische Hilfe durch Ineffizienz und Korruption kaum Ergebnisse zeitigen würde. Wegen der Defizite dieser beiden südosteuropäischen Kandidaten und der unzureichenden Reformfähigkeit wurde die Brüsseler Kontrolle der wichtigsten Defizite (Korruptionsbekämpfung, Reform des Staatsapparates und der Justiz) fortgesetzt, trotz der Anerkennung von Rumänien und Bulgarien als formal gleichberechtigte EU-Mitgliedstaaten im Jahr 2007.

Erweiterung und Europäisierung nach dem »Big Bang«

Der Abschluss der »Big-Bang«-Erweiterung zum 1. Januar 2007 markierte das Ende einer Ära für die Europäische Union. Mit der Aussicht auf Beitritt als Hebel war es der EU gelungen, die ehemals kommunistischen Länder und Sowjetrepubliken bei der wirtschaftlichen und politischen Transformation zu unterstützen und zu motivieren. Bei den **Balkanländern und den neuen Nachbarländern im Osten** waren die Transformationsprobleme jedoch viel größer und oft mit territorialen und ethnischen Konflikten verbunden. Der Erfolg der Erweiterungsstrategie erwies sich in Südosteuropa als viel geringer als in Ostmitteleuropa. Umfragen zeigten darüber hinaus, dass die europäischen Bürger gegenüber weiterer Erweiterung skeptisch waren. Europäische Politiker standen vor der Frage, wie sie die größeren Transformationsprobleme in Südosteuropa mit einer EU-28, die zunehmend Symptome dessen zeigte, was im EU-Jargon »Erweiterungsmüdigkeit« genannt wurde, lösen konnten. Wähler und Parlamentarier zeigten wachsenden

Widerstand gegen eine Fortführung der Erweiterung der Union. Es wurde nicht nur nach einer neuen Strategie für die südöstliche Erweiterung gesucht, sondern vor allem nach einer Strategie, um Stabilität, Wohlstand und Demokratie in den Nachbarländern zu fördern, für die die EU auch auf lange Sicht eine Beitrittsperspektive nicht als Hebel nutzen könnte. Für diese Länder sollte ab 2003 die Nachbarschaftspolitik entwickelt werden.

Bei der Entwicklung **neuer Strategien** für die langfristigen Kandidaten und die Nachbarländer wurden einige typische Merkmale der EU im Bereich der Außenbeziehungen sichtbar. Zunächst waren vor allem größere Mitgliedsländer geneigt, ihre Position in der politischen Krise selbstständig zu bestimmen und zu handeln: Manchmal durchkreuzten nationale diplomatische Aktionen die EU-Politik, zum Beispiel die griechische Weigerung, wegen des Namenstreits Beitrittsverhandlungen mit Mazedonien zu akzeptieren. In anderen Fällen waren nationale Politiker viel effektiver als die EU hätte sein können: der polnische Präsident Aleksander Kwaśniewski als Vermittler in der ukrainischen Orangen Revolution 2004 und sein französischer Kollege Nicolas Sarkozy im russisch-georgischen Krieg 2008. Trotz der Erkenntnis, dass Europa nur Einfluss hatte, wenn es mit einer Stimme sprach, wogen nationale Interessen manchmal schwerer. Zweitens erschwerte es der historische Erfolg der Transformation und der Osterweiterung, dieses Paradigma zu verlassen. Strategien für den Balkan und die Nachbarländer waren hauptsächlich Variationen der **Erweiterungsstrategie**. Drittens war der Preis für die Zuverlässigkeit und Stärke der EU in langdauernden Transformationsprozessen ein prozeduraler Formalismus und Trägheit bei der Entscheidungsfindung in akuten Krisen. Innerhalb der EU vertrat die Kommission den strukturellen Ansatz von Transformation und Beitritt. Für die Hohe Vertreterin hatten Krisenmanagement und regionale Stabilität Priorität. Trotz des »double hatting« (die Doppelfunktion des Hohen Vertreters und des Kommissars für Außenbeziehungen seit dem Vertrag von Lissabon) erwies es sich als äußerst schwierig, diese gegensätzlichen Visionen und Strategien unter einen Hut zu bringen.

Die **Türkei** war für die EU ein erster Testfall im Umgang mit einem Land, dessen Antrag nicht direkt in einen Kandidatenstatus und Beitrittsverhandlungen resultierte. Der Antrag von Ankara 1959 hatte 1963 zu einem Assoziierungsabkommen geführt, das eine Zollunion in Aussicht stellte (aber nicht die Teilnahme an der institutionellen Entscheidungsfindung), die schließlich 1996 eingeführt wurde. Erst der Europäische Rat von Helsinki im Dezember 1999 beschloss, der Türkei den Kandidatenstatus zu gewähren, aber noch keine Verhandlungen zu eröffnen. Bei dieser Entscheidung spielte die geostrategische Lage des Landes in den instabilen Regionen des Mittleren Ostens und des Schwarzen Meeres, die für die EU zunehmend an Bedeutung gewannen, ebenso eine Rolle wie die verständliche Frustration in Ankara wegen der Aufnahme von Verhandlungen mit osteuropäischen Staaten und der Beitrittsperspektive, die selbst den ehemaligen jugoslawischen Republiken und Albanien in diesem Jahr gegönnt wurde.

Durch das zunehmende außenpolitische Selbstbewusstsein von Ankara und der in Relation zu Europa schnell wachsenden Wirtschaftskraft der Türkei einerseits und die wachsende antitürkische und antiislamische Stimmung bei den europäischen Wählern auf der anderen Seite sind die Verhandlungen zwischen Brüssel und Ankara nicht mit »normalen« Beitrittsverhandlungen vergleichbar. Für Länder wie Estland oder Ungarn war EU-Mitgliedschaft zu der Zeit die einzig denkbare Zukunftsstrategie und die »Verhandlungen« beschränkten sich auf einseitige Anpassung an EU-Standards, mit einigen Ausnahmen als Zugeständnis. Die Türkei ist als Partner der EU ein Schwergewicht mit eigenen Trümpfen in den Verhandlungen und mit Selbstständigkeit als alternativer Strategie. Mit grundlegenden Fragen wie dem Zypern-Konflikt, Folter und der Todesstrafe, der Armenienfrage, Frauenrechten und Religionsfreiheit, die den Kern der Kriterien von Kopenhagen betreffen, wurden die 2005 eröffneten Verhandlungen viel konfliktreicher und politischer als die technische Acquis-Harmonisierung in Ostmitteleuropa.

Der EU-Beitrittsprozess der Türkei stellt in vielerlei Hinsicht eine Ausnahme dar. In der öffentlichen und politischen Diskussion in den Mitgliedstaaten ist der Beitritt der Türkei umstritten, nicht nur weil die Größe des Landes die Machtverhältnisse in der EU erheblich verändern würde, sondern auch wegen der Sorge über die Menschenrechtslage und weil die strukturschwache Osttürkei eine zu große Belastung für die europäischen Fonds sein würde. Die öffentliche Debatte dreht sich vor allem um die Frage, ob der Grundsatz, dass jeder europäische Staat das Recht hat, die EU-Mitgliedschaft zu beantragen, auch für die Türkei gilt. Die Gegenargumente verweisen manchmal darauf, dass der geografische Schwerpunkt des Landes in Asien liegt, aber häufiger auf den dominanten Islam als Gegensatz zur europäischen Zivilisation, auf die christlichen und griechisch-römischen Traditionen und die Ideale der Aufklärung. Unbestritten ist, dass ein Beitritt der Türkei wegen der großen Unterschiede zwischen der prosperierenden modernen Westküste und dem großen ärmeren anatolischen Hinterland eine Neuordnung der Europäischen Strukturfonds erfordern würde.

Auch der jüngste Beitritt, die Mitgliedschaftseinladung für **Kroatien** 2013, zeigt, wie schwierig es ist, Konflikte zwischen und innerhalb von Staaten in den Verhandlungsprozess zu integrieren. Die EU hatte Anfang 1991 zwar die Unabhängigkeit Kroatiens gegenüber Miloševićs Jugoslawien anerkannt, aber das autoritäre nationalistische Regime von Präsident Franjo Tuđman und die Vertreibung der serbischen Minderheit schlossen eine europäische Perspektive in den neunziger Jahren aus. Die positive wirtschaftliche und vor allem demokratische Entwicklung unter Präsident Stjepan Mesić nach dem Tod Tuđmans, aber auch Kroatiens Bereitschaft, eine konstruktive Rolle in der instabilen Balkanregion zu spielen, wurden von der EU mit einem Stabilisierungs- und Assoziierungsabkommen (2003) und bald auch dem Kandidatenstatus (2004) belohnt.

Die Eröffnung der Verhandlungen ein Jahr später hing allerdings nicht nur vom Bericht (»avis«) der Europäischen Kommission ab, sondern auch von zwei **politischen Fragen**: Österreich drohte mit einem Veto zu Verhandlungen mit der Türkei, falls die anderen Mitgliedsländer sich nicht auch mit Zagreb über die ersten Acquis-Kapitel an den Verhandlungstisch setzen würden. Die Kommission geriet hierdurch in eine schwierige Lage, weil insbesondere die Niederlande und das Vereinigte Königreich verlangten, dass Zagreb eine zusätzliche Anforderung erfüllte, bevor die Verhandlungen eröffnet werden konnten: uneingeschränkte Zusammenarbeit mit dem Jugoslawien-Tribunal in Den Haag bei der Festnahme von Kriegsverbrechern aus den Konflikten der neunziger Jahre. Auch der Abschluss der Verhandlungen wurde nicht in den Büros der Kommission bestimmt, sondern durch einige kleinere, ungelöste Streitigkeiten mit dem Nachbarland und EU-Mitglied Slowenien. Ljubljana nutzte die Beitrittsverhandlungen, um Zagreb über die umstrittene Seegrenze, das Bankkapital und ein Atomkraftwerk unter Druck zu setzen: wieder eine politische Nutzung dessen, was ein technokratischer Anpassungsmechanismus sein sollte. Nach der Vertragsunterzeichnung im Dezember 2011 ist Kroatien ab Juli 2013 der 28. Mitgliedstaat der EU.

Als die ostmitteleuropäischen Staaten 2004 ihre »doppelte Transformation« (von der Plan- zur Marktwirtschaft und von der Diktatur zur Demokratie) abschlossen, standen die meisten südosteuropäischen Länder noch am Anfang einer dreifachen Transformation. Durch die blutigen Konflikte rund um das Ende Jugoslawiens hatten die meisten Nachfolgestaaten zehn wertvolle Jahre für die wirtschaftliche und demokratische Transformation verloren und waren zusätzlich mit einer dritten **Transformation von Nation und Staat** belastet. Aus strategischen Gründen versprach die EU am Ende des Kosovokrieges im Juni 1999 den Staaten des westlichen Balkans feierlich eine Integrationsperspektive auf lange Sicht. Gleichzeitig wurden jedoch zwei zusätzliche Anforderungen zu den Kriterien von Kopenhagen formuliert: regionale Zusammenarbeit und Beilegung nationaler Konflikte in und zwischen den Nachfolgestaaten und Zusammenarbeit mit dem Jugoslawien-Tribunal in Den Haag (ICTY). Zur Unterstützung der regionalen Zusammenarbeit in den Bereichen Wirtschaft, Demokratisierung und Sicherheit wurde der Stabilitätspakt für Südosteuropa eingerichtet und mit reichlich finanziellen Mitteln ausgestattet. Zur gleichen Zeit wurde der Stabilisierungs- und Assoziierungsprozess (SAP) als eine Vorphase des Kandidatenstatus angekündigt, was den Ländern der

Region gemeinsame Vorteile in ihren Beziehungen mit der EU (insbesondere den Handel betreffend) bieten sollte.

Die EU hatte in diesem Jahrzehnt deutlich mehr Erfolg mit Krisenmanagement, Diplomatie und militärischen und zivilen Missionen. Die kroatische Einmischung in Bosnien-Herzegowina wurde beendet. Eine neue Eskalation des langjährigen Konflikts zwischen Serbien und dem Kosovo konnte trotz der Unabhängigkeitserklärung des Kosovo 2008 verhindert werden. In Mazedonien konnte ein Bürgerkrieg zwischen slawischen Mazedoniern und einer albanischen Minderheit im Keim erstickt werden. Die Unabhängigkeit Montenegros als letzter jugoslawischer Republik 2006 wurde ebenfalls von Brüssel mitbestimmt. Und im April 2013 wurde mit der Beitrittsperspektive als Hebel selbst ein erster Durchbruch in der Normalisierung der bilateralen Beziehungen zwischen Serbien und dem Kosovo herbeigeführt.

Neben dieser Gruppe von Ländern, die gerne beitreten wollen, aber die Kriterien von Kopenhagen nicht erfüllen, gibt es eine kleine Gruppe von Ländern, die zwar die Anforderungen für eine Mitgliedschaft erfüllen, es aber vorziehen, außerhalb der EU zu bleiben. In Norwegen waren zwei Referenden (1972 und 1994) zuungunsten der EU-Mitgliedschaft ausgefallen. Seitdem beteiligt sich Norwegen (ohne Stimmrecht) zunehmend in europäischen Strukturen wie Schengen, Europol und dem **Europäischen Wirtschaftsraum (EWR)**. Der Schweizer EU-Antrag wurde 1994 ebenfalls durch ein Referendum blockiert. Die Schweiz (Mitglied der EFTA) regelte ihre Beziehungen zur EU auf bilateraler Basis außerhalb des EWR. Das Ausmaß der Integration ist mit dem Norwegens vergleichbar. Bern und Brüssel müssen regelmäßig ein Dutzend bilateraler Verträge anpassen, um mit der europäischen Gesetzgebung im Einklang zu bleiben, und die Schweiz passt ihre einschlägigen Rechtsvorschriften an den Acquis an ohne Mitspracherecht bei Entscheidungsfindung.

Island ist der dritte Außenseiter und war ebenfalls lange mit der wirtschaftlichen Integration durch den EWR und die Reisefreiheit durch Schengen zufrieden. Die Bankenkrise und der Zusammenbruch der Sparkasse Icesave 2008 stellten die EU-Mitgliedschaft und die Einführung des Euro plötzlich in ein anderes Licht. Beitrittsverhandlungen wurden 2010, nach einem Antrag ein Jahr zuvor, eröffnet und entwickelten sich anfangs gut. Als ein Mitglied des EWR und anderer EU-Strukturen hatte Island bereits große Teile des Acquis übernommen. Fischereirechte und Schadensersatzansprüche für Sparguthaben aus den Niederlanden und dem Vereinigten Königreich stellten Stolpersteine dar. Ein Regierungswechsel 2013 führte zu einer Vertagung der Gespräche. Die Erkenntnis, dass Selbstständigkeit in Kombination mit intensiven Beziehungen mit der EU eine plausible Alternative zur Mitgliedschaft ist, sorgt in Island, wie in anderen skandinavischen Ländern, dafür, dass höchstens eine kleine Mehrheit der Bürger für eine Mitgliedschaft stimmen würde und dass eine einzelne Streitfrage wie Fischereirechte oder militärische Neutralität ein Referendum scheitern lassen kann.

»Pax Europeana«

Nach dem Vorbild der römischen »Pax Romana« will die Europäische Union die Sicherheit und das Wohlergehen ihrer Bürger und Mitgliedstaaten schützen, indem sie sich mit, was der Kommissionsvorsitzende Romano Prodi 2002 »einen Ring von gut regierten, befreundeten Ländern« nannte, umgibt. Dabei wurde an die »**Soft-Security-Risks**« gedacht, die die Folge von (zu) großen Wohlstandsunterschieden zwischen der EU und den Nachbarländern wären, wie Armutsmigration und organisierte Kriminalität, vor allem, wenn die Nachbarländer autoritäre Regime hätten.

Viel konkreter ist der Ehrgeiz, bewaffnete Konflikte und ungelöste Streitfragen oder »**Hard-Security-Risks**« anzugehen. In Ostmitteleuropa war es der EU erstaunlich gut gelungen, die (zunächst überschätzten) Konfliktpotenziale zwischen den Beitrittsländern einzudämmen. Im Rahmen des Integrationsprozesses erwiesen sich Staaten dank der Beharrlichkeit Brüssels bereit, Konflikte über ethnische Minderheiten oder Staatsgrenzen beizulegen oder zumindest in einer konstruktiven und friedlichen Art und

Weise in Angriff zu nehmen. Beispiele hierfür sind die Fragen der ungarischen Minderheit in der Slowakei, die Seegrenze zwischen Slowenien und Kroatien und die praktischen Regelungen mit Litauen für die russische Exklave Kaliningrad.

Im Jahr 2002, dem Jahr der letzten Verhandlungen mit den zehn Kandidaten, entwickelte die Europäische Kommission die ersten Strategien für engere Beziehungen mit den »neuen Nachbarn« im Osten: Ukraine, Belarus, Russland mit seiner Exklave Kaliningrad und Moldova. Angesichts des enormen Wohlstandsgefälles an der neuen Außengrenze der EU und der Nachteile für die unmittelbaren Grenzregionen einer streng kontrollierten EU-Grenze wurde eine Politik entwickelt, die zuerst »Initiative Neue Nachbarn«, dann »Größeres Europa« und schließlich 2004 **Europäische Nachbarschaftspolitik (ENP)** genannt wurde. Nicht nur das Personal in Brüssel wurde von der Generaldirektion für Erweiterung übernommen, sondern auch viele der Instrumente, um Demokratisierung, Rechtsstaatlichkeit und wirtschaftliche Entwicklung in den Nachbarländern zu fördern und damit die »weichen Sicherheitsrisiken« für die EU, wie illegale Einwanderung, organisierte Kriminalität und Schmuggel, zu reduzieren. Die ENP musste jedoch ohne den wichtigsten Hebel der Erweiterungsstrategie arbeiten: eine Perspektive auf langfristige Vollmitgliedschaft in der EU.

Während die Ergebnisse in den Zielländern nicht übergeschätzt werden dürfen, hat die Nachbarschaftspolitik in der EU eine eigene Dynamik entwickelt, die für Brüsseler Politikbildung nicht untypisch ist. Die zusätzlichen Mittel, die für die östlichen Nachbarn zur Verfügung gestellt wurden, ließen die südeuropäischen Mitgliedstaaten eine Schwerpunktverlagerung der EU Richtung Osten mit Berlin als neuem Zentrum befürchten. Bereits in einem frühen Stadium erreichte daher Paris, dass auch die »Nachbarländer« am Mittelmeer von Marokko bis Israel an der ENP teilnahmen. Aus strategischen Gründen wurden kurz darauf auch die kaukasischen Republiken Georgien, Armenien und Aserbaidschan hinzugefügt. (Potenzielle) Kandidatenländer auf dem Balkan fielen hingegen aus dem Programm heraus. Typisch für das EU-Konzept war darüber hinaus, dass die ENP bestehende Programme nicht ersetzte, sondern diesen hinzugefügt wurde. Die politischen Absichtserklärungen der Partnerschafts- und Kooperationsabkommen (PKA), die Ende der neunziger Jahre mit den ehemaligen Sowjetrepubliken geschlossen worden waren, blieben ebenso gültig wie die Assoziierungsabkommen mit den nordafrikanischen Staaten und die regionalen Programme (TACIS und MEDA) und das mediterrane Dialogformat des Barcelona-Prozesses.

Erst in der langfristigen **Finanzplanung** 2007–2013 wurde die Unterstützung für Nichtmitgliedstaaten mit einer klaren Koppelung von Regionen und Strategien reformiert: das Instrument für Heranführungshilfe (IPA) für die (potenziellen) Kandidatenländer (13 Mrd. Euro), das Europäische Nachbarschafts- und Partnerschaftsinstrument (ENPI) für die Nachbarländer und Russland (11 Mrd. Euro) und schließlich das Finanzierungsinstrument für die Entwicklungszusammenarbeit (DCECI) für die weltweite Entwicklungshilfe (17 Mrd. Euro). Im Gesamthaushalt der Europäischen Kommission beansprucht die gesamte Außenpolitik mit allen Instrumenten von Demokratisierungsunterstützung bis Katastrophenhilfe nur 6 Prozent der Finanzmittel.

Da die Probleme von Marokko und Moldova oder Libyen und Belarus wohl kaum miteinander vergleichbar waren, ist die ENP später wieder in eine südliche und eine östliche Dimension auseinandergefallen. Für die Länder in Nordafrika und im Nahen Osten ist die EU-Mitgliedschaft keine Option. Sowohl für die drei kaukasischen Republiken als auch für Ukraine, Moldova und Belarus hat die EU jedoch eine Fortsetzung der Assoziierungsabkommen entwickelt, die den Partnern wenig konkrete Vorteile bot. 2009 wurde die Östliche Partnerschaft vorgestellt.

Im Austausch für Reformen bezüglich Rechtsstaat, Demokratie, Marktwirtschaft und Menschenrechte bietet Brüssel mittelfristig attraktive Perspektiven wie eine Freihandelszone mit der EU, Visaliberalisierung und sogar die Möglichkeit der EU-Mitgliedschaft. Das Kernproblem der stabilisierenden und demokratisierenden Wirkung der EU in ihrer Nachbarschaft wird hierdurch jedoch nicht wirklich gelöst. Die Vorteile enger Beziehungen und Teilintegration sind aufgrund der hohen Qualität der EU an strenge

Kriterien der Rechtsstaatlichkeit, Marktwirtschaft und Demokratie gekoppelt: Exklusivität geht auf Kosten von Inklusivität. Für viele südliche Nachbarn bieten die Vorteile kurz- und mittelfristig weniger als die geforderten Reformen. Die östlichen Nachbarstaaten haben es darüber hinaus mit Russland als konkurrierender Macht zu tun, das seine Energielieferungen als geostrategisches Druckmittel oder Köder einsetzt.

Die autoritären Regime, die nicht anerkannten Staaten und die Minderheitenkonflikte in Südosteuropa und der westlichen Hälfte der ehemaligen Sowjetunion, von Belarus, Ukraine und Moldova bis zum Kaukasus, konfrontierten die EU mit **realen statt potenziellen Konflikten** und Folgen wie sozialer Malaise, Flüchtlingsströmen und Völkermord. Die Bilder von zerbombten Städten, vertriebenen Bürgern und ethnischen Säuberungen aus Dubrovnik, Sarajevo und Vukovar in den neunziger Jahren machten schmerzlich deutlich, wie machtlos die EU war, als es um bewaffnete Konflikte und Bürgerkrieg auf dem eigenen Kontinent ging. Zu Beginn des Jugoslawien-Konflikts überschätzte Europa die eigenen Fähigkeiten und unterschätzte es die Konflikte. Srebrenica und die durch die Amerikaner mit einer militärischen Intervention erzwungenen Abkommen von Dayton und Paris (1995 und 1996) bewiesen das Gegenteil.

Dieser »Reality-Check« und die beschämende Feststellung, dass Europa auch ein halbes Jahrhundert nach dem Zweiten Weltkrieg seine eigenen Konflikte nicht lösen konnte, bewegte die Mitgliedstaaten zu erheblichen Verbesserungen im Vertrag von Amsterdam (1996/1999), wie Ernennung eines Hohen Vertreters für die GASP in der Person von Javier Solana und Stärkung der Gemeinsamen Außen- und Sicherheitspolitik. Im Kosovo-Konflikt 1999 spielten die Europäer bereits eine größere Rolle und bei der Befriedung des Bürgerkrieges in Mazedonien 2001 übernahm Brüssel die Führung und nicht Washington.

Eine europäische Außen- und Sicherheitspolitik, die diesen Namen verdiente, hatte jedoch mit einigen strukturellen Problemen zu kämpfen. Das erste Problem war die Ambivalenz der großen Mitgliedstaaten Frankreich, das Vereinigte Königreich und Deutschland.

In diesen drei Ländern wird der Mehrwert einer gemeinsamen europäischen Antwort auf eine bewaffnete Krise von Fall zu Fall gegen das Prestige, das mit einer eigenen diplomatischen oder militärischen Intervention verbunden wäre, abgewogen. Ein Alleingang ist dann nicht ausgeschlossen: Präsident Nicholas Sarkozy in der Georgien-Krise von 2008 oder sein Nachfolger François Hollande im Bürgerkrieg in Mali 2013 oder der britische Premierminister Tony Blair im Irakkrieg. Auch im Vertrag von Lissabon blieb die GASP intergouvernemental. Die Möglichkeit der Abstimmung mit qualifizierter Mehrheit in diesem Politikbereich steht nur auf dem Papier. Parlament und Gericht haben keinen Einfluss. Die politische Initiative liegt ausschließlich bei den Mitgliedstaaten und dem Hohen Vertreter.

Ein zweites Problem betrifft die Spannungen zwischen den konsensbasierten Entscheidungsprozessen in der EU und der Notwendigkeit, in einer akuten humanitären oder militärischen Krise schnell und geschlossen zu reagieren. Die Europäische Union hat dafür inzwischen getrennte Entscheidungsfindungsmechanismen eingerichtet und auch eine institutionelle Struktur, um gemeinsame Missionen, die sich daraus ergeben können, durchzuführen. Während in vielen Politikbereichen europäische Richtlinien existieren, die auf nationaler Ebene umgesetzt werden, ist dies bei militärischen und polizeilichen Missionen nicht praktikabel. Der Ministerrat für auswärtige Angelegenheiten erhielt daher ein zusätzliches Politisches und Sicherheitspolitisches Komitee (PSK), das den COREPER berät und die operativen Organe des EU-Militärausschusses (EUMC) und den Ausschuss für die zivilen Aspekte der Krisenbewältigung (CIVCOM) steuert. Darüber hinaus gibt es das EU-Institut für Sicherheitsstudien (EU-ISS) in Paris als Thinktank für Sicherheitsfragen. Politisch und budgetär ist die Europäische Verteidigungsagentur (EDA) das größte Versprechen mit ihrer Aufgabe, einerseits die nationalen militärischen Kapazitäten besser zu koordinieren (u. a. durch gemeinsamen Einkauf von Verteidigungsausrüstung) und andererseits eine strategische Vision für die europäische Verteidigungstechnologie und -industrie zu entwickeln.

Bevor diese institutionelle Struktur für militärisches und ziviles Krisenmanagement eingerichtet und durch die »Helsinki Headline

Goals« mit Personal und Ressourcen ausgestattet werden konnte, musste eine dritte politische Frage gelöst werden: die Arbeitsteilung mit der NATO. Selbst mit der Aufgabenverteilung der Petersberg-Aufgaben (in denen die kollektive Verteidigung der NATO vorbehalten blieb und die EU höchstens im Krisenmanagement aktiv werden sollte, wo die NATO dies nicht täte) blieben Washington und London lange skeptisch über die europäischen Pläne. Auch die neuen Mitgliedstaaten in Ostmitteleuropa vertrauten, als es um den strategischen Umgang mit Moskau ging, lieber auf die NATO. Nur durch die enorme Belastung des Krieges in Afghanistan und im Irak mit den großen Missionen, die darauf folgten, und die zunehmende Zahl »kleinerer« Konfliktherde von Osttimor bis Moldova zeigte sich, dass die EU als regionale Organisation eine willkommene Ergänzung zur NATO sein konnte. In der Praxis waren die drei »D's«, vor denen die US-Außenministerin Madeleine Albright 1998 warnte, kein Problem: »no decoupling, no duplication, no discrimination«, das heißt keine Trennung zwischen transatlantischer und europäischer Entscheidungsfindung, keine Überlappung von Kommandostrukturen und kein Ausschluss von NATO-Staaten außerhalb der EU.

In der Theorie verfügt die Europäische Union über das vollständige Arsenal des **internationalen Konfliktmanagements**: von Handelsbeziehungen bis Militärmissionen, von Know-how bei Reformen des Justizapparates bis Entwicklungshilfe und von Pendeldiplomatie bis Wahlbeobachtung. Seit Amsterdam kannte die Europäische Union jedoch zwei Verantwortliche für Krisenmanagement. Der Hohe Vertreter verfügte über ein kleines Team erfahrener Diplomaten, um in einer Krise schnell und zügig zu handeln, aber kaum über ein eigenes Budget. Im Gegensatz dazu hatte die Kommission des Wirtschaftsriesen EU zahlreiche wirksame Möglichkeiten für »Zuckerbrot und Peitsche«: Sanktionen wie ein Handelsboykott oder Aussetzung von Hilfsprogrammen oder Beitrittsverhandlungen, aber auch das Versprechen der Visafreiheit oder ein Freihandelsabkommen. Der institutionelle und langatmige Ansatz der Kommission war dagegen für eine akute Krise ungeeignet.

Die Mitgliedstaaten beschlossen mit dem Vertrag von Lissabon, diesen Knoten widersprüchlicher Kompetenzen zu durchschlagen und entschieden sich für eine »**double hatting**« genannte Lösung. Der Hohe Vertreter der intergouvernementalen GASP wurde gleichzeitig EU-Kommissar für Außenbeziehungen und in dieser Eigenschaft Vizepräsident der Kommission. Entscheidend ist dabei nicht, ob es diesem Funktionär mit zwei Hüten gelingt, jede Krise von Palästina bis Kosovo zu einem erfolgreichen Abschluss zu bringen. Institutionell liegt die Herausforderung darin, mit und durch den Europäischen Auswärtigen Dienst die Kommission und das Sekretariat des Rates zu einem einzigen Krisenmanagement umzuschmieden.

In den letzten zehn bis 20 Jahren hat die Europäische Union viele mehr oder weniger erfolgreiche **Krisenmissionen** organisiert. Die vollständige Übersicht zeigt eine klare Präferenz für Justiz-, Polizei- und humanitäre Missionen und große Zurückhaltung, wenn es um militärische Einsätze geht. Die Missionen konzentrieren sich auf die direkte Umgebung auf dem und um den europäischen Kontinent, aber umfassen auch entferntere Regionen Afrikas und Asiens. Die institutionelle Struktur der Mission oder Krisenintervention variiert entsprechend. Zwei Extreme zur Illustration: Die britische Regierung war im Irakkrieg der wichtigste Verbündete von Präsident Bush. Bis 2009 blieb eine britische Mission verantwortlich für die Sicherheit und den Wiederaufbau um Basra im Südirak. Die norwegischen, italienischen, rumänischen, dänischen und anderen Kontingente, die daran teilnahmen, taten dies um alle EU-Strukturen herum, als Ad-hoc-»Koalition der Willigen«, ohne den Anspruch, hiermit neue Kompetenzen und Strategien für die gesamte EU zu entwickeln. Dagegen war die EU-Mission, die in Skopje (Mazedonien) zurückblieb, als 2001 die Gefahr eines Bürgerkriegs abgewendet war, durch und durch europäisch institutionalisiert. Der Sonderbeauftragte für Mazedonien unterstand dem Hohen Vertreter und damit dem Rat. In einer Doppelfunktion war jedoch der gleiche Diplomat auch Leiter der EU-Delegation in Skopje (und damit Vertreter der Kommission). So wurden das »double hatting« lokal in die Praxis umgesetzt und die Aufgaben von Rat und Kommission miteinander verbunden, noch bevor der Europäische Auswärtige Dienst aus dem Vertrag von Lissabon (2007/2009) eingerichtet wurde.

Die Lissabon-Agenda

Die ursprüngliche Idee der EWG war, dass die Vorteile eines großen Binnenmarktes ohne Barrieren einen nachhaltigen positiven Effekt auf die soziale und wirtschaftliche Entwicklung in den Mitgliedstaaten haben würden. Für die Sechs und die Neun war die Einmischung von Brüssel in die Sozialpolitik oder die Bildungspolitik, die über das für das Funktionieren des Binnenmarktes erforderliche Minimum hinausging, lange inakzeptabel. Ab den achtziger Jahren wurde jedoch deutlich, dass die Globalisierung Europa nicht unberührt ließ und dass ein nächster Schritt der **Modernisierung und Innovation** notwendig war, um gegenüber der Konkurrenz aus den USA, Japan und zunehmend auch China und Indien zu bestehen. Dieses Bewusstsein trug nicht nur zur Verwirklichung der WWU in den neunziger Jahren bei, sondern auch zu dem Appell, der an Brüssel gerichtet wurde, um eine aktive Politik zur Förderung der Wettbewerbsfähigkeit Europas zu entwickeln. Das Weißbuch von Delors von 1993 über Wachstum, Wettbewerbsfähigkeit und Beschäftigung war der erste Schritt zur Erhaltung des europäischen Sozialmodells durch Innovationen im 21. Jahrhundert. Hierfür verabschiedete der Rat im März 2000 die ehrgeizige **Lissabon-Agenda** (oder -Strategie), um Europa in zehn Jahren zur »wettbewerbsfähigsten und dynamischsten wissensbasierten Wirtschaft der Welt zu machen«.

Nach diesen zehn Jahren musste die ernüchternde Schlussfolgerung gezogen werden, dass keiner der 27 Mitgliedstaaten diese selbst auferlegten Benchmarks erreicht hatte. Angesichts der unverminderten Priorität der Ziele wurde im März 2010 mit »Europa 2020« eine neue Strategie mit höherer Produktivität, geringerer Arbeitslosigkeit, sozialer Kohäsion und besserer Bildung als bekannte Prioritäten und nachhaltiger Entwicklung als neues Paradigma ins Leben gerufen. Die Benchmarks blieben unverändert: 70 Prozent Erwerbsbeteiligung, 3 Prozent des Bruttoinlandsprodukts (BIP) für öffentliche Investitionen in Forschung und Entwicklung und 3 Prozent Wirtschaftswachstum. Wegen der Eurokrise und der damit verbundenen zu hohen Staatsschulden hat sich ein solches staatliches Investitionsprogramm einige Jahre später als gänzlich unrealistisch erwiesen.

Deutlich erkennbar ist diese Entwicklungslinie, wenn es um die **Bildungspolitik** Europas geht. Die einschlägigen Bestimmungen des EWG-Vertrags führten in der Praxis insbesondere zu Bemühungen zur Regelung der Anerkennung von Zeugnissen in Europa im Interesse des Binnenmarktes. Diese Entwicklung mündete 1999 in den Bologna-Prozess des Europarates. Seit dem Tindemans-Bericht (1975) wurden europäische Initiativen im Bildungsbereich üblicherweise aus einer anderen Perspektive betrachtet: »Das Europa der Bürger«. Nur die ökonomische Logik des gemeinsamen Wohlstands wurde nicht mehr als eine angemessene Garantie für den europäischen Zusammenhalt betrachtet. Eine Demokratie mündiger Bürger, die sich mit Europa identifizieren und internationale Netzwerke mit Miteuropäern aufbauen, ist das neue Idealbild. Die zunehmende Bedeutung der Wissensökonomie kehrte die Bildungspolitik von Brüssel später wieder deutlich in den Kontext der Sozial- und Arbeitsmarktpolitik um. Trotz des Reformdrucks halten die Mitgliedstaaten an ihrer exklusiven Zuständigkeit in diesem Bereich fest. Die EU investiert relativ große Summen in die Bildung, allerdings in Form von distributiven Aktionsprogrammen. Die EU macht selbst keine Bildungspolitik, sondern unterstützt nationale Behörden mit Programmen wie Comenius, Erasmus, Life Long Learning und Ähnlichem. Die Lissabon-Agenda von 2000 widmete bei der Förderung einer europäischen wissensbasierten Wirtschaft und bei der Überwindung von Rückständen in einigen Mitgliedstaaten der Bildung natürlich viel Aufmerksamkeit. Die Anwendung der offenen Koordinierungsmethode unterstrich den intergouvernementalen Charakter der Maßnahmen. »Best practices«, aber auch Benchmarks und vergleichende Studien zu Investitionen in Forschung und Entwicklung, Bildungsqualität (vor allem in den naturwissenschaftlichen Fächern), allgemeines Bildungsniveau der Bevölkerung und sozialer Mobilität sowie Kohäsion haben in vielen Ländern zu substanziellen Reformen geführt, unter anderem zur Einführung des Bachelor-Master-Systems in ganz Europa. Das Endergebnis der Lissabon-Strategie im Jahre 2010 kann in Bezug auf Investitionen und Wettbewerbsfähigkeit als enttäuschend bezeichnet werden, was die Priorisierung von Bildung in der wissensbasierten Wirtschaft und der Positionierung der EU in diesem Politikbereich betrifft, wird zu Recht von einem Paradigmenwechsel gesprochen.

Absolute Priorität in der Lissabon-Agenda und Europa 2020 war und ist ein qualitativer Entwicklungssprung in der Forschungs- und Technologiepolitik der EU-27. Bei ihrer Umsetzung erlebt die EU Widerstand an zwei Fronten. Wie im Bildungsbereich wachen die Mitgliedstaaten über ihre nationalen Kompetenzen. Darüber hinaus berührt die Förderung von **Forschung und Entwicklung** (durch die Mitgliedstaaten oder die Union) die ideologische ökonomische Schlüsselfrage, ob Innovation der Wirkung des Marktes überlassen werden kann oder durch Protektionismus und Regulierung stimuliert werden sollte. Fast unlösbar ist das Dilemma, dass die EU den europäischen Binnenmarkt als Ganzes durch Innovationsförderung widerstandsfähiger gegen die scharfe Konkurrenz aus den USA und Japan machen will, aber innerhalb Europas keine Wettbewerbsverzerrungen schaffen will. Infolgedessen überwachte der Eurokommissar für Wettbewerb nationale Subventionen für die Industrie und kollidierte dabei regelmäßig mit nationalen Regierungen, multinationalen Konzernen und Gewerkschaften. Die eigene Subventionspolitik der fünfjährigen (später siebenjährigen) sogenannten EU-Rahmenprogramme ist einerseits groß genug, um grundlegende Debatten zu provozieren, aber andererseits im Vergleich mit den nationalen Forschungs- und Entwicklungsbudgets zu klein, um wirklich große Synergien zu erzeugen. Ausnahmen sind das prestigeträchtige europäische Galileo-Projekt als Gegenstück zu den amerikanischen GPS-Navigationssatelliten und in gewissem Sinne auch der Partikelbeschleuniger CERN und Airbus als europäischer Konkurrent von Boeing in einer Schlüsselindustrie, die weit über die Kapazitäten nationaler Firmen hinausgeht. Anfang 2013 setzte die Kommission diese Linie fort, indem sie 1 Milliarde Euro in zwei Megaprojekte für industrielle Innovationen über einen Zeitraum von zehn Jahren investierte: ein Supercomputer, der die Funktionsweise des Gehirns nachahmt, und Graphen als neuer IT-Werkstoff.

Die Eurokrise

Insbesondere Deutschland hatte 1997 auf die Einführung des Stabilitäts- und Wachstumspakts (SWP) gedrängt, um vor allem Frankreich zur Haushaltsdisziplin zu zwingen. Als dann auch Berlin wiederholt die Grenzen des SWP überschritt, konnte es mit seinem politischen Gewicht in der EU Sanktionen verhindern. Allerdings hatte die Finanzdisziplin im Euroraum als Ganzem nicht höchste Priorität. Abgesehen von diesen politischen Entscheidungen ist das große Nord-Süd-Gefälle in der wirtschaftlichen Wettbewerbsfähigkeit das Kernproblem. Mit der Einführung des Euro verzichteten die Staaten auf die wichtigsten geldpolitischen Instrumente, wie etwa die Abwertung der nationalen Währung, während die realen Lohnsteigerungen nicht durch Produktivitätsgewinne abgedeckt wurden. Das Ergebnis war eine weitere Verschlechterung der Wettbewerbsposition, der Staatsverschuldung und der Handelsbilanzdefizite, was mittelfristig zur Eurokrise führte. Aufgrund der weltweiten Bankenkrise, die 2007–2008 im US-Immobiliensektor begann, reagierten die Finanzmärkte darüber hinaus besonders empfindlich auf solche schlechten Nachrichten und mieden Risiken. Daher wurde die Lösung dieser Krise Europas Verantwortung.

In Übereinstimmung mit den Bestimmungen des Vertrages von Maastricht für die WWU und des Stabilitäts- und Wachstumspakts kündigte die Europäische Kommission 2009 an, dass für mehrere Länder, darunter Griechenland, das Verfahren wegen übermäßiger Defizite in eingeleitet werden sollte. Da der Rat in diesem zeitraubenden Verfahren das letzte Wort hatte, war diese Ankündigung nur ein Warnschuss. Ende 2009 reagierten die Finanzmärkte schneller, als klar wurde, dass die makroökonomischen Indikatoren, die

Athen Eurostat zur Verfügung gestellt hatte, dazu dienten, den schlechten Zustand des Landes strukturell zu verschleiern. Internationale Banken wurden so zögerlich mit der Refinanzierung der **griechischen Staatsschulden**, dass ein Staatsbankrott drohte. Bald schon wurde deutlich, dass die griechische Krise nur die Spitze des Eisbergs war. Auch in Portugal eskalierten die Probleme der Überschuldung und der unzureichenden Wettbewerbsfähigkeit der Volkswirtschaft. In Italien und Spanien waren die Ursachen eine »Blase« auf dem Wohnungsmarkt und staatliche Garantien für Banken, deren Zusammenbruch drohte, aber das Ergebnis war vergleichbar. Verschärft wurden die Probleme dadurch, dass die internationalen Ratingagenturen die Kreditwürdigkeit dieser Länder senkten, mit dem Ergebnis, dass die Zinssätze für diese riskanten Staatsanleihen weiter stiegen.

Die Eskalation der Krise zeigt sich bei einem Vergleich mit den in Maastricht festgelegten Schlüsselkriterien für die Mitgliedstaaten, die 2001 den Euro einführen wollten: eine Staatsverschuldung von bis zu 60 Prozent des BIP und ein Haushaltsdefizit von bis zu 3 Prozent. Auch wenn es in der Praxis nur reichen kleinen Ländern wie Luxemburg, Estland und Slowenien gelang, unter diesen 60 Prozent zu bleiben, waren die 180 Prozent Griechenlands jedoch eine ganz andere Größenordnung. Während die AAA-Länder in der Eurozone Kapital zu einem Zinssatz von rund 3 Prozent leihen konnten, bezahlten die Krisenstaaten 10 bis 20 Prozent. Der drohende Staatsbankrott Griechenlands stellte wirtschaftlich eine Bedrohung für das Vertrauen der Finanzmärkte in den Euro dar und stellte die großen Abhängigkeiten des Binnenmarktes und das nachweisliche Versagen der WWU- und Stabilitätspaktmechanismen bloß, die gerade solche Krisen hätten verhindern sollen. Infolgedessen war die griechische Krise in kurzer Zeit eine europäische Krise, trotz der Tatsache, dass die südeuropäischen Krisenstaaten nur wenige Prozent des europäischen BIP erwirtschafteten.

Dass die Eurokrise vor allem die **südeuropäischen Mitgliedsländer** betraf, hatte einige strukturelle Ursachen wie ineffiziente und unverhältnismäßige Regierungsapparate, weitverbreitete Korruption und eine grassierende Steuerhinterziehung. Nicht weniger wichtig waren jedoch die Ursachen, die direkt mit dem europäischen Markt, der WWU und dem Euro zusammenhingen. Viele Ökonomen hatten bereits 2000 die Entscheidung des Europäischen Rates, Griechenland in die Liste der Eurostaaten aufzunehmen, infrage gestellt. Der Rat hoffte, Athen mit dieser Geste zu einer konstruktiveren Haltung in anderen Fragen politischer Natur zu bewegen, unterschätzte dabei aber Risiken, die von der kleinen hellenischen Wirtschaft ausgingen, und sah deshalb davon ab, die rosigen Daten zu kontrollieren.

Im Mai 2010 beschloss der Europäische Rat, die **Europäische Finanzstabilisierungsfazilität (EFSF)** einzurichten, um die Krisenländer zu unterstützen. Die teilnehmenden Länder stellten Griechenland 110 Milliarden Euro zur Verfügung und hielten weitere 750 Milliarden Euro für andere Mitgliedstaaten zur Verfügung, die später auf 1 Billion erhöht wurden. Nach dieser ersten Sofortmaßnahme wurde eine strukturelle Lösung gesucht und in Form des im März 2011 vereinbarten und im Januar 2012 in Kraft getretenen Europäischen Stabilitätsmechanismus (ESM) gefunden. Im Umgang mit der Eurokrise hat Europa in der Öffentlichkeit keinen besonders tatkräftigen Eindruck hinterlassen. Angesichts der schwindelerregenden Beträge und des mangelnden Verständnisses unter den nordeuropäischen Wählern zögerten die Staats- und Regierungschefs auch aus elektoralen Überlegungen bei der wirtschaftlich unvermeidlichen, aber unpopulären Beteiligung an EFSF und ESM. In der akuten Krisensituation schien jedoch der politische Wille zu existieren, bei der Interpretation der europäischen Verträge über das eine oder andere hinweg zu sehen. Die »No-bail-out«-Klausel des Vertrags über die Arbeitsweise der Europäischen Union (AEUV) beinhaltete ein Verbot, Mitgliedstaaten wegen Überschuldung zu retten. Diese Bestimmung wurde mit der Einrichtung des SWP faktisch außer Kraft gesetzt. Auch das heilige Prinzip der Unabhängigkeit der EZB wurde kompromittiert, als die Bank gezwungen wurde, den europäischen Banken günstige Kredite zu geben – eine indirekte Unterstützung für die Staaten in finanzieller Notlage. Auch der von Deutschland im März 2011 vorgestellte Euro-Plus-Pakt, akzeptiert von den Euro-17 und der Hälfte der anderen EU-Mitgliedstaaten, wies in die Richtung von mehr Koordinierung in der Wirtschaftspolitik, von europäischer Aufsicht und von Verschärfung des SWP, aber dann auf freiwilliger Basis und ohne Sanktionen oder supranationalen Kontrollmechanismus.

Der Widerspruch zwischen **supranationalen und intergouvernementalen Visionen** erschwerte eine Entscheidungsfindung. Die Kommission forderte einen automatischen Sanktionsmechanismus (ohne politisches Entscheidungsmoment wie im SWP) und eine »Wirtschaftsregierung« für die Eurozone. Diese Pläne wurden im Oktober 2010 vom Ratspräsidenten Van Rompuy im Namen der Staats- und Regierungschefs torpediert. Sanktionen durch die Kommission würden nach wie vor durch eine umgekehrte (das heißt negative) qualifizierte Mehrheit des Rates gestoppt werden können – in letzter Instanz ein intergouvernementaler politischer Beschluss. Erst als Ende 2011 deutlich wurde, dass die beschlossenen Maßnahmen der EU das Vertrauen der Finanzmärkte und der Ratingagenturen nicht wieder herstellen konnten, endete der Europäische Rat von Brüssel im Dezember 2011 mit der feierlichen Verpflichtung von 26 Mitgliedstaaten, eine Fiskalunion zu schaffen, mit dem euroskeptischen Vereinigten Königreich als einzigem Verweigerer. Die Fiskalunion impliziert einen radikalen Eingriff in die nationale Souveränität bei Staatshaushalt und Fiskalpolitik. Alle Staaten würden einer strengen und umfassenden Kontrolle ihren jährlichen Politik und Finanzen durch die Europäische Kommission unterliegen, und Sünder würden faktisch unter Brüsseler Kuratel gestellt werden. Ab dem 1. Januar 2013 wurde diese Fiskalunion eine Tatsache.

Mit der Eurokrise erhält Europa die Rechnung für die »halbe Arbeit« der WWU: Die Währungsintegration wurde gut geregelt, aber für die damit verbundene weitergehende wirtschaftliche Integration im Hinblick auf die **nationalen Haushalte und Fiskalpolitik** schreckten die Staats- und Regierungschefs im Blick auf die euroskeptischen Wähler zurück. Die zunehmende wirtschaftliche Verflechtung in der Eurozone und der Wegfall der Geldpolitik auf nationaler Ebene erhielten Arbeitsmarktpolitik und Haushaltsdisziplin entscheidende Bedeutung. Dies erwies sich jedoch als das schwächste Glied im europäischen System. Spekulationen gegen Eurostaaten, die in diesen Punkten keine guten Ergebnisse brachten, belasteten die gesamte Eurozone. Trotz der »No-bail-out«-Klausel konnten die Euroländer nicht zulassen, dass eines von ihnen in Konkurs gehen würde oder die Zone verlassen müsste. Brüssel setzte Griechenland und andere Krisenstaaten unter Druck, um Einsparungen und eine effizientere öffentliche Verwaltung zu erzwingen, konnte aber unabhängig von den Ergebnissen nicht vermeiden, finanzielle Unterstützung zu gewähren. Die Zahl an Alternativen ist für Brüssel beschränkt. »Eurobonds«, Anleihen, die gemeinsam von den Mitgliedern der Eurozone ausgegeben werden, sollten als europäische Staatsanleihen das Risiko über die gesamte Eurozone verteilen und schwache Länder von der hohen Kreditwürdigkeit der Stärkeren profitieren lassen. Durch die Erhöhung der Zinssätze für Staatsanleihen würden alle Mitgliedstaaten gleichermaßen zur Kasse gebeten. Der Eurobonds-Vorschlag wurde 2010 vorgestellt, aber 2013 aufgegeben – wegen des Mangels an politischem Willen, einen solchen unpopulären Mechanismus der Nord-Süd-Solidarität zu verfolgen, wegen ernsthafter Vorbehalte von Finanz- und Wirtschaftsexperten sowie wegen der Tatsache, dass die Ausgabe klar gegen einige Artikel im Vertrag von Lissabon verstoßen würde.

Diese existenzielle Krise scheint die klassische Wahrheit zu bestätigen, dass »mehr Integration« nur unter großem Druck erreicht wird und wenn intergouvernementale Lösungen keine Erleichterung bieten. Die Entscheidung für eine Fiskalunion wurde schließlich im Prinzip getroffen, aber in der Praxis war sie in vielerlei Hinsicht wieder ein Kompromiss. Berlin wird als größter Nettozahler in der Krise mehr europäische Aufsicht über die Politik von Krisenstaaten sehen wollen, wird aber wie die meisten anderen nicht bereit sein, die wirtschaftliche Macht in die Hände der Kommission zu legen. Sogar mit dem überraschenden Plädoyer von Paris für eine »Wirtschaftsregierung« Europas ist mehr Kontrolle des Europäischen Rates über die EZB das Ideal und nicht neue Zuständigkeiten für die Eurokommissare. Die weitere institutionelle Umsetzung der Fiskalunion wird ein Kunststück der differenzierten Integration sein. Es ist eine Vereinbarung der EU-27, außer dem Vereinigten Königreich, die für die Eurozone gilt, aber nicht darauf beschränkt ist, ohne Revision des Lissabon-Vertrags wegen des britischen Vetos und mit einer gemeinsamen Verantwortung von Kommission und Rat für einen Nicht-EU-Vertrag.

Schließlich ist mit der Eurokrise auch der Kreis der europäischen **Demokratisierung** geschlossen. Vor gut 15 Jahren wurden grundlegende Vertiefungsreformen der Charta und Verfassung als Mittel gesehen, mit mehr Beteiligung von Bürgern und Demokratie als Ziel. Die Eurokrise zeigt, dass die Zwänge und der Handlungsdruck des finanziellen Notfalls keinen Raum für eine demokratischere Entscheidungsfindung lassen, gerade in diesen Fragen, die sich unmittelbar auf jeden Bürger der EU auswirken. Als die Zustimmung der Slowakei für die EFSF im Sommer 2010 im Wahlkampf in Gefahr geriet, wurde durch Brüssel und die großen EU-Staaten mit harter Hand eingegriffen. Gleiches galt für die Proteste der Wähler in Griechenland, Italien und Zypern gegen eine Regierung, die dazu degradiert wurde, den von Brüssel diktierten Sparkurs auszuführen. Eine breit angelegte Assoziierung von Europa und Demokratie, das Leitmotiv für die europäische Verfassung, scheint ins Gegenteil verkehrt zu sein.

6 Von Krise zu Krise

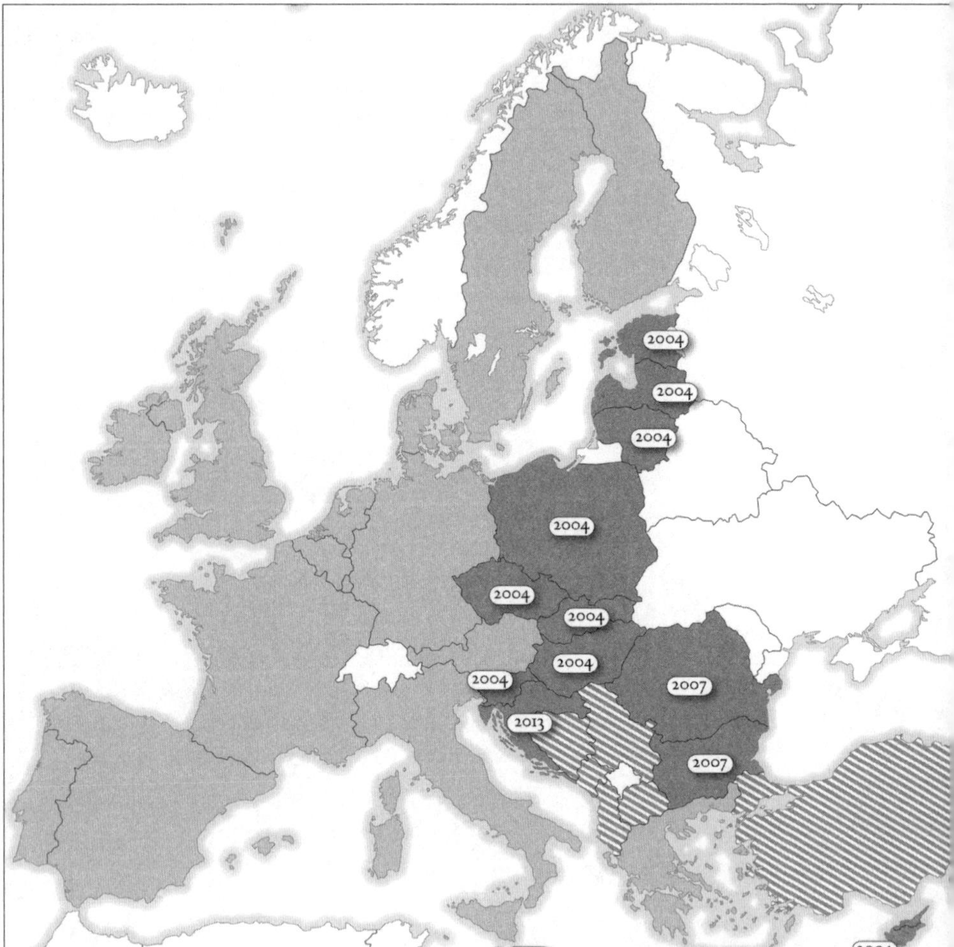

Abb. 6 Europa und die Europäische Union (EU) im Zeitraum 2014 bis 2017.

2014

Europawahlen und Juncker-Kommission
Vollendung der Bankenunion
Unterzeichnung der Assoziierungsabkommen mit Georgien, Moldova und Ukraine
Ernennung von Donald Tusk zum Präsidenten des Europäischen Rates und von Federica Mogherini zur Hohen Vertreterin für Außen- und Sicherheitspolitik
Eröffnung der Beitrittsverhandlungen mit Serbien

2015

Der Europäische Rat beschließt die Schaffung einer Energieunion.

2016

Referendum über die Mitgliedschaft im Vereinigten Königreich, Austrittsentscheidung aus der EU
Antrag Bosnien und Herzegowinas auf Mitgliedschaft
Inkrafttreten des Stabilisierungs- und Assoziierungsabkommens mit Kosovo

2017

ropäische Kommission, Weißbuch zur Zukunft Europas
röffnung der Brexit-Verhandlungen

Die aktuellen Entwicklungen in der europäischen Integration sind selbstverständlich offen. Der Großteil der heutigen Medienberichterstattung identifiziert und analysiert **immer neue »Krisen«** der Europäischen Union: Bankenkrise, Demokratiekrise, Eurokrise, Flüchtlingskrise und vieles mehr. Es ist in der Tat nicht leicht, einen Hoffnungsschimmer im Status quo zu erkennen, der von einer Vielzahl von miteinander verflochtenen Krisen beherrscht wird. Vielmehr gibt es Szenarien für einen möglichen Renationalisierungs- und Desintegrationsprozess, wobei der Brexit nur ein Zeichen der Zeit sei. Ohne die vielfältigen Probleme Europas und seiner Mitgliedstaaten zu verneinen, sollte man sich vor Augen halten, dass »Krise« in erster Linie eine diskursive Waffe für diejenigen ist, die die europäische Integration grundsätzlich oder in ihrer jetzigen Form ablehnen. Der Begriff ist darauf ausgerichtet, die Europäische Union zu reduzieren oder gar zurückzubauen.

Die Ära der Krisen begann wohl mit der globalen Finanzkrise 2007–2008, ausgelöst durch den Konkurs von Lehman Brothers in den USA oder mit der anschließenden Eurokrise (europäische Schuldenkrise). In der Rückschau betrachteten viele Analysten diese finanziellen Notfälle als ernst, aber nicht bedrohlich. Erst die wechselseitige Verstärkung einer kritischen Masse von internen und externen Krisen ab 2013–2014 führte zu einer existenziellen Krise für das europäische Projekt als solches. Gerade weil sie externe und interne Konflikte und Zwänge miteinander verknüpfte, stellte die Flüchtlingskrise 2015, mehr als die Eurokrise oder der Brexit, die Quintessenz eines Europas dar, das sich in einer kritischen Lage befindet. In der Flüchtlingskrise wurde die Fähigkeit Europas, gemeinsam zu handeln, ebenso infrage gestellt wie sein Wertesystem und seine innere Solidarität.

Der Klarheit halber werden die miteinander verflochtenen Krisen hier in interne und externe Krisen aufgeteilt. Während des Kalten Krieges konnte es sich die EU leisten, ihre außenpolitischen Fähigkeiten nicht voranzutreiben und Strategien für die (Soft-Power-)Projektion jenseits des Kreises der Mitglieds- und Kandidatenländer zu entwerfen. Seit jenen Tagen antagonistischer Stabilität hat sich die Konstellation der **Weltpolitik** zweimal grundlegend verändert: erstens das Ende des Kommunismus und des Ostblocks; zweitens das jüngste Auftauchen Russlands und der Türkei als konkurrierende Regionalmächte. Die Trump-Administration hat zudem der Forderung der USA an die europäischen Staaten, ihre Militärhaushalte zu erhöhen, deutlich Nachdruck verliehen. Die Bereitschaft der Amerikaner, sich in militärische Krisen und bewaffnete Konflikte rund um den Globus einzumischen, nimmt ab und wird selektiver, basierend auf einer engeren Definition von »nationalem Interesse«. Zumindest in Europa wurde Donald Trumps Lob für die britische Entscheidung, sich von der regulatorischen Zwangsjacke Brüssels zu befreien, als unentschuldbare und unfaire Kehrtwende empfunden: Seit den vierziger Jahren gehörte die US-Regierung zu den wichtigsten Befürwortern und Förderern der europäischen Zusammenarbeit und Integration. Ein neoliberaler US-Präsident und Europäer, die gegen die neoliberale Agenda der Globalisierung, die die EU ihrer Meinung nach verfolgte, protestierten, setzten unisono der umstrittenen Transatlantischen Handels- und Investitionspartnerschaft (TTIP) ein Ende.

Größere Konflikte in der Nachbarschaft Europas haben der europäischen Außen- und Sicherheitspolitik zusätzliche Dringlichkeit und echte politische Notwendigkeit verliehen. Ursprünglich war die gemeinsame Politik von Maastricht eher ein Papiertiger, aber der Zerfall Jugoslawiens, verschiedene postsowjetische Konflikte und die Kriege im Nahen und Mittleren Osten haben die Mitgliedstaaten gezwungen, in außenpolitische Koordinierung zu investieren. Mit dem Zustrom von Migranten und Flüchtlingen aus Syrien, dem Balkan und anderen Konfliktgebieten nach Europa hat die Sicherheitslage im europäischen Umfeld direkte und schwerwiegende Auswirkungen auf die interne Zusammenarbeit zwischen den Mitgliedstaaten und auf das Vertrauen der Öffentlichkeit in das Regieren auf nationaler und europäischer Ebene. Auch das neue Phänomen des islamistischen Terrorismus in Europa ist ein externer Faktor, der sich negativ auf etablierte europäische Projekte wie Schengen und die Freizügigkeit innerhalb der EU auswirkt.

Umgekehrt haben sich die nationalen Regierungen dafür entschieden, den Erweiterungsprozess hinauszuzögern, mit Ausnahme von unproblematischen potenziellen Kandidaten wie Island oder der Schweiz. Für die Südosterweiterung ist der Prozess in Gang gesetzt worden, aber beide Seiten sind sich bewusst, dass eine Vollmitgliedschaft auf absehbare Zeit keine Option sein wird. Das zitierte Motiv der »Erweiterungsmüdigkeit« bei ihren Wählern hängt mit dem geringen Vertrauen in die europäische Politik und mit der Unpopularität zusammen, ehemalige jugoslawische oder gar ehemalige Sowjetrepubliken als neue Mitgliedstaaten aufzunehmen. Medienberichte über verschleppte oder vorgetäuschte Reformen, insbesondere vor zehn Jahren in Rumänien und Bulgarien, sowie die ostentativen Anti-EU-Provokationen der türkischen, polnischen und ungarischen Regierungen in jüngster Zeit haben dazu beigetragen. Infolgedessen ist der **Einfluss Brüssels** in den assoziierten und (potenziellen) Kandidatenländern sowie in den östlichen und südlichen Nachbarstaaten deutlich zurückgegangen, da es an einem konkreten Angebot und einer Integrationsperspektive fehlt. Verstärkt wird dieser Rückgang durch die Rückkehr Russlands und den Aufstieg der Türkei als Regionalmächte, die dem europäischen Einfluss bewusst entgegenwirken. Sowohl Ankara als auch Moskau setzen politische, militärische und wirtschaftliche Hebel ein, um Kiew, Belgrad, Podgorica oder Tiflis von engeren Beziehungen zur Europäischen Union abzuhalten. Zusammenfassend lässt sich sagen, dass sich sowohl die globale als auch die regionale Geopolitik in den letzten Jahren zum Nachteil Europas gewandelt hat und dass die Folgen bis in die Mitgliedstaaten hinein zu spüren waren. Möglicherweise können diese Änderungen dazu beitragen, die Abneigung gegen einen Ausbau der Zusammenarbeit im Bereich der Außenbeziehungen zu überwinden, aber, wie die Geschichte der EU zeigt, können diese Veränderungen auch dazu führen, dass eher eine Rückkehr von der europäischen zu einer nationalen Politik zur Bewältigung von Terrorismus, Migration, Flüchtlingen und Sicherheitsrisiken gefordert wird.

In den letzten Jahren standen die inneren Zwangslagen der EU im Mittelpunkt, wobei die Flüchtlingskrise das Bindeglied zwischen externen und internen Krisen war. Der erste gemeinschaftliche Pfeiler der Europäischen Union – der gemeinsame Markt und die damit verbundenen supranationalen Politiken – ist der Grundkonsens, der bleibt. Sogar Anhänger des Brexit würden es vorziehen, wenn Großbritannien Zugang zum gemeinsamen Markt behalten würde. Die EU bleibt trotz aller politischen Zwietracht der wichtigste Handelspartner der Türkei. Die Kosten, Regulierungen und Spill-over des Projekts des gemeinsamen Marktes werden jedoch zunehmend kontrovers diskutiert. Die damit verbundenen Banken-, Euro- und Finanzkrisen stellen die Nord-Süd-Solidarität innerhalb der Union auf die Probe. Sie nährten auch das **neoliberale Bild** der Europäischen Union: Die Banken schienen mit Spekulationen und Misswirtschaft zum Nachteil des einfachen Bürgers davonzukommen. Die gemeinsame Währung wurde von Anfang an von einigen mit Misstrauen betrachtet, aber die Eurokrise hat aufgezeigt, dass die Bürger die Rechnung für die verschwenderischen Ausgaben von Bankiers und einigen Regierungen zahlten. Ebenso hat die Besorgnis über Flüchtlinge, Migranten und Terroristen eines der Flaggschiffe des Integrationsprozesses infrage gestellt – die Schengener Abkommen und die Freizügigkeit. Die Verantwortung Europas gegenüber den Flüchtlingen wirkt sich auch auf einen weiteren zentralen Aspekt aus, nämlich die **Kohärenz und Solidarität** zwischen den Mitgliedstaaten.

Die Entscheidung Großbritanniens, seine Opt-outs gegen einen Ausstieg aus der Union einzutauschen, weist einige Gemeinsamkeiten dazu auf, obwohl es sich eher um eine tief verwurzelte Abneigung gegen die Einmischung und die Kosten der europäischen Politik und nicht gegen europäische Normen für Rechtsstaatlichkeit und Demokratie handelt. Paradoxerweise verlässt sich der Separatismus in Schottland und Katalonien wohl auf die EU, obwohl er auch heikle Fragen zur staatlichen **Souveränität** aufwirft. Politiker in Barcelona würden es vorziehen, die Herrschaft Madrids abzuschütteln und eine eigene EU-Mitgliedschaft zu erwerben. Im Fall von Edinburgh ist das Streben nach Unabhängigkeit sogar teilweise durch den Brexit motiviert. Die EU bleibt jedoch im Großen und Ganzen ein wirtschaftliches Projekt auf der Grundlage des gemeinsamen Marktes. Brüssel fehlt es an Kompetenzen und normativen Befugnissen, wenn es um grundsätzliche Fragen von Grenzkonflikten, regionalen oder ethnischen Separatismus und die Anerkennung unabhängiger Staaten geht.

Die größte strukturelle Herausforderung ist allerdings das Demokratiedefizit der Europäischen Union, ob real oder angenommen. Die **Euroskepsis** der Bürger hat zu einem absoluten Tiefpunkt des Vertrauens in die europäischen Institutionen geführt und dementsprechend dazu, mehr Möglichkeiten für die Bürger zu fordern, europäische Entscheidungen zu blockieren, vor allem durch nationale Referenden. Ähnliche Tendenzen sind auch in etablierten Demokratien auf nationaler Ebene zu beobachten. Der entsprechende Anstieg populistischer Parteien in den alten und neuen Mitgliedstaaten spiegelte sich im Ergebnis der Europawahlen 2014 wider. Nicht nur linksextremistische und rechtsnationalistische Parteien, sondern auch mehr als einige wenige Mitte-rechts-Koalitionen verspürten den Drang, eine kritischere Haltung gegenüber Brüssel einzunehmen, um der Stimmung der Wähler Rechnung zu tragen. Sogar traditionell loyale Mitgliedstaaten sind vorsichtiger geworden, mit Ausnahme der jüngsten zaghaften französischen und deutschen Vorschläge, das europäische Projekt voranzubringen. Auf der anderen Seite scheinen die Regierungen Ungarns und Polens entschlossen zu sein, Unterstützung im eigenen Land dadurch zu gewinnen, dass sie sich Brüssel entgegenstellen. Oder umgekehrt haben sie durch ihre Innenpolitik einen Kollisionskurs mit den europäischen Institutionen und Normen eingeschlagen. Außerhalb der Union wettert die Türkei zunehmend gegen Europa und seine Wertvorstellungen, trotz Ankaras langfristiger Perspektive der Mitgliedschaft.

Seit der glücklosen europäischen Verfassung und dem Reformvertrag von Lissabon vor einem Jahrzehnt hat die Europäische Union keine wesentlichen Vertragsänderungen erfahren. Das sollte jedoch nicht so verstanden werden, dass die tatsächliche politische Konstellation unter den europäischen **Institutionen** von den Krisenjahren unberührt geblieben sei, ebenso wenig wie das Gleichgewicht von Intergouvernementalität und Supranationalität im Zusammenspiel zwischen der EU als Ganzes und den nationalen Hauptstädten. Da sich viele Herausforderungen direkt auf das nationale Gemeinwesen und nicht nur auf das Funktionieren der Union auswirkten, tendierten die Regierungen der Mitgliedstaaten dazu, nationale Lösungen der europäischen Koordinierung und Zusammenarbeit vorzuziehen. In ähnlicher Weise übernahmen Deutschland und andere größere Mitgliedstaaten die Führung, sehr zum Leidwesen einiger kleinerer Mitgliedstaaten, europäischer Institutionen und deren Führung. Die deutsche Bundeskanzlerin Angela Merkel war maßgeblich an der Gestaltung der EU-Politik während der Flüchtlingskrise und am Umgang mit der griechischen Schuldenkrise beteiligt.

Wie frühere Phasen von Zwietracht und Stagnation gezeigt haben, ist die Renationalisierung nur eine der typischen Reaktionen. Der alternative, meist weniger ausgeprägte Trend ist die Stärkung der Kompetenzen der (supranationalen) **europäischen Institutionen**, sobald die europäischen Staats- und Regierungschefs in bestimmten Politikfeldern eine gemeinsame Basis gefunden haben. Trotz zunehmender Polarisierung und Politisierung in der europäischen Politik ist das Endergebnis letztlich eine robustere Rolle für die EZB und die Europäische Kommission. Die Unabhängigkeit der EZB (mit dem einzigen Ziel der Wahrung der Preisstabilität) wurde durch die Sofortmaßnahmen während der Eurokrise gefährdet. Auf der anderen Seite sind der EZB-Präsident und der Präsident der Eurogruppe inzwischen zu eigenständigen politischen Akteuren geworden. Dem Europäischen Kommissar für Wirtschaft und Währung und dem Euro wurde die Aufgabe übertragen, Haushaltsdisziplin und Wirtschaftspolitik der Mitgliedstaaten zu überwachen. Eine solche europäische Einmischung ist zwar heute noch umstritten, wäre vor einem Jahrzehnt noch undenkbar gewesen.

Im Folgenden wird die Geschichte der europäischen Zusammenarbeit und (Des)Integration bis Dezember 2017 fortgeführt. Der letzte Abschnitt behandelt mögliche Reformen, anstatt zu versuchen, die Zukunft mittelfristig vorherzusagen. Das Aufflammen von Krisen stellt einen kritischen Knotenpunkt im Integrationsprozess und in der unvollendeten Geschichte Europas dar. Das Bewusstsein einer existenziellen Krise kann ein Fenster für Reformen sowie eine Neubewertung der Kosten und des Nutzens einer EU-Mitgliedschaft öffnen. Abschließend soll optimistisch angemerkt werden, dass es einige Anzeichen dafür gibt, dass sich die europäischen Politiker durch die Krise dazu gedrängt oder ermutigt fühlen, substanzielle Reformen vorzuschlagen, anstatt sich nur nach hinten hin abzusichern. Die Initiativen des Präsidenten des Europäischen Parlaments und der Europäischen Kommission (Weißbuch zur Zukunft Europas) waren von den gleichen Befürchtungen getragen. Jede Reforminitiative hat sich bisher als kontrovers erwiesen, wobei diese von einzelnen Beteiligten heftig kritisiert und von den meisten anderen nur mäßig unterstützt wurde.

Erweiterung und die externen Krisen

Die Europäische Union hat sich immer mit Verantwortlichkeiten in der **Außen- und Sicherheitspolitik** schwergetan. Sicherlich ist ein Teil der Erklärung die inhärente Tendenz der Nationalstaaten, diese Politikkompetenzen des zweiten Pfeilers als wesentliches Element der staatlichen Souveränität zu betrachten. Demgegenüber sind die Bürger von EU-Europa laut Eurobarometerumfragen viel eher bereit, Europa die Koordinierung der Außen- und Sicherheitspolitik zuzugestehen. Der erste Versuch in diese Richtung scheiterte in Form der Europäischen Verteidigungsgemeinschaft in den fünfziger Jahren. Der Kalte Krieg legte die Verteidigung fest in die Hände der NATO, ein Monopol, das mit der Ausbreitung von innerstaatlichen Konflikten und friedenserhaltenden Missionen in der Nachbarschaft Europas seit den neunziger Jahren endete. Eine gewisse außenpolitische Koordinierung wurde 1970 durch die Europäische Politische Zusammenarbeit und zwei Jahrzehnte später durch den Vertrag von Maastricht eingeführt.

Im Gegensatz zu den lohnenden, aber freiwilligen Einsätzen auf anderen Kontinenten haben die postjugoslawischen Kriege auf dem Balkan in den neunziger Jahren gezeigt, dass Europa ernsthafte militärische Macht und Koordination benötigt. Die Gräueltaten auf dem Balkan standen im Widerspruch zu den hochgesteckten Zielen und Prinzipien Europas. Trotz sukzessiver Schritte, die seit den neunziger Jahren unternommen wurden, wie zum Beispiel der Hohe Vertreter, das Double-Hatting, Helsinki Headline Goals, der Europäische Auswärtige Dienst und die Ständige Strukturierte Zusammenarbeit, bleiben die Erwartungen und Ambitionen bescheiden. Weder Bürger noch nationale Regierungen erwarten, dass die EU zu einem globalen Sicherheitsakteur wird, der den USA, Russland oder China ebenbürtig ist. Der größte Teil des außenpolitischen Instrumentariums besteht eher aus Varianten der Erweiterungsstrategie, trotz der Verbesserung der europäischen Krisenmanagementkapazitäten. Ihre Vorliebe für die **Soft-Power-Projektion** wird durch ein Minimum an diplomatischer und militärischer Zusammenarbeit nicht verändert. Die Ambitionen und Ziele der EU beschränken sich weitgehend auf ihre direkte Nachbarschaft – den Mittelmeerraum, den Nahen Osten, den Balkan und die ehemaligen Sowjetrepubliken.

Gegenwärtig ändern sich die Parameter der globalen und **regionalen Geopolitik**. China entwickelt sich zu einem (wirtschaftlichen) Giganten auf der Weltbühne. Russland unter Putin und die Türkei unter Erdoğan sind als Regionalmacht wieder aufgetaucht, die mit Europa um »Einflusssphären« wetteifern. Die beiden dringlichsten Beispiele für solche »Stellvertreterkonflikte« sind Ukraine und Syrien. Syrien ist an und für sich ein unkontrollierbarer religiöser und politischer Konflikt in einer extrem volatilen Region. Amerikanische, russische und türkische Interessen und die Einmischung in den syrischen Konflikt überstiegen Europas Macht. Paradoxerweise hatte die relativ »ferne« Krise in Syrien schlussendlich eine viel bedrohlichere und direktere Auswirkung im Inneren der Europäische Union als die gleichzeitige Krise der direkten Nachbarschaft in Ukraine. Nicht erst seit der Unterzeichnung des Assoziierungsabkommens, das die Einmischung Moskaus in Ukraine auslöste, waren die EU-Mitgliedstaaten der Ansicht, dass sie Verantwortung übernehmen und außenpolitische Maßnahmen gegenüber Moskau und Kiew einleiten sollten. Die russische Intervention stellte eine wesentliche Verletzung der europäischen Ordnung und der Grenzen der Nachkriegszeit dar, aber im Inneren waren die Auswirkungen auf Europa und seine Mitgliedstaaten begrenzt.

In **Syrien** eskalierten nach dem Arabischen Frühling 2011 die zivilen Unruhen zu einem langwierigen bewaffneten Konflikt und einer humanitären Katastrophe. Das Regime von Präsident Assad sah sich einer lockeren Koalition bewaffneter Oppositionskräfte gegenüber: den Sunniten der Freien Syrischen Armee, den kurdischen Rebellen und dem Islamischen Staat. Wechselnde politische Unterstützung sowie die direkte militärische Intervention regionaler Nachbarn und globaler Mächte hatten massive Auswirkungen auf die territorialen Gewinne und Verluste der Konfliktparteien. Seit 2014 haben die NATO-Länder Luftangriffe gegen den Islamischen Staat durchgeführt, während Russland Assad unterstützte und die Türkei vor allem befürchtete, dass ein kurdischer Kernstaat an ihrer südöstlichen Grenze entstehen könnte. Mehrere europäische Staaten beteiligten sich an den von den USA geleiteten NATO-Operationen in und um Syrien. Auf EU-Ebene bedeutete Syrien eine Koordinierung der Politik in Bezug auf Sanktionen gegen das Assad-Regime und die Zusammenarbeit bei Antiterrormaßnahmen innerhalb der Union. Im Einklang mit der vorab vereinbarten Arbeitsteilung der Petersberg-Aufgaben (d. h. Soft-Power-Krisenmanagement und Wiederaufbau nach Ende des Konfliktes für die EU, in Ergänzung zur Hard-Power der NATO) war Syrien eindeutig und ausschließlich eine NATO-Operation, mit einer Möglichkeit der Beteiligung für die EU in den Bereichen Wiederaufbau und humanitäre Hilfe nach dem Krieg. Syrien belastete damit die Beziehungen der EU zu Russland und der Türkei zusätzlich.

Syrien wurde jedoch unerwartet zum Dreh- und Angelpunkt für die sich häufenden europäischen Krisen, indem es einen **Massenzustrom** von Flüchtlingen aus den Kriegsgebieten an die Außengrenzen der Europäischen Union auslöste. 2015 erhöhten die Flüchtlinge und Migranten aus Nordafrika und dem Balkan die Zahl der insgesamt nach Europa einreisenden Flüchtlinge und Migranten bald auf fast eine Million. Die Syrienkrise als Bürgerkrieg und als geopolitischer Stellvertreterkonflikt trotzt derzeit allen Deeskalationsstrategien. Als bestenfalls regionale Macht hat Europa nur einen begrenzten Einfluss auf die Entwicklung der syrischen Krise, trägt aber den Großteil der Folgen, die die europäische Solidarität auf intergouvernementaler Ebene belasten, sowie die Bereitschaft der Bürger, Flüchtlinge und Migranten in ihr Land und ihre lokale Gemeinschaft aufzunehmen. Zusammenfassend lässt sich sagen, dass das Ideal der EU von vor einem Jahrzehnt – »ein Kreis gut regierter Nachbarstaaten« – ins Leere gegangen ist. Ganz im Gegenteil, die Revolutionen des Arabischen Frühlings und sein Echo im Nahen Osten haben zu politischer Volatilität und humanitären Krisen geführt. Darüber hinaus ist die Türkei, Europas geplanter strategischer Partner in der Region, mittlerweile entschlossen, eine eigenständige Regionalmacht zu werden.

Bald schon dominierte die Flüchtlingsfrage die **Beziehungen zwischen der EU und der Türkei**, die sich bisher auf Beitrittsverhandlungen konzentriert hatten. Nach einer langen Vorgeschichte hatte der Europäische Rat von Helsinki 1999 mit der Aktivierung des Kandidatenstatus Ankaras (Antragstellung 1987) und der Aufnahme von Verhandlungen einen Aufschwung in den Beziehungen zwischen der EU und der Türkei ausgelöst. Trotz einer Vielzahl von Einwänden von Regierungen, Parteien und Wählern in den Mitgliedstaaten (z. B. Islam in Europa, Größe des Territoriums und der Bevölkerung der Türkei, die Menschenrechtsbilanz Ankaras und die Risiken einer anatolischen Außengrenze für die EU), war die Zollunion von 1995 ein gutes Zeichen für die Beziehungen zwischen der EU und der Türkei. Diejenigen, die dann auf die »Europäisierung« der Großstädte an der Westküste als Pioniere einer neuen, modernen Türkei hinwiesen, wurden von Recep Erdoğans zunehmend autoritärem Führungsstil als Premierminister (2003–2014) und später als Präsident enttäuscht.

Die konfliktreichen und langwierigen **Beitrittsverhandlungen** haben offenbar ihre Anziehungskraft für Erdoğan und seine AKP-Partei verloren. Jahr für Jahr wies die Türkei eine BIP-Wachstumsrate auf, die kein EU-Mitgliedstaat erreichen konnte. Die wirtschaftliche Stärke der Türkei hat sich allmählich auch politisch und militärisch in Ambitionen als Regionalmacht niedergeschlagen. In den Beziehungen Ankaras zur EU und zu den einzelnen Mitgliedstaaten vervielfachten sich heftige Konflikte und gezielte Provokationen. Die Besorgnis der Europäer über Menschenrechte, Rechtsstaatlichkeit und Demokratie in der Türkei, nicht zuletzt nach dem Staatsstreich vom Juli 2016 und dem Verfassungsreferendum vom April 2017, das die Befugnisse des Präsidenten stärkt, wuchs immer mehr. Die türkische Besetzung Nordzyperns, die Frage des Völkermordes an den Armeniern, die Verhaftung mehrerer Journalisten, der Wahlkampf in den EU-Ländern sowie gefährliche Eingriffe im Nordirak und in Syrien wirkten sich belastend aus. Schließlich wurden die Beitrittsverhandlungen 2017 praktisch eingefroren. Diese Entscheidung fand in der Türkei nicht viel Widerhall, und die politischen Gegner der Erweiterung im Allgemeinen und der türkischen Mitgliedschaft im Besonderen wurden in ihren Vorwarnungen bestätigt. Mit dem wahrscheinlich bevorstehenden Ende der Erweiterungsstrategie für die Türkei sind die bilateralen Beziehungen im Bereich der Außenbeziehungen und der Geopolitik gelandet.

Noch wichtiger ist, dass die **Flüchtlingsfrage** auch die Beziehungen zwischen der EU und der Türkei dominierte und der Türkei die Oberhand verschaffte. Um den Zustrom von Migranten und Flüchtlingen über die Türkei und Griechenland zu kontrollieren, schloss die EU mit Ankara ein umstrittenes Abkommen. Das Abkommen vom Frühjahr 2016 sah vor, dass diejenigen, die illegal nach Griechenland kamen, in die Türkei zurückgeschickt werden sollten, und dass die Türkei EU-Hilfe erhalten sollte, um die Unterbringung der Flüchtlinge vor Ort zu sichern und eine direkte Überstellung der registrierten Flüchtlinge nach Europa zu organisieren. Das Abkommen erreichte sein kurzfristiges Ziel, eine beträchtliche Verringerung des Zustroms von Flüchtlingen und Migranten, aber es wurde vor allem aus zwei Gründen kritisiert: zum einen wegen der humanitären Kosten für längere Aufenthalte in überfüllten türkischen und griechischen Lagern und zum anderen wegen der Tatsache, dass Erdoğan damit Europa in der Hand hatte. Die Einwände zahlreicher politischer Parteien und großer Teile der europäischen Bevölkerung machten die Aufrechterhaltung des Abkommens zu einer vorrangigen Priorität für Brüssel. Auch hier trug die Verknüpfung von innenpolitischen Legitimationsproblemen und Außenbeziehungen zu den Krisen in Europa bei.

Auch die gegenwärtigen Beziehungen Russlands zu den USA und der EU werden häufig als **neuer Kalter Krieg** bezeichnet. Während der ersten Hälfte seiner Amtszeit seit 1999 als Präsident und Premierminister war Wladimir Putin ein zäher, aber weitgehend zuverlässiger Verhandlungspartner. Die Energiepreise und -lieferungen dienten dazu, die Kooperation der nationalen Regierungen in Europa sicherzustellen und die Länder im russischen Einflussbereich davon abzuhalten, engere Beziehungen zur Europäischen Union anzustreben. Seit 2013 konnte eine Zunahme provokanter und bedrohlicher Rhetorik festgestellt werden, gefolgt von öffentlichkeitswirksamen Aktionen zur Wiederherstellung des Großmachtstatus Russlands in der Weltpolitik. Zu diesen Aktionen gehörten Cyberangriffe auf Estland, militärische Intervention im Alleingang in Syrien, angebliche Einmischung in Wahlprozesse in den USA und der EU sowie finanzielle Unterstützung für rechte Parteien und andere Gruppen, die den politischen Prozess in NATO- und EU-Mitgliedstaaten destabilisieren könnten. Repressive innenpolitische Maßnahmen des Kremls machten Menschenrechte und zivilgesellschaftliche Freiheiten in den bilateralen Beziehungen zu einem noch sensibleren Thema.

Die **Ukraine** war wegen ihrer national-emotionalen Bedeutung für die Russen, der prowestlichen Orangen Revolution von 2004 und ihres geopolitischen Gewichts der offensichtliche Dreh- und Angelpunkt in diesem Machtspiel. Ende 2013 hatte sich der prorussische ukrainische Präsident zur Unterzeichnung eines Assoziierungsabkommens mit der EU entschlossen, ein Schritt, der von einer großen Mehrheit der Wähler in der westlichen Hälfte des Landes begrüßt und in der östlichen Hälfte von der gleichen Anzahl verabscheut wurde. Angeblich unter dem Druck Moskaus zog der Präsident in letzter Minute zurück und provozierte damit gewalttätige Massendemonstrationen auf dem seit der Revolution von 2004 bekannten Platz, der heute als »Euromaidan« bezeichnet wird. Nachdem der Präsident nach Moskau geflohen war, übernahmen die Demonstranten und Oppositionsparteien die Macht, bildeten eine neue Regierung und planten Wahlen.

In einer orchestrierten Aktion führten lokale Rebellen und russische Truppen die **Sezession** der Krim von der Ukraine und die Proklamation der Volksrepubliken Donezk und Lugansk in der Ostukraine Anfang 2014, unmittelbar nach den Olympischen Winterspielen in Sotschi, durch. Der Abschuss des Fluges MH17 über dem Kriegsgebiet in der Ostukraine im Juli 2014 markierte einen historischen Tiefpunkt in den Beziehungen nach dem Ende des Kalten Krieges. Die beispiellose Schändung der Nachkriegsprinzipien der territorialen Souveränität und die Unverletzlichkeit der Grenzen in Europa führten zu gegenseitigen Sanktionsregimen. Schließlich schlossen sich auch EU-Mitgliedstaaten mit beträchtlichem Handelsvolumen mit Russland den Sanktionen, Reiseverboten und dem Einfrieren von Vermögenswerten unter der Führung der USA an. Putins nationalistische Rhetorik und seine aggressive Politik steigerten seine Sympathiewerte im Lande deutlich. Die Eingliederung der Krim in Russland nach einem Referendum im März 2014, die Moskauer Verurteilung des neuen Kiewer Regimes als »faschistisch« und die Fortsetzung des Tauziehens in der Ostukraine haben zu einer neuen Pattsituation geführt.

Mehrparteiengespräche in Minsk haben zu einigen Deeskalationsmaßnahmen geführt, aber die fragilen Waffenstillstände wurden immer wieder durch lokale Separatisten, ukrainische Streitkräfte oder russische Provokateure gebrochen. Sowohl die erneute Annexion der Krim als auch der neue eingefrorene Konflikt um Lugansk und Donezk sind Erfolge für den Kreml, die Popularität im Lande und außenpolitische Hebelwirkung garantieren. Der **eingefrorene Konflikt** ist ein flexibles Instrument, um Druck auf Kiew und den Westen auszuüben. Die gesamte ukrainische Krise hat den Staaten zwischen Europa und Russland ein eindeutiges Signal gegeben, dass die Assoziierung mit der EU und der NATO ihren Preis hat. Die Assoziierungs- und Nachbarschaftsstrategien der EU waren für diese Transformationsländer seit über einem Jahrzehnt die einzig greifbare Perspektive. Die Anreize in Bezug auf Handel und Energieressourcen, kombiniert mit politischen und militärischen Bedrohungen aus Russland, haben die Aussichten der Regionen in jüngster Zeit grundlegend verändert. Generell steht die EU immer noch vor den widersprüchlichen Zielen ihrer Soft-Power-Anreize. Einerseits sind die Vorteile engerer Assoziierungs- und Handelsabkommen mit dem gemeinsamen Markt davon abhängig, dass strenge Kriterien der Wirtschaftsregierung, der Demokratie und der Rechtsstaatlichkeit erfüllt werden. Andererseits sind die Anreize auch Europas Gegenangebot zu den Angeboten und Drohungen aus Moskau.

Aufgrund der internen und externen Krisen steht die **Erweiterung** nicht mehr ganz oben auf der europäischen Agenda, und die Attraktivität der EU für Kandidaten könnte darunter gelitten haben. Beide Seiten in den bilateralen Beziehungen zwischen der EU und Nicht-EU-Staaten sind sich bewusst, dass eine Mitgliedschaft kurz- oder mittelfristig nicht zu erwarten ist. Seit dem Beitritt Kroatiens im Sommer 2013 sind die Fortschritte bei der Erweiterungsagenda für die übrigen Staaten des ehemaligen Jugoslawien und Albaniens eher symbolischer Art. Alle verbliebenen Staaten haben inzwischen ein Stabilisierungs- und Assoziierungsabkommen unterzeichnet, darunter auch Kosovo, trotz seines umstrittenen internationalen Status. Serbien und Montenegro haben Verhandlungen mit der EU aufgenommen und die griechischen Einwände blockieren weiterhin die Verhandlungen für Mazedonien, das seit 2005 Kandidat ist. Albanien hat den Kandidatenstatus erhalten, während Bosnien auf eine Entscheidung über seinen Antrag aus dem Jahr 2016 wartet. Aus dem Kreis der Länder, die die Kriterien relativ leicht erfüllen könnten, hat Island seinen Antrag zurückgezogen, und andere (Schweiz und Norwegen) werden voraussichtlich nicht in Kürze einen Antrag erwägen.

Die derzeitigen Tendenzen in den Beziehungen der EU zu den (potenziellen) Kandidatenländern und den Nachbarländern der Östlichen Partnerschaft sind widersprüchlich. Im Laufe der Jahre hat die Europäische Union bei der Bewältigung der ungelösten Probleme im Zusammenhang mit den jugoslawischen Konflikten zunehmend ihren erheblichen Einfluss (z. B. Visaliberalisierung und präferenzielle Handelsbeziehungen) genutzt, um die Ziele der **Stabilisierung und der regionalen Zusammenarbeit** zu verwirklichen. Die Fortschritte in den Beziehungen zwischen Serbien und

Kosovo sind ein Indiz für die Effektivität dieses Ansatzes. Symbolisch wurde der Internationale Strafgerichtshof für das ehemalige Jugoslawien (ICTY) Ende 2017 geschlossen, wobei die lebenslange Haftstrafe für Ratko Mladić als letzte große Errungenschaft gilt. Andererseits ist die Vollmitgliedschaft der Kandidatenländer oder die Vertiefung der Beziehungen zu den assoziierten Ländern heute aufgrund der »Erweiterungsmüdigkeit« innerhalb der EU nur noch ein entferntes Versprechen. Das niederländische Referendum über das erneuerte Assoziierungsabkommen mit Ukraine im April 2016 hat diese öffentliche Meinung bestätigt. Dementsprechend verliert die EU ihre Position als einziger Partner und Wegweiser, umso mehr, als die Türkei und Russland alternative Angebote machen, ohne die Konditionalität Brüssels. Das realistischste Szenario für die Beziehungen der EU zu den Kandidaten- und assoziierten Ländern in absehbarer Zeit ist der Einsatz einer differenzierten Integration, die Einbeziehung dieser Staaten in einige der Vorteile und in die Zusammenarbeit der EU-Mitgliedstaaten, aber ohne Stimmberechtigung in den EU-Institutionen.

Vertiefung und die internen Krisen

Im Nachhinein betrachtet erscheinen die miteinander verknüpften Krisen des gemeinschaftlichen Grundpfeilers der europäischen Integration – Wirtschaft, Handel, Finanzen, Binnenmarkt und Freiheiten – relativ überschaubar. Der Konkurs von Lehman Brothers in den USA 2008 als Folge der Hypothekenkrise und die allgemeine globale Konjunkturabschwächung wirkten sich damals allerdings auch auf die **Volkswirtschaften der Eurozone** aus. Insbesondere in den südlichen Mitgliedstaaten Portugal, Spanien und Griechenland sowie in Irland zeigten strukturelle Schwächen wie hohe Arbeitslosigkeit und »faule Kredite«, wie anfällig die wirtschaftliche Stabilität war. Die Regierungen waren gezwungen, Banken zu retten, und riskierten dabei ihre eigene internationale Kreditwürdigkeit. Schließlich konzentrierte sich die ganze Aufmerksamkeit auf Griechenland, da Athen massive europäische

Hilfe benötigte, um den Staatsbankrott zu vermeiden. Aus Sicht des Jahres 2017 scheinen sich die akuten Wirtschafts- und Finanzkrisen in den südlichen Mitgliedstaaten und der Eurozone etwas abgeschwächt zu haben. Die massiven sozioökonomischen Abhängigkeiten und Disparitäten als strukturelle Schwachstelle bleiben jedoch bestehen.

Die Finanztransfers und Sparmaßnahmen hatten sowohl in den nördlichen als auch in den südlichen Mitgliedstaaten katastrophale Auswirkungen auf das **Vertrauen der Bevölkerung** in das europäische Projekt. Zusammen mit der Flüchtlingskrise 2015 hat die Eurokrise den Aufstieg populistischer euroskeptischer Parteien in Frankreich, den Niederlanden, Deutschland und Großbritannien begünstigt. In Italien führte die Wirtschaftskrise die Fünf-Sterne-Bewegung von Beppe Grillo zu politischer Prominenz. Nach einigen früheren Erfolgen bei Kommunal- und Regionalwahlen wurde die Partei bei den Parlamentswahlen 2013 mit 25 Prozent der Stimmen die stärkste Partei und ein Jahr später zweitstärkste bei den Europawahlen. Noch wichtiger ist, dass in Griechenland sowohl die rechtsextreme Partei Goldene Morgenröte als auch die linke Syriza-Partei während der Krise im Aufwind waren. Syrizas Anführer Alexis Tsipras wurde nach einem erdrutschartigen Sieg bei den Wahlen 2015 Premierminister.

Die tieferen Wurzeln der Eurokrise lagen wohl nicht in der Hypothekenblase oder der Hybris der Bankiers, sondern in der unvollständigen Währungsunion von Maastricht. Die Mitgliedstaaten hatten es versäumt, das große Projekt einer gemeinsamen Währung mit der weitaus weniger attraktiven und vielfach verabscheuten **Fiskalunion** zu ergänzen, das heißt einer strengeren europäischen Aufsicht über die nationalen Haushalte und Finanzen und möglicherweise einer Harmonisierung der Steuersysteme. Europa lernte auf die harte Tour, dass selbst eine kleine Volkswirtschaft wie Griechenland ernsthafte Probleme für die gesamte Eurozone verursachen konnte, obwohl sie nur wenige Prozent des europäischen BIP ausmachte. Brüssel und der Europäische Rat wurden heftig kritisiert, weil sie Griechenland 2000 als Nachzügler in die Eurozone aufgenommen hatten, obwohl ernsthafte Zweifel daran bestanden, ob das Land die makroökonomischen Konvergenzkriterien von Maastricht wirklich erfüllte. Hintergrund dieser monetären Entscheidung waren politische Sorgen über die Unnachgiebigkeit Griechenlands in politischen Fragen wie dem Beitritt Mazedoniens und der Zypernfrage sowie eine Unterschätzung der Risiken für die gemeinsame Währung. Trotz heftiger Kontroversen und Konflikte ist es den Mitgliedstaaten gelungen, sich auf Krisenbewältigungsmaßnahmen und strukturelle Strategien wie den Europäischen Stabilitätsmechanismus und das Europäische Semester zu einigen. Darüber hinaus hat die Europäische Zentralbank ihre Rolle beim Krisenmanagement und der Gestaltung der Finanzpolitik gestärkt, indem sie nach Ansicht vieler die formalen Grenzen ihrer verfassungsmäßigen Zuständigkeiten überschritt und gegen das Prinzip des »no bail-out« verstieß.

Seit dem Beitritt Griechenlands, Spaniens und Portugals in den achtziger Jahren beschäftigte sich Europa mit wachsenden intergouvernementalen und interregionalen **Disparitäten** als sozioökonomische Priorität für das europäische Projekt. Die langfristigen Bewertungen der entsprechenden Strukturfonds und des Kohäsionsfonds sind sehr unterschiedlich. Die Banken- und Eurokrise der letzten Jahre hat die bestehenden Nord-Süd-Disparitäten in der Union verschärft und die Ergebnisse, die die Fonds in den vergangenen Jahrzehnten möglicherweise erzielt haben, zunichtegemacht. Die extrem hohe Jugendarbeitslosigkeit und die Regierungen, die zwischen den europäischen Sparmaßnahmen und der Notwendigkeit, in die Volkswirtschaft zu investieren, gefangen sind, stellen eine extreme Belastung für die europäische Solidarität dar. Verzweifelte Bürger in Südeuropa, die sich sowohl von der nationalen Regierung als auch von der Europäischen Union im Stich gelassen fühlen, wenden sich Links- und Rechtspopulisten zu. Umgekehrt waren die Bürger in den wohlhabenderen Ländern des Nordens verblüfft über das schiere Volumen der Finanztransfers im Umfang von mehreren Billionen und Garantien für die südlichen Mitgliedstaaten. Die Geschichten von grober Misswirtschaft durch die Staatsapparate, zum Beispiel in den Bereichen Steuern und Korruptionsbekämpfung, erwiesen sich als solidaritätsschädigend. Dementsprechend hatten die Regierungen der nördlichen Länder einen schweren Stand, der Öffentlichkeit ihre »Großzügigkeit« zu erklären und den einfachen Lösungsansätzen populistischer Parteien, wie zum Beispiel einem erzwungenen »Grexit« oder dem griechischen Bankrott, entgegenzutreten. Aufgrund der finanziellen Interdependenzen und der starken Beteiligung nordeuropäischer Banken an der griechischen Schuldenkrise hätte ein griechischer Ausstieg aus dem Euro diese Probleme nicht gelöst, abgesehen von allen (Übergangs-)Kosten und Schwierigkeiten, die mit der Rückkehr zur Drachme und der Neuverhandlung des Zugangs zum gemeinsamen Markt verbunden sind (wie die Brexit-Verhandlungen seitdem zeigen).

Seit den neunziger Jahren ist der Aufstieg von Bewegungen im öffentlichen Raum und von neuen politischen Parteien am linken und rechten Rand des politischen Spektrums in den alten und neuen Mitgliedstaaten der Europäischen Union ein weitverbreitetes Phänomen. **Populistisches und fremdenfeindliches Denken** war verbunden mit der zunehmenden Enttäuschung der Wähler über die etablierten Parteien und dem schwindenden Vertrauen in demokratische Institutionen. Die Europäische Union wurde zum Sündenbock für diese Bewegungen, einerseits wegen ihrer bürokratischen Komplexität und intransparenten undemokratischen Entscheidungsfindung und andererseits, weil sie sowohl für neoliberale Marktmechanismen als auch für den Zustrom muslimischer Flüchtlinge und Migranten verantwortlich gemacht werden konnte. Einige, aber nicht alle dieser Gruppen forderten mehr Möglichkeiten für die Bürger, unwillkommene politische Entscheidungen sowohl auf nationaler als auch auf europäischer Ebene zu beeinflussen oder abzulehnen. Die Profile dieser Parteien unterscheiden sich von Land zu Land: Einige sind überwiegend antiislamisch, andere lehnen die Übertragung der Souveränität an »Brüssel« oder die angebliche neoliberale Ausrichtung der europäischen Integration ab.

Die europäischen Staats- und Regierungschefs und die Europäische Kommission sind sich dieser Gefühle und des **Demokratiedefizits** immer bewusster geworden und haben das Gleichgewicht einer effizienten Politikgestaltung korrigiert und eine stärkere Beteiligung der Zivilgesellschaft und demokratische Kontrollmechanismen ermöglicht. Die verschiedenen Instrumente des Vertrags von Lissabon, wie die Bürgerinitiative und die Subsidiaritätsprüfung mit der gelben Karte, sind Beispiele dafür. Die verstärkte Kontrolle der europäischen Gesetzgebung durch die nationalen Parlamente (zusätzlich zum Europäischen Parlament) und das Vetorecht der nationalen Volksabstimmungen (z. B. in den Niederlanden zum Assoziierungsabkommen mit Ukraine oder im belgischen Wallonien zum Handelsabkommen mit Kanada) haben zu neuen Problemen geführt. Nicht selten blockierte ein Parlament oder das Referendum einer Nation eine Entscheidung, die auf europäischer Ebene von den Mitgliedstaaten gemeinsam getroffen wurde.

Euroskepsis ist im Laufe des 21. Jahrhunderts unter den Wählern der meisten Mitgliedstaaten, neu und alt, nördlich und südlich, auf dem Vormarsch. Typischerweise ist der in der nationalen Politik bekannte Mechanismus, bestimmte unwillkommene politische Maßnahmen auf Brüssel zu schieben, immer stärker geworden. Die meisten Regierungen und Parlamentsfraktionen sind sich dieser Gefühle bewusst und nehmen eine härtere Haltung gegenüber der europäischen »Einmischung« ein. Auch wenn die meisten Regierungen gemäßigt proeuropäisch eingestellt sind, sind Härte bei Verhandlungen, Verteidigung der nationalen Interessen und ein gewisses Maß an euroskeptischer Rhetorik zu einer Selbstverständlichkeit geworden.

Zwei Themen von hoher Priorität für Europa und seine Mitgliedstaaten mit hohem öffentlichem Interesse können als Argumente für eine Renationalisierung oder für eine Vertiefung der Europäisierung und Übertragung von Kompetenzen ausgelegt werden. Das Erste betrifft den islamistischen **Terrorismus** in europäischen Städten, angefangen mit dem Anschlag auf Charlie Hebdo in Paris im Januar 2015. Die Anschläge haben den Plänen zur Verbesserung der europäischen Koordinierung der nationalen Antiterroragenturen und Maßnahmen neue Dringlichkeit verliehen. Das Problem von Terroristen, die sich als Flüchtlinge ausgeben und die offenen nationalen Grenzen Europas missbrauchen, wurde sehr kontrovers diskutiert, mehr noch als die Tatsache, dass nicht alle terroristischen Anschläge verhindert werden konnten.

Wichtiger für die Auswirkungen auf die öffentliche Meinung und die wahrscheinlich existenziellste Krise, mit der die EU in den letzten Jahren konfrontiert war, ist die **europäische Flüchtlingskrise**. Der Zustrom von Migranten und Flüchtlingen in die Europäische Union, der zum Teil durch den Krieg in Syrien ausgelöst wurde, nahm 2015 unerwartet zu. Die größte Gruppe der fast eine Million Asylbewerber kam angeblich aus Syrien, Kosovo und Afghanistan. Die meisten von ihnen hatten Deutschland als Endziel. Aus Sicht der EU gab es ein politisches und ein humanitäres Dilemma. Gemessen an ihrem Selbstverständnis von Offenheit und Menschlichkeit waren die Hunderte von Menschen, die beim Überqueren des Mittelmeers ertranken, und die unmenschliche Situation von vielen Tausenden, die daran gehindert wurden, Staatsgrenzen zu überqueren, oder in überfüllten Lagern in Griechenland oder auf der italienischen Insel Lampedusa ausharren mussten, unerträglich. Angesichts der starken öffentlichen Stimmung gegen den Zustrom großer Gruppen von Ausländern aus dem Nahen Osten, dem Balkan und Nordafrika erklärten sich nahezu alle Mitgliedstaaten nur zögerlich zur Aufnahme ihres Flüchtlingsanteils bereit, und überließen sie es Deutschland, den größten Teil der Last zu tragen. Die Beseitigung dieser Hindernisse, um humanitäre Katastrophen an der Außengrenze der EU zu vermeiden, bedeutete die Gefahr eines noch größeren Zustroms von Flüchtlingen, Migranten und »Glückssuchern«, ein Risiko, das keiner der Mitgliedstaaten bereit war einzugehen.

In der Flüchtlingskrise wurde schmerzlich deutlich, dass die EU-Politiker bei der Integration des **Schengen**-Protokolls als Schlüsselfaktor in den europäischen Acquis wieder einmal auf halbem Wege angehalten hatten. Die weniger beliebte Folge des freien Verkehrs innerhalb des Schengen-Raums war die gemeinsame Verantwortung für die Außengrenze der Europäischen Union. Zuvor war es der EU gelungen, einen Teil der Kosten für die Grenzinfrastruktur entlang der Ostgrenze zu teilen, wo es um Schmuggler ging und nicht um Migranten. Die Mitgliedstaaten waren weitaus weniger aufgeschlossen, wenn es darum ging, die personellen und finanziellen Ressourcen für zum Beispiel Frontex (die Europäische Grenzschutzagentur), die im Mittelmeer patrouilliert, und für angemessene Transitlager in Griechenland und Italien bereitzustellen. Versuche, die Gruppen von Migranten vor dem Überschreiten der EU-Außengrenze aufzuhalten und zu kanalisieren, waren nur begrenzt erfolgreich. Bilaterale Abkommen mit nordafrikanischen Staaten kamen entweder nicht zustande oder erwiesen sich als unwirksam. Im Falle des EU-Türkei-Flüchtlingsabkommens vom März 2016 sagte Brüssel zudem erhebliche Mittel für Flüchtlingslager in der Türkei zu. Da das Flüchtlingsproblem eine akute und existenzielle Bedrohung für die europäische Zusammenarbeit darstellt, verschaffte das Abkommen der Regierung Erdoğan einen Hebel, um zu verhindern, dass die EU offen Fragen der Rechtsstaatlichkeit und der Demokratie in der Türkei anspricht.

Zahlreiche Mitgliedstaaten stehen dem europäischen Projekt inzwischen skeptischer gegenüber, und einige haben sich in der Euro- und Flüchtlingskrise geradezu unwillig für die europäische Solidarität eingesetzt. **Polen und Ungarn** haben die Konfrontationen zwischen nationalen Positionen und europäischen Ansichten in den letzten Jahren auf ein völlig neues Niveau gehoben. Die polnischen Politiker um Jarosław Kaczyński und die Partei Recht und Gerechtigkeit (PiS) sowie der ungarische Präsident Viktor Orbán und seine Fidesz-Partei haben die Konfrontation mit Brüssel gesucht. In beiden Ländern wurden politische Reformen eingeleitet, um die unabhängige Justiz zu beschneiden, die politische Opposition zu verteufeln und Bürgerrechte einzuschränken. 2017 leitete die Europäische Kommission ein Vertragsverletzungsverfahren gegen Polen wegen Verstoßes gegen das EU-Recht ein, das dazu führen könnte, dass Polen das EU-Stimmrecht entzogen wird. Bezüglich Rechtsstaatlichkeit und Demokratie nimmt Budapest gegenüber Brüssel eine ähnlich konfrontative Haltung ein. Außerdem hat Ungarn europäische Versuche boykottiert, eine gemeinsame Flüchtlings- und Asylpolitik zu vereinbaren und umzusetzen. Beide Regierungen wandeln auf einem schmalen Grat, indem sie die EU benutzen, um interne Unterstützung zu mobilisieren, ohne dem britischen Beispiel folgen zu wollen. Doch verglichen mit der Euphorie des EU-Beitritts 2004 hat sich vieles verändert.

Vor dem Lissabon-Vertrag investierte die EU viel Energie in die Erleichterung und Überwachung des Beitritts neuer Mitgliedstaaten, hatte aber kein Austrittsverfahren vorgesehen. Grönland und Algerien waren schon vor Jahrzehnten ausgeschieden, als sie unabhängige Staaten wurden, sind aber aus verschiedenen Gründen kein Vergleich oder Präzedenzfall für die laufenden **Brexit-Verhandlungen**. Artikel 50 des Vertrags von Lissabon sieht eine zweijährige Verhandlungsphase vor, nachdem ein Mitgliedstaat erklärt hat, dass er die Union verlassen möchte. Um die Popularität der vehement auftretenden Anti-EU-Partei United Kingdom Independence Party (UKIP) bei den Wahlen einzudämmen, setzte der britische Premierminister David Cameron im Mai 2016 ein Referendum über die Mitgliedschaft an. Eine knappe Mehrheit von 52 Prozent stimmte für »leave« und Camerons Nachfolgerin Theresa May versprach, sich auf Artikel 50 zu berufen. Seit dem Referendum sind zwei der lautstärksten Befürworter des Brexit – der konservative Außenminister Boris Johnson und der Führer der UKIP, Nigel Farage – zurückgetreten. In einer ersten Reaktion auf das britische Referendum und das politische Chaos in Großbritannien ging die Unterstützung für euroskeptische Parteien in vielen anderen Mitgliedstaaten deutlich zurück.

Die langwierigen bilateralen **Brexit-Verhandlungen** zwischen London und Brüssel haben die Komplexität der Mitgliedschaft aufgezeigt, indem sie bei der Neuverhandlung der Beziehungen in einem Übergang von der Mitgliedschaft mit Opt-outs zu einer Art »privilegierter« Nichtmitgliedschaft neue Wege beschreiten muss. In einem halben Jahr Verhandlungen sind kaum Fortschritte erzielt worden. Trotz der hohen Geldbeträge dürfte die Frage der fälligen britischen Zahlungen an die EU das geringste dieser Probleme sein. Auch hier steht Brüssel vor einem Dilemma. Der Nachweis, dass ein harter Brexit London in materieller und immaterieller Hinsicht (Großkonzerne und EU-Institutionen, die auf den Kontinent ziehen) viel kosten wird, ist ein starkes Signal an andere Regierungen, die die Idee eines Austritts hätten haben können. Das derzeitige Chaos der britischen Politik mit einer geschwächten konservativen Regierung, die Uneinigkeit in Westminster über die Brexit-Strategie, die Diskussion über ein neues Referendum und die Auflösung der UKIP machen konstruktive Verhandlungen praktisch unmöglich. Umgekehrt sind einige Forderungen des Vereinigten Königreichs wie der Zugang zum gemeinsamen Markt ohne Zuständigkeit des Europäischen Gerichtshofs ein Gräuel für Brüssel. Die neue Außengrenze zwischen Belfast und Dublin und die Rechte von EU-Bürgern im Vereinigten Königreich sind allesamt Verhandlungstrümpfe, die zu einem quälenden Verhandlungsprozess auf unbekanntem Terrain führen werden.

Als neueste Entwicklung haben der Aufschwung der katalanischen Unabhängigkeitsbewegung und die darauf folgende spanische Staatskrise die ambivalente Rolle der EU und der Mitgliedschaft in Fragen der territorialen Integrität und der **unabhängigen Staatlichkeit** aufgezeigt. Vor einigen Jahren kam es zu einer unmöglichen Situation, als die meisten Mitgliedstaaten der EU Kosovo als unabhängigen Staat anerkannten. Einige Staaten mit separatistischen oder eigenen Souveränitätsfragen (Spanien, Slowakei, Zypern und Griechenland) weigerten sich, diesem Beispiel zu folgen. Das Ergebnis war mit dem freien Reiseverkehr innerhalb des Schengen-Raums unvereinbar. Auch beim schottischen Unabhängigkeitsreferendum im September 2014, das mit einer Mehrheit von 55 Prozent gegen eine Unabhängigkeit endete, spielte die EU-Mitgliedschaft eine wichtige Rolle. Dementsprechend könnte ein tatsächlicher britischer Ausstieg aus Europa in Edinburgh Überlegungen zu Unabhängigkeit als 28. Mitgliedstaat der EU wieder aufleben lassen. In Spanien organisierten katalanische Separatisten im Oktober 2017 ein Referendum, das von der spanischen Regierung und dem spanischen Verfassungsgericht als verfassungswidrig eingestuft wurde. Basierend auf dem Ergebnis des Referendums erklärte der katalanische Regionalpräsident Carles Puigdemont eine (suspendierte) Unabhängigkeit und floh nach Belgien, was zu einem heiklen Auslieferungsproblem zwischen zwei EU-Mitgliedstaaten führte. Auch Barcelona hat von Brüssel Garantien für eine EU-Mitgliedschaft im Falle einer Abspaltung ersucht und um eine Intervention der EU in seinem Konflikt mit Madrid gebeten, beides weitgehend vergeblich. Zusammengefasst bleibt die Anerkennung von Staaten die ausschließliche Domäne der souveränen Mitgliedstaaten, aber in vielen Fällen beeinflusst die Existenz der EU ungewollt dieses Recht.

Eine unvollendete Geschichte und die Zukunft

Die Analysekategorie des letzten Kapitels über die aktuelle Entwicklung ist »Krise«. Der Leser sollte sich darüber im Klaren sein, dass Krise heutzutage der häufigste Begriff ist, aber es ist trotzdem ein politisiertes und normatives Framing der europäischen Realitäten. In dieser Hinsicht ist nicht »Fortschritt« oder »Stabilität« der Gegenpart, sondern »Herausforderung« – das heißt das Framing von Problemen in einer optimistischen Darstellung. In den heutigen Realitäten der europäischen Integration (und sogar der Desintegration) neigt das krisengetriebene Framing dazu, die kritische Masse der Europäisierung in den Hintergrund zu drängen. Die europäischen Politikbereiche stellen sowohl in ihrem Umfang als auch in ihrer Tiefe einen großen Teil des unsichtbaren Gefüges von Gesellschaften, Volkswirtschaften und Politik in ganz Europa dar. Die Bürger reisen von einem Land ins andere, ohne sich darüber Gedanken zu machen; Gleiches gilt für ihre wirtschaftlichen Aktivitäten, ihre Datenbündel und Einkäufe. Kritiker, die Europa als neoliberales Unterfangen betrachten, haben zu Recht auf die Kehrseite dieser Freiheiten, der offenen Grenzen und der ungehinderten Mobilität innerhalb der Europäischen Union hingewiesen. Die Brexit-Verhandlungen und die vorangegangene griechische Krise zeigen, dass die wirkliche Herausforderung darin besteht, diese real existierenden Abhängigkeiten zu gestalten und nicht zu negieren. Meistens wurden die Abhängigkeiten von den europäischen Institutionen und Verfahren gestaltet, aber diese Realitäten lassen sich nicht rückgängig machen, indem man formell aus der EU austritt (im Falle des Vereinigten Königreichs) oder indem man auf einem Ende der europäischen Solidarität besteht (im Falle Griechenlands).

Die politischen und öffentlichen Reaktionen auf diese Realitäten sind paradox. Eurooptimisten neigen dazu, ihre Gegner als irrationale Populisten zu verurteilen und ihre Gefolgschaft als schlecht informiert oder getäuscht zu bezeichnen. Umgekehrt stellen Euroskeptiker Europa und den Euro als Eliteprojekte dar, die den Interessen jedes einzelnen Bürgers zuwiderlaufen. Das Endergebnis ist jedoch eine Polarisierung. Einige Regierungsparteien und viele populistische Oppositionelle insinuieren, dass es ohne »Europa« einfache Lösungen für die zahlreichen Herausforderungen und Krisen gäbe. Nationale Interessen und Identität sind entscheidend in diesen Argumentationslinien. Gleichzeitig tragen die Bemühungen auf europäischer Ebene, solchen Renationalisierungstendenzen Rechnung zu tragen, zur Komplexität eines Gemeinwesens mit einer halben Milliarde Bürger und fast dreißig Mitgliedstaaten bei. Die Polarisierung verwässert zunehmend die Unterscheidung zwischen denen, die die europäische Integration grundsätzlich ablehnen, und denen, die europäische Kompetenzen in bestimmten Politikfeldern infrage stellen oder politische Ergebnisse kritisieren.

Wie wird die Lage der Union in fünf Jahren aussehen? Historiker sind bekannt für ihre prognostischen Qualitäten, solange es nicht um die Zukunft geht. Zahlreiche unvorhersehbare Faktoren können einen entscheidenden Einfluss auf die Zukunft der EU haben. Dennoch zeichnen sich heute einige strukturelle Faktoren, positive wie negative, ab, die in absehbarer Zeit nicht verschwinden dürften. Erstens wird die EU ein außen- und sicherheitspolitischer Akteur mit begrenzten Ambitionen und Fähigkeiten bleiben, jenseits ihrer Soft-Power-Projektion und jenseits ihrer unmittelbaren Umgebung. Angesichts der offenbaren Dominanz von Realpolitik in der Weltpolitik und der Entstehung hybrider Formen der Einmischung in die inneren Angelegenheiten souveräner Staaten dürfte Europa ein wirtschaftlicher Riese und politischer Zwerg in der Weltpolitik bleiben. Zweitens werden sich die Abhängigkeiten zwischen lokaler, nationaler, europäischer und globaler Ebene der Politikgestaltung weiter verstärken. Umgekehrt werden die Unterschiede zwischen nationalen und internationalen Angelegenheiten weiter abnehmen. Drittens: Die Abwärtsspirale des Vertrauens der Bürger in den demokratischen politischen Prozess und die Institutionen und die damit verbundene Forderung nach mehr Partizipation, Kontrolle und Vetomöglichkeiten wird nicht in absehbarer Zeit einem permissiven Konsens weichen. Zusammen mit dem Populismus treffen diese Sorgen genauso zu für die nationalen Gemeinwesen. Viertens als positives Fazit: Die Europäisierung hat eine kritische Masse von oft unausgesprochenen Vorteilen für Bürger und Staaten gleichermaßen erreicht. Differenzierte Integration mag häufiger werden, aber eine Kettenreaktion nationaler Austritte ist nicht das Zeichen an der Wand. Kurzum, nach einer Odyssee von fast sieben Jahrzehnten bleibt »Europa« umstritten, sowohl als großes Konzept als auch in der alltäglichen Politikgestaltung: Unvollendetsein als Dauerzustand.

7 Annex

Autoren

Während das Gesamtkonzept des Buches das Ergebnis einer intensiven kollektiven Reflexion ist, hat jeder Autor danach die Verantwortung für eines der chronologischen Kapitel übernommen: Robin de Bruin (1. Viele Wege nach Europa); Karin van Leeuwen (2. Die Europäischen Gemeinschaften im Aufbau); Carla Hoetink (3. Wozu dient Europa?); Carlos Reijnen (4. Von der Gemeinschaft zur Union); Liesbeth van de Grift (5. Eine Verfassung für ein größeres Europa?); Wim van Meurs (Einleitung und 6. Von Krise zu Krise).

Robin de Bruin (1971)
Ass. Prof. für Europäische Studien an der Universität Amsterdam. Er unterrichtet moderne europäische Geschichte einschließlich der Geschichte der europäischen Integration. Seine aktuelle Forschung konzentriert sich auf die Beziehung zwischen den Entkolonialisierungsprozessen und der europäischen Integration. Zuvor war er Dozent an der Vrije Universiteit Amsterdam und der Universität Utrecht. *Elastisch Europa. De integratie van Europa en de Nederlandse politiek, 1947–1968* (Amsterdam: Wereldbibliotheek, 2014).

Liesbeth van de Grift (1978)
Ass. Prof. für die Geschichte der internationalen Beziehungen. Sie unterrichtet Geschichte der Europäischen Union, an der Universität Utrecht und zuvor an der Radboud-Universität in Nijmegen. *Governing the Rural in Interwar Europe*, hg. mit Amalia Ribi Forclaz (London: Routledge, 2017); *Securing the Communist State. The Reconstruction of Coercive Institutions in the Soviet Zone of Germany and Romania, 1944–1948* (Plymouth: Lexington Books, 2011).

Carla Hoetink (1980)
Ass. Prof. an der Radboud-Universität in Nijmegen und spezialisiert in Geschichte der politischen Institutionen in den Niederlanden

und der EU im 21. Jahrhundert. Sie unterrichtet politische Geschichte der europäischen Integration. *Macht der gewoonte. Regels en rituelen in de Tweede Kamer na 1945* (Nijmegen: Vantilt, 2018).

Karin van Leeuwen (1981)
Ass. Prof. für Europäische Studien an der Universität Amsterdam, wo sie Geschichte der europäischen Integration und Europäisierung unterrichtet. Zuvor war sie wissenschaftliche Mitarbeiterin am Huygens ING Institut für Geschichte der Niederlande in Den Haag und Dozentin für EU Geschichte an der Radboud-Universität in Nijmegen. Ihre Forschung konzentriert sich auf die Geschichte des europäischen (Verfassungs-)Rechts. *Uit het spoor van Thorbecke. Grondwetsherziening en staatsvernieuwing in naoorlogs Nederland (1945–1983)* (Amsterdam: Boom, 2013).

Wim van Meurs (1964)
ist Professor für Europäische Politische Geschichte an der Radboud-Universität in Nijmegen und war von 1997 bis 2004 wissenschaftlicher Mitarbeiter am Centrum für angewandte Politikforschung an der Ludwig-Maximilians-Universität München. Er unterrichtete in Nijmegen und München über Ursprünge und Geschichte der Europäischen Union. Seine Forschung über vergleichende Europäische und EU-Geschichte und Politik umfasst Beitritts- und Nachbarschaftsstrategien der EU sowie Umweltpolitik. *Diplomacy, Development and Defense: A Paradigm for Policy Coherence*, hg. mit Stefani Weiss und Hans-Joachim Spanger (Wiesbaden: VSW, 2007); *Prospects and Risks beyond EU Enlargement*, hg. mit Iris Kempe (Opladen: Leske and Budrich, 2003); *Enlarged EU – Enlarged Neighbourhood. Perspectives of the European Neighbourhood Policy*, hg. mit Nicolas Hayoz und Leszek Jesień (Bern: Peter Lang, 2005).

Carlos Reijnen (1975)
Ass. Prof. für Osteuropastudien und Europäische Studien sowie Programmdirektor für Geisteswissenschaften an der Universität Amsterdam. Zuvor war er Dozent an den Universitäten Leiden

und Maastricht. Er unterrichtet internationale Beziehungen und europäische Integration. Seine Forschung konzentriert sich auf die Ost-West-Beziehungen in Europa und der EU. *European Encounters: Intellectual Exchange and the Rethinking of Europe 1914–1945*, hg. mit Marleen Rensen (Amsterdam: Rodopi, 2014); *Op de drempel van Europa: de Tsjechen en Europa in de twintigste eeuw* (Kampen: Klement, 2005).

Abkürzungen

Die nachfolgende Liste enthält alle im Text verwendeten Akronyme und Abkürzungen. Für die meisten Institutionen gibt es eine geläufige deutsche Bezeichnung bzw. Abkürzung. In wenigen Ausnahmefällen wird die übliche Abkürzung und ggf. der vollständige englische oder französische Name in Klammern hinzugefügt. Für autorisierte Übersetzungen von EU-Fachbegriffen und Abkürzungen, siehe: IATE (http://iate.europa.eu/) oder das EU-Glossar (http://eur-lex.europa.eu/summary/glossary/glossary.html?locale=de).

A

AEUV	Vertrag über die Arbeitsweise der Europäischen Union – Vertrag von Rom, zweiter Teil des Vertrags von Lissabon
AKP-Gruppe	Gruppe der afrikanischen, karibischen und pazifischen Staaten
AStV	Ausschuss der Ständigen Vertreter der Mitgliedstaaten (Comité des représentants permanents; COREPER)

C

CARDS	Finanzinstrument zur Unterstützung der Länder des Stabilisierungs- und Assoziierungsprozesses (Community Assistance for Reconstruction, Development and Stabilisation)
CIVCOM	Ausschuss für die zivilen Aspekte der Krisenbewältigung
COPA	Landwirtschaftliches Verbandswesen (Comité des organisations professionelles agricoles)

D

DCECI	Finanzinstrument für die Entwicklungszusammenarbeit (Development Cooperation and Economic Cooperation Instrument)

E

EAD	Europäischer Auswärtiger Dienst
EAG	Europäische Atomgemeinschaft (auch: Euratom)
ECOFIN	Rat für Wirtschaft und Finanzen
ECOSOC	Wirtschafts- und Sozialausschuss (auch: EWSA, WSA)
EEA	Einheitliche Europäische Akte
EFRE	Europäischer Fonds für regionale Entwicklung
EFSF	Europäische Finanzstabilisierungsfazilität
EFTA	Europäische Freihandelsassoziation
EG	Europäische Gemeinschaft; bis 1993 Europäische Gemeinschaften
EGKS	Europäische Gemeinschaft für Kohle und Stahl (auch: Montanunion)
EGMR	Europäischer Gerichtshof für Menschenrechte
EIB	Europäische Investitionsbank

EMRK	Europäische Menschenrechtskonvention
ENP	Europäische Nachbarschaftspolitik
ENPI	Europäisches Nachbarschafts- und Partnerschaftsinstrument
EP	Europäisches Parlament
EPG	Europäische Politische Gemeinschaft
EPU	Europäische Politische Union
EPZ	Europäische Politische Zusammenarbeit
ERP	Marshall-Plan (European Recovery Program)
ESF	Europäischer Sozialfonds
ESM	Europäischer Stabilitätsmechanismus
ESPRIT	Europäisches Programm für IT-Forschung (European Strategic Program for Research and Development in Information Technology)
ESS	Europäische Sicherheitsstrategie
EU	Europäische Union
EU-ISS	Institut der EU für Sicherheitsstudien (EU Institute for Security Studies)
EuGH	Europäischer Gerichtshof
EUI	Europäisches Hochschulinstitut (European University Institute)
EUMC	Militärausschuss der Europäischen Union (EU Military Committee)
EURATOM	Europäische Atomgemeinschaft
EUROJUST	Einheit für justizielle Zusammenarbeit der Europäischen Union
EUROPOL	Europäisches Polizeiamt
EUROSTAT	Statistisches Amt der Europäischen Union
EUV	Vertrag über die Europäische Union – Vertrag von Maastricht, erster Teil des Vertrags von Lissabon
EVG	Europäische Verteidigungsgemeinschaft
EWE	Europäische Währungseinheit
EWG	Europäische Wirtschaftsgemeinschaft
EWI	Europäisches Währungsinstitut
EWR	Europäischer Wirtschaftsraum
EWS	Europäisches Währungssystem
EWSA	Europäischer Wirtschafts- und Sozialausschuss (auch: ECOSOC, WSA)
EWWU	Europäische Wirtschafts- und Währungsunion (auch: WWU)
EZB	Europäische Zentralbank

F

FRONTEX	Europäische Agentur für die Grenz- und Küstenwache (frontières extérieures)

G

GAP	Gemeinsame Agrarpolitik
GASP	Gemeinsame Außen- und Sicherheitspolitik
GATT	Allgemeines Zoll- und Handelsabkommen (General Agreement on Tariffs and Trade)
GD	Generaldirektion der Europäischen Kommission
GSVP	Gemeinsame Sicherheits- und Verteidigungspolitik

I

ICTY	Internationaler Strafgerichtshof für das ehemalige Jugoslawien (International Criminal Tribunal for the former Yugoslavia)
IGC	Regierungskonferenz (Intergovernmental Conference)

INTERREG Gemeinschaftsinitiative für regionale Entwicklung
IPA Instrument für Heranführungshilfe (Instrument for Pre-Accession Assistance)

K
KSZE Konferenz über Sicherheit und Zusammenarbeit in Europa; ab 1995 OSZE

M
MEDA Finanzierungsinstrumentarium für die Implementierung der euromediterranen Zusammenarbeit (Mesures d'accompagnement)

N
NATO Atlantisches Bündnis oder Nordatlantikpakt (North Atlantic Treaty Organization)

O
OECD Organisation für wirtschaftliche Zusammenarbeit und Entwicklung (Organisation for Economic Co-operation and Development)
OEEC Organisation für europäische wirtschaftliche Zusammenarbeit; ab 1947 OECD (Organisation for European Economic Co-operation)
OKM Offene Koordinierungsmethode
OSZE Organisation für Sicherheit und Zusammenarbeit in Europa

P
PCA Partnerschafts- und Kooperationsabkommen (Partnership and Cooperation Agreements)
PHARE Unterstützung Mittel- und Osteuropäischer Länder (Poland and Hungary: Aid for Restructuring of the Economies)
PJZS Polizeiliche und justizielle Zusammenarbeit in Strafsachen
PSCD Ständige Zusammenarbeit in der Verteidigung (Permanent Structured Cooperation in Defence)
PSK Politisches und Sicherheitspolitisches Komitee

Q
QMV Beschlussfassung mit qualifizierter Mehrheit (Qualified Majority Voting)

S
SAA Stabilisierungs- und Assoziierungsabkommen
SAP Stabilisierungs- und Assoziierungsprozess
SGP Stabilitäts- und Wachstumspakt (Stability and Growth Pact)
SIS Schengener Informationssystem

T
TACIS Technische Hilfe für die Gemeinschaft Unabhängiger Staaten (Technical Assistance to the Commonwealth of Independent States)
TTIP Transatlantische Freihandelsabkommen (Transatlantic Trade and Investment Partnership)

W

WEU	Westeuropäische Union
WSA	Wirtschafts- und Sozialausschuss (auch: ECOSOC, EWSA)
WTO	Welthandelsorganisation (World Trade Organisation)
WWU	Wirtschafts- und Währungsunion (auch: EWWU)

Chronologie

1923
Oktober Richard Coudenhove-Kalergi: Paneuropa

1930
Mai Aristide Briand: Memorandum

1941
Juli Altiero Spinelli: Manifest von Ventotene

1946
September Winston Churchill: Rede »Die Vereinigten Staaten von Europa« in Zürich
Dezember Gründung der Union Europäischer Föderalisten in Paris

1947
März Dünkirchener Vertrag
Mai Gründung der »Europäischen Bewegung International«
Juni Ankündigung des Marshall-Plans

1948
Januar Inkrafttreten des Benelux-Vertrages
März Brüsseler Pakt
April Inkrafttreten des Marshall-Plans
April Gründung der Organisation für Europäische Wirtschaftliche Zusammenarbeit
Mai Europa-Kongress in Den Haag

1949
Mai Gründung des Europarates im Vertrag von London

1950
Mai Schuman-Plan für die Europäische Gemeinschaft für Kohle und Stahl
Juni Beginn der Verhandlungen für die Europäische Gemeinschaft für Kohle und Stahl
Oktober Pleven-Plan für eine Europäische Verteidigungsgemeinschaft

1951
Februar Verhandlungen über die Europäische Verteidigungsgemeinschaft
April Unterzeichnung des Pariser Vertrages für die Einführung der Europäischen Gemeinschaft für Kohle und Stahl (Montanunion)

1952
Mai Unterzeichnung des Vertrags für die Europäische Verteidigungsgemeinschaft
Juli–August Inkrafttreten der Europäischen Gemeinschaft für Kohle und Stahl
August Gründungsversammlung der Hohen Behörde der Europäischen Gemeinschaft für Kohle und Stahl

September	Erstes Zusammentreten der Versammlung der Europäischen Gemeinschaft für Kohle und Stahl in Straßburg
1953	
März	Ad-hoc-Versammlung präsentiert »Verfassung« für eine Europäische Politische Gemeinschaft
1954	
August	Blockade des Vertrags für die Europäische Verteidigungsgemeinschaft durch das französische Parlament
Oktober	Gründung der Westeuropäischen Union in Paris
1955	
Juni	Konferenz von Messina
Juli	Spaak-Komitee
Dezember	Einführung der europäischen Flagge
1956	
Mai	Bericht des Spaak-Komitees
Juni	Verhandlungen über die Europäische Wirtschaftsgemeinschaft und Euratom
1957	
März	Unterzeichnung der Römischen Verträge: Europäische Wirtschaftsgemeinschaft und Euratom
1958	
Januar	Inkrafttreten der Römischen Verträge
März	Eröffnung der Parlamentarischen Versammlung in Straßburg
Mai	Einrichtung des Wirtschafts- und Sozialausschusses
Juli	Konferenz von Stresa: Gemeinsame Agrarpolitik
Oktober	Gründung des Gerichtshofes der Europäischen Gemeinschaften in Luxemburg
1959	
Januar	erste Übergangsphase zum gemeinsamen Markt
1960	
Januar	Konvention von Stockholm: Gründung der Europäischen Freihandelszone
Mai	Inkrafttreten der Europäischen Freihandelszone
September	Gründung des Europäischen Sozialfonds
Dezember	Gründung der Organisation für Wirtschaftliche Zusammenarbeit und Entwicklung, ehemals Organisation für Europäische Wirtschaftliche Zusammenarbeit
1961	
Juli–August	Beitrittsanfrage des Vereinigten Königreichs, Dänemarks und Irlands
November	erster Fouchet-Plan für die Europäische Politische Gemeinschaft

1962	
Januar	zweiter Fouchet-Plan für die Europäische Politische Gemeinschaft
Januar	zweite Phase des Übergangs zum gemeinsamen Markt
März	Einführung der Bezeichnung »Europäisches Parlament« durch die Parlamentarische Versammlung
April	Scheitern der Fouchet-Pläne
April	Beitrittsanfrage Norwegens
1963	
Januar	Veto von de Gaulle zum Beitritt des Vereinigten Königreichs
Januar	Élysée-Freundschaftsvertrag zwischen Frankreich und Deutschland
Februar	Urteil zu Van Gend en Loos: Europäischer Gerichtshof
Juli	Vertrag von Yaoundé zwischen den Europäischen Gemeinschaften und siebzehn afrikanischen Staaten und Madagaskar
1964	
Juli	Urteil zu Costa/ENEL: Europäischer Gerichtshof
1965	
April	Unterzeichnung des Fusionsvertrages der ausführenden Organe der Europäischen Gemeinschaften
Juli	Leerer-Stuhl-Krise
1966	
Januar	dritte Phase des Übergangs zum gemeinsamen Markt
Januar	Kompromiss von Luxemburg: Ende der Leerer-Stuhl-Krise
1967	
Mai	zweite Beitrittsanfrage des Vereinigten Königreichs, Dänemarks, Irlands und Norwegens
Juli	Inkrafttreten des Fusionsvertrages
November	zweites Veto de Gaulles zum Beitritt des Vereinigten Königreichs
1968	
Juli	Vollendung der Zollunion
1969	
Februar	Raymond Barre: Memorandum über eine Wirtschafts- und Währungsunion
Juli	Wiedereröffnung der Beitrittsanfrage des Vereinigten Königreichs, Dänemarks, Irlands und Norwegens
Dezember	Gipfeltreffen von Den Haag: Wirtschafts- und Währungsunion
1970	
April	Unterzeichnung des Vertrags von Luxemburg
Juni	Wiederaufnahme der Beitrittsverhandlungen mit dem Vereinigten Königreich, Dänemark, Irland und Norwegen
Oktober	Werner-Plan für wirtschaftliche und Währungszusammenarbeit

Oktober	Einführung der Europäischen Politischen Zusammenarbeit
1971	
August	Ende des Bretton-Woods-System durch Abwertung des Dollar
1972	
April	Festlegung der Schwankungsbreite der Währungen: die »Währungsschlange«
September	Referendum in Norwegen
Oktober	Gipfeltreffen von Paris: Regional-, Umwelt-, Sozial-, Energie- und Industriepolitik
1973	
Januar	Beitritt des Vereinigten Königreichs, Dänemarks und Irlands
1974	
April	Neuverhandlung der Mitgliedschaftsbedingungen durch die neue britische Regierung
Dezember	Beschluss über die Gründung des Europäischen Rates
1975	
Februar	Unterzeichnung des Vertrages von Lomé zwischen der Europäischen Gemeinschaft und 46 Entwicklungsländern
März	Eröffnungssitzung des Europäischen Rates
März	Gründung des Europäischen Fonds für regionale Entwicklung
März	Eröffnung des Europäischen Hochschulinstituts in Florenz
Juni	Beitrittsanfrage Griechenlands
Juli	Gründung eines Europäischen Rechnungshofes
1976	
Januar	Tindemans-Bericht: Europäische Union
1977	
März	Beitrittsanfrage Portugals
Juli	Beitrittsanfrage Spaniens
1978	
Juli	Beschluss des Europäischen Rates über den Aufbau des Europäischen Währungssystems
1979	
Februar	Urteil Cassis de Dijon: Europäischer Gerichtshof
März	Inkrafttreten Europäisches Währungssystem
Juni	erste Direktwahlen zum Europäischen Parlament
September	Spierenburg-Bericht über die Reform der Europäischen Gemeinschaften
Oktober	zweiter Vertrag von Lomé
November	Bericht des »Ausschusses der Drei Weisen«
November	britische Budgetfrage

Dezember	Ablehnung des ersten Haushalts durch das Europäische Parlament
1981	
Januar	Beitritt Griechenlands
November	Genscher-Colombo-Plan: Europäische Akte
1982	
Februar	Referendum in Grönland
1983	
Juni	Europäischer Rat von Stuttgart: Europäische Union
Dezember	Einigung über gemeinsame Fischereipolitik
1984	
Februar	Annahme des Vertragsentwurfs für die Gründung der Europäischen Union durch das Europäische Parlament (»Spinelli-Entwurf«)
Juni	Europäischer Rat von Fontainebleau: britischer »rebate«
Dezember	dritter Vertrag von Lomé
1985	
März	Bericht der Dooge-Kommission
Juni	Unterzeichnung des Schengen-Abkommens I durch Frankreich, Deutschland und die Beneluxländer
Juni	Veröffentlichung des Weißbuchs über die Vollendung des Binnenmarktes durch die Europäische Kommission
Sept.–Dez.	Regierungskonferenz: Europäische Akte
1986	
Januar	Beitritt Portugals und Spaniens
Februar	Unterzeichnung der Europäischen Akte
1987	
April	Beitrittsanfrage der Türkei
Juli	Inkrafttreten der Europäischen Akte
September	Stärkung des Europäischen Währungssystems durch die Finanzminister
1988	
Januar	Edouard Balladur: Memorandum über die Europäische Währungsunion
Februar	Hans-Dietrich Genscher: Memorandum über die Europäische Währungsunion
Februar	Europäischer Rat von Brüssel: Delors I Haushaltspaket
1989	
Juni	Delors-Bericht: Wirtschafts- und Währungsunion
Juli	Beitrittsanfrage Österreichs
Juli	Hilfsprogramm für Polen und Ungarn (PHARE)
Dezember	Europäischer Rat von Straßburg: Wirtschafts- und Währungsunion

1990	
April	Außerordentlicher Europäischer Rat in Dublin: Deutsche Einheit und Osterweiterung
Mai	Unterzeichnung des Übereinkommens der Europäischen Bank für Wiederaufbau und Entwicklung
Juni	Europäischer Rat von Dublin: Regierungskonferenzen
Juni	Unterzeichnung des Abkommens Schengen II durch Frankreich, Deutschland und die Beneluxländer
Juli	erste Phase der Wirtschafts- und Währungsunion
Juli	Beitrittsanfrage Zyperns und Maltas
Oktober	deutsche Wiedervereinigung: Ostdeutschland Teil der Europäischen Union
Oktober	Anschluss des Vereinigten Königreichs beim Europäischen Wechselkursmechanismus
November	Unterzeichnung der Transatlantischen Erklärung durch die USA und die Europäische Gemeinschaft
Dezember	Regierungskonferenzen in Rom über die Wirtschafts- und Währungsunion und die Politische Union
1991	
Juli	Beitrittsanfrage Schwedens
Dezember	Europäischer Rat von Maastricht: Europäische Union
1992	
Februar	Unterzeichnung des Vertrages von Maastricht
März	Beitrittsanfrage Finnlands
Mai	Unterzeichnung des Abkommens über den Europäischen Wirtschaftsraum
Mai	Abkommen über die Reform der Gemeinsamen Agrarpolitik
Juni	Referendum in Dänemark
Juni	Referendum in Irland
November	Beitrittsanfrage Norwegens
1993	
Januar	Vollendung des europäischen Binnenmarktes
Mai	Referendum in Dänemark
Juni	Europäischer Rat von Kopenhagen: Beitrittskriterien
November	Inkrafttreten des Vertrages von Maastricht, Entstehen der Europäischen Union
Dezember	Veröffentlichung des Weißbuchs über wirtschaftliches Wachstum durch die Europäische Kommission
1994	
Januar	zweite Phase der Wirtschafts- und Währungsunion
Januar	Inkrafttreten des Europäischen Wirtschaftsraums
März	Kompromiss von Ioannina
März	Eröffnung des Europäischen Ausschusses der Regionen
März	Beitrittsanfrage Ungarns
April	Beitrittsanfrage Polens
Juli	Gründung des Europäischen Währungsinstituts
November	Referendum in Norwegen

Dezember	Unterzeichnung der Europäischen Energiecharta
1995	
Januar	Beitritt Finnlands, Österreichs und Schwedens
Juni	Reflexionsgruppe zur Vorbereitung der Regierungskonferenz
Juni	Stabilitätspakt für Mittel- und Osteuropa
Juni	Beitrittsanfrage Rumäniens
Oktober	Beitrittsanfrage Lettlands
November	Beitrittsanfrage Estlands
November	Erklärung von Barcelona der Europäischen Union und zwölf Mittelmeerländern
Dezember	Beitrittsanfrage Litauens
Dezember	Beitrittsanfrage Bulgariens
1996	
Januar	Beitrittsanfrage der Tschechischen Republik
März	Regierungskonferenz für den Vertrag von Amsterdam
Juni	Beitrittsanfrage Sloweniens
Dezember	Europäischer Rat von Dublin: Stabilitäts- und Wachstumspakt
1997	
Juni	Europäischer Rat von Amsterdam
Juli	Publikation der Agenda 2000 durch die Europäische Kommission
Oktober	Unterzeichnung des Vertrags von Amsterdam
Dezember	Europäischer Rat von Luxemburg: Osterweiterung
1998	
März	Eröffnungssitzung der Europäischen Konferenz in London
März	Beitrittsverhandlungen mit Estland, Polen, Slowenien, der Tschechischen Republik, Ungarn und Zypern
Juni	Gründung der Europäischen Zentralbank in Frankfurt
1999	
Januar	Einführung des Euro
Januar	Beginn der dritten Phase der Wirtschafts- und Währungsunion
März	Rücktritt der Kommission Santer
März	Europäischer Rat von Berlin: Agenda 2000
Mai	Inkrafttreten des Vertrags von Amsterdam
Juni	Stabilitätspakt für Südosteuropa
Dezember	Europäischer Rat von Helsinki: Beitrittskandidat Türkei
2000	
Januar	Beitrittsverhandlungen mit Bulgarien, Lettland, Litauen, Malta, Rumänien und der Slowakei
Februar	Regierungskonferenz
März	Europäischer Rat von Lissabon: Lissabon-Strategie
September	Referendum in Dänemark
Dezember	Europäischer Rat von Nizza
Dezember	Verkündung der Charta der Grundrechte der Europäischen Union

2001	
Januar	Beitritt Griechenlands zur Eurozone
Februar	Unterzeichnung des Vertrags von Nizza
Juni	Referendum in Irland
2002	
Januar	Einführung der Eurogeldscheine und -münzen, Vollendung der Wirtschafts- und Währungsunion
Februar	Eröffnung des Konvents über die Zukunft von Europa in Brüssel
Juni	Ende der Europäischen Gemeinschaft für Kohle und Stahl
Oktober	Referendum in Irland
2003	
Februar	Inkrafttreten des Vertrags von Nizza
Juni	Thessaloniki-Konferenz: Beitrittsperspektive für den Westbalkan
September	Referendum in Schweden
Oktober	Regierungskonferenz über den Europäischen Verfassungsvertrag
Dezember	Europäische Sicherheitsstrategie
2004	
Mai	Beitritt Estlands, Lettlands, Litauens, Maltas, Polens, Sloweniens, der Slowakei, der Tschechischen Republik, Ungarns und Zyperns
Dezember	Beitrittskandidatenstatus für Mazedonien
Dezember	Unterzeichnung des Europäischen Verfassungsvertrages
2005	
Mai	Einführung der Europäischen Nachbarschaftspolitik
Mai	Referendum in Frankreich
Juni	Referendum in den Niederlanden
2007	
Januar	Einführung des Euro in Slowenien
Januar	Beitritt Bulgariens und Rumäniens
Dezember	Unterzeichnung der Charta der Grundrechte
Dezember	Unterzeichnung des Vertrags von Lissabon
2008	
Januar	Einführung des Euro in Malta und Zypern
Juni	Referendum in Irland
Dezember	Beitrittsanfrage Montenegros
2009	
Januar	Einführung des Euro in der Slowakei
April	Beitrittsanfrage Albaniens
Juli	Beitrittsanfrage Islands
Oktober	Referendum in Irland
Dezember	Inkrafttreten des Vertrags von Lissabon

Dezember	Beitrittsanfrage Serbiens
2010	
Juni	Wirtschaftliche Strategie: Europa 2020
Juni	Einrichtung der Europäischen Finanzstabilisierungsfazilität
Dezember	Beitrittskandidatenstatus Montenegros
2011	
Januar	Einführung des Euro in Estland
März	Annahme des Euro-Plus-Paktes durch den Europäischen Rat
Dezember	Europäischer Rat: Fiskalunion
2012	
Januar	Einführung des Europäischen Stabilitätsmechanismus
März	Beitrittskandidatenstatus Serbiens
Sept.–Okt.	Inkrafttreten des Europäischen Stabilitätsmechanismus
Dezember	Europäischer Rat: Bankenunion
Dezember	Friedensnobelpreis für die EU
2013	
Januar	Inkrafttreten der Fiskalunion
Juli	Beitritt Kroatiens
2014	
Januar	Einführung des Euro in Lettland
Januar	Eröffnung der Beitrittsverhandlungen mit Serbien
März	Beitrittsanfrage Islands zurückgezogen
Mai	Europawahlen; Juncker Kommission
Juli	Assoziierungsabkommen mit Georgien, der Republik Moldau und Ukraine
September	Ernennung von Donald Tusk zum Präsidenten des Europäischen Rats und von Federica Mogherini zur Hohen Vertreterin für Außen- und Sicherheitspolitik
November	Vollendung der Europäischen Bankenunion
2015	
Januar	Einführung des Euro in Litauen
März	Beschluss des Europäischen Rats zur Gründung einer Energieunion
2016	
Februar	Beitrittsanfrage von Bosnien und Herzegowina
April	Inkrafttreten des Stabilisierungs- und Assoziierungsabkommens mit Kosovo
Juni	Referendum über die EU-Mitgliedschaft im Vereinigten Königreich; Austrittsbeschluss
2017	
März	Europäische Kommission, Weißbuch zur Zukunft Europas
Juni	Eröffnung der Brexit-Verhandlungen

Bibliografie

Die Bibliografie enthält eine Auswahl aus der schier endlosen Flut an Literatur über die Europäische Union. Die Auflistung entspricht den im Text behandelten Themen, dient aber in erster Linie als Orientierung für Studierende, die eine Semester- oder Abschlussarbeit schreiben. Die Auswahl beschränkt sich auf deutschsprachige Publikationen, umfasst aber auch Studien aus anderen Disziplinen als Geschichte, z. B. Politikwissenschaft, Rechtswissenschaft und Soziologie. Monografien und in geringerem Umfang auch Sammelbände wurden den zahlreichen Artikeln in historischen und anderen Zeitschriften (z. B. *Journal of European Integration History*) oder auf Internetseiten wie denen von Réseau International de Jeunes Chercheurs en Histoire de l'Intégration Européenne (RICHIE) vorgezogen. Abgesehen von einigen Studien und (Auto-)Biografien aus einer weiter zurückliegenden Vergangenheit wurden nur Publikationen der letzten zwanzig bis fünfundzwanzig Jahre in die Bibliographie aufgenommen.

Gedruckte Quellenveröffentlichungen sind kaum vertreten. Grund dafür ist die rasch wachsende Verfügbarkeit von Quellenmaterial im Internet, beispielsweise durch die History of European Integration Research Society (HEIRS), die Archives of European Integration der Universität Pittsburgh, die multimedialen Sammlungen des Centre Virtuel de la Connaissance sur l'Europe in Luxemburg. Diese dienen auch als Eingang für kleinere und größere institutionelle Archive wie das Historische Archiv der Europäischen Kommission und das EU-weite Archiv in Florenz am Europäischen Hochschulinstitut (www.eui.eu). Vor allem die größeren Archive beschäftigen sich mit der Retrodigitalisierung ihrer Akten. Auf der umfangreichen Website der EU (europa.eu/european-union/index_de) sind Quellen aus den letzten zwei Jahrzehnten verfügbar.

Die Publikationen sind alphabetisch geordnet und nummeriert. Für den thematischen Zugang verweisen die B-Nummern im Register auf die Veröffentlichungen in der Bibliografie. Das Stichwort »Leerer Stuhl« im Register enthält beispielsweise einen Verweis auf die einschlägige Monografie von Bajon. Daher enthält das Register zusätzliche Schlüsselwörter wie z. B. »Egodokumente« und »Theorien«.

B1 Abbas, Nabila, Annette Förster und Emanuel Richter (Hg.), Supranationalität und Demokratie. Die Europäische Union in Zeiten der Krise, Wiesbaden 2015.

B2 Alsen, Katrin: Der europäische Integrationsauftrag der EU. Überlegungen zur Erweiterungs-, Assoziierungs- und Nachbarschaftspolitik der EU aus der Warte einer europäischen Prinzipienlehre, Berlin 2009.

B3 Arens, Peter und Stefan Brauburger: Die Europasaga, München 2017.

B4 Armour, John und Horst Eidenmüller (Hg.), Negotiating Brexit, Köln 2017.

B5 Augustin, Angela: Das Volk der Europäischen Union. Zu Inhalt und Kritik eines normativen Begriffs, Berlin 2000.

B6 Bajon, Philip, Europapolitik »am Abgrund«. Die Krise des »leeren Stuhls« 1965–66, Wiesbaden 2012.

B7 Barbu, Daniel und Larisa Schippel: Rumäniens »Rückkehr« nach Europa. Versuch einer Bilanz, Wien 2017.

B8 Barth, Eckhard: Bürgerbeauftragter und Petitionsrecht im Prozess der europäischen Verfassungsgebung: Einrichtungen zur Demokratisierung der Europäischen Integration, Heiligenhaus 2004.

B9 Bauerkämper, Arnd und Hartmut Kaelble (Hg.): Die Europäische Union und ihre Gesellschaft, Stuttgart 2010.

B10 Bauerkämper, Arnd und Hartmut Kaelble: Gesellschaft in der europäischen Integration seit den 1950er Jahren. Migration – Konsum – Sozialpolitik – Repräsentationen, Stuttgart 2011.

B11 Becker, Peter: Die Zukunft Europas: der Konvent zur Zukunft der Europäischen Union, Wiesbaden 2005.

B12 Beckmann, Martin: Krisen im Prozess der europäischen Integration, Marburg 2006.

B13 Benning, Hermann J.: Robert Schuman. Leben und Vermächtnis (Zeugen unserer Zeit), Baar 2013.

B14 Bergmann, Jan: Recht und Politik der Europäischen Union. Der Integrationsverbund vor der Osterweiterung, Schondorf 2001.

B15 Beutel, Jochen: Differenzierte Integration in der Europäischen Wirtschafts- und Währungsunion: eine Untersuchung zu den rechtlichen Auswirkungen der Gewährung einer Ausnahmeregelung und der Sonderregelungen für Dänemark und Großbritannien auf die Wirtschafts- und Währungspolitik der Europäischen Gemeinschaft, Berlin 2006.

B16 Bieling, Hans-Jürgen (Hg.), Europäische Staatlichkeit. Zwischen Krise und Integration, Berlin 2016.

B17 Bieling, Hans-Jürgen und Marika Lerch (Hg.), Theorien der europäischen Integration, Wiesbaden 2006.

B18 Bielzer, Louise: Perzeption, Grenzen und Chancen des Subsidiaritätsprinzips im Prozess der Europäischen Einigung. Eine international vergleichende Analyse aus historischer Perspektive, Münster 2003.

B19 Birsl, Ursula: Migration und Migrationspolitik im Prozess der europäischen Integration? Leverkusen 2005.

B20 Bitter, Wilke: Die Beteiligung nationalstaatlicher Parlamente am Rechtssetzungsprozess der Europäischen Union, München 2016.

B21 Bodiroga-Vukobrat, Nada und Gerald G. Sander (Hg.): Die Europäische Union und Südosteuropa. Herausforderungen und Chancen, Hamburg 2009.

B22 Boldt, Hans: Die Europäische Union. Geschichte, Struktur, Politik, Mannheim 1995.

B23 Borowsky, Anna: Philosophische Überlegungen zur Europäischen Union: Das Demokratiedefizit der Europäischen Union – ein Demosdefizit? Berlin 2016.

B24 Böttger, Katrin, Matthias Jopp und Gabriele Abels: Handbuch zur deutschen Europapolitik, Baden-Baden 2016.

B25 Brackhane, Birgit: Differenzierte Integration im Recht der Europäischen Union, Baden-Baden 2008.

B26 Brasche, Ulrich: Europäische Integration. Wirtschaft, Euro-Krise, Erweiterung und Perspektiven, München 2017.

B27 Breuss, Fritz, Gerhard Fink und Stefan Griller (Hg.): Vom Schuman-Plan zum Vertrag von Amsterdam. Entstehung und Zukunft der EU, Wien 2000.

B28 Bruck, Elke: François Mitterrands Deutschlandbild. Perzeption und Politik im Spannungsfeld deutschland-, europa- und sicherheitspolitischer Entscheidungen 1989–1992, Frankfurt am Main 2003.

B29 Brunn, Gerhard: Die Europäische Einigung. Von 1945 bis heute, Stuttgart 2002.

B30 Bührer, Werner: Westdeutschland in der OEEC. Eingliederung, Krise, Bewährung 1947–1961, München 1997.

B31 Bungenberg, Marc: Die gemeinsame Handelspolitik der Europäischen Union nach Lissabon, Baden-Baden 2011.

B32 Casny, Peter (Hg.): Zukunft der europäischen Integration. Wahrheiten über Europa, Hamburg 2008.

B33 Cassel, Dieter und Paul J. J. Welfens (Hg.): Regionale Integration und Osterweiterung der Europäischen Union, München 2003.

B34 Clemens, Gabriele (Hg.): Die Suche nach Europäisierung. Ein komplexer Prozess in interdisziplinärer Perspektive, Stuttgart 2017.

B35 Clemens, Gabriele, Alexander Reinfeldt und Gerhard Wille: Geschichte der europäischen Integration. Ein Lehrbuch, Stuttgart 2008.

B36 Dann, Philipp: Parlamente im Exekutivföderalismus. Eine Studie zum Verhältnis von föderaler Ordnung und parlamentarischer Demokratie in der Europäischen Union, Berlin 2004.

B37 Daum, Patrick: Der Lissabon-Vertrag im Zeichen der europäischen Integration Supranational oder Intergouvernemental? – In welche Richtung führt der Vertrag von Lissabon die Europäische Union?, Saarbrücken 2012.

B38 Depkat, Volker und Piero Graglia (Hg.): Entscheidung für Europa. Erfahrung, Zeitgeist und politische Herausforderungen am Beginn der europäischen Integration, München 2010.
B39 Derpa, Ulrich: Die verstärkte Zusammenarbeit im Recht der Europäischen Union. Dogmatik, Interpretation und Praxis eines alternativen Integrationskonzeptes, Stuttgart 2003.
B40 Dörr, Dieter und Peter-Christian Müller Graff (Hg.): Medien in der Europäischen Gemeinschaft, Baden-Baden 2007.
B41 Duchhardt, Heinz (Hg.): Europa-Historiker. Ein biographisches Handbuch, Göttingen 2007.
B42 Eppler, Annegret und Henrik Scheller (Hg.): Zur Konzeptionalisierung europäischer Desintegration. Zug- und Gegenkräfte im europäischen Integrationsprozess, Baden-Baden 2013.
B43 Eriksen, Erik Oddvar und Philipp Schink: Die Normativität der Europäischen Union, Freiburg 2014.
B44 Faber, Anne: Europäische Integration und politikwissenschaftliche Theoriebildung. Neofunktionalismus und Intergouvernementalismus in der Analyse, Berlin 2005.
B45 Feld, Lars P., Ekkehard A. Köhler und Jan Schnellenbach: Föderalismus und Subsidiarität, Tübingen 2016.
B46 Fischer, Klemens H.: Die Entwicklung des europäischen Vertragsrechts. Von den Römischen Verträgen bis zur EU-Verfassung, Baden-Baden 2005.
B47 Flägel, Victoria: Vergangenheit und Zukunft der europäischen Integration. Ist die differenzierte Integration als Gefahr oder Chance für den europäischen Integrationsprozess zu betrachten? München 2014.
B48 Franz, Norbert und Jean-Paul Lehners (Hg.): Nationenbildung und Demokratie. Europäische Entwicklungen gesellschaftlicher Partizipation, Essen 2013.
B49 Franzius, Claudio, Franz C. Mayer und Jürgen Neyer (Hg.): Grenzen der europäischen Integration. Herausforderungen für Recht und Politik, Baden-Baden 2014.
B50 Freiburghaus, Dieter: Wohin des Wegs, Europa? Ein Lesebuch zur Vergangenheit, Gegenwart und Zukunft der europäischen Integration, Bern 2002.
B51 Gaisbauer, Helmut P.: Nizza oder der Tod! Zur negativen Dialektik von Erweiterung und Vertiefung der Europäischen Union von Nizza bis Lissabon, Baden-Baden 2010.
B52 Gees, Thomas: Die Schweiz im Europäisierungsprozess. Wirtschafts- und gesellschaftspolitische Konzepte am Beispiel der Arbeitsmigrations-, Agrar- und Wissenschaftspolitik 1947–1974, Zürich 2006.
B53 Gehler, Michael (Hg.): Vom gemeinsamen Markt zur europäischen Unionsbildung. 50 Jahre Römische Verträge 1957–2007, Wien 2008.
B54 Gehler, Michael und Ingrid Böhler (Hg.): Verschiedene europäische Wege im Vergleich. Österreich und die Bundesrepublik Deutschland 1945/49 bis zur Gegenwart, Innsbruck 2007.
B55 Gehler, Michael und Wolfram Kaiser (Hg.): Transnationale Parteienkooperation der europäischen Christdemokraten. Dokumente 1945–1965, München 2004.

B56 Gehler, Michael, Wolfram Kaiser und Brigitte Leucht (Hg.): Netzwerke im europäischen Mehrebenensystem. Von 1945 bis zur Gegenwart, Köln 2009.

B57 Gehler, Michael: Der lange Weg nach Europa. Österreich vom Ende der Monarchie bis zur EU, Innsbruck 2002.

B58 Gehler, Michael: Europa. Ideen – Institutionen – Vereinigung – Zusammenhalt, Reinbek 2017.

B59 Gehler, Michael: Österreichs Weg in die Europäische Union, Innsbruck 2009.

B60 Gehler, Michael: Vom Marshall-Plan zur Europäischen Union, Innsbruck 2006.

B61 Gehler, Michael: Zeitgeschichte im dynamischen Mehrebenensystem. Zwischen Regionalisierung, Nationalstaat, Europäisierung, internationaler Arena und Globalisierung, Bochum 2001.

B62 Giscard d'Estaing, Valéry und Helmut Schmidt: Europas letzte Chance, Kehl 2017.

B63 Goetschel, Laurent: Die Beziehungen zwischen Wirtschaft und Außenpolitik: eine natürliche Symbiose? Basel 2006.

B64 Green, Simon: Ausländer, Einbürgerung und Integration. Zukunftsperspektive der europäischen Unionsbürgerschaft? Bonn 1999.

B65 Grieser, Veronika: Flexible Integration in der Europäischen Union. Neue Dynamik oder Gefährdung der Rechtseinheit? Berlin 2003.

B66 Grimm, Dieter: Europa ja – aber welches? Zur Verfassung der europäischen Demokratie, Köln 2016.

B67 Grimmel, Andreas und Cord Jakobeit (Hg.): Politische Theorien der europäischen Integration. Ein Text- und Lehrbuch, Wiesbaden 2009.

B68 Große Hüttmann, Martin und Barbara Lippert (Hg.): Die Europäische Union, Stuttgart 2015.

B69 Guérot, Ulrike: Warum Europa eine Republik werden muss. Eine politische Utopie, Bonn 2017.

B70 Haak, Nicole: Die europäische Währungsunion – Motor der europäischen Integration? München 2007.

B71 Hambloch, Sibylle: Der Europäische Rat in der Europäischen Union: kritische Betrachtung seiner Entstehung mittels der Theorie des Evolutionären Institutionalismus, Koblenz 2016.

B72 Hambloch, Sibylle: Europäische Integration und Wettbewerbspolitik. Die Frühphase der EWG, Baden-Baden 2009.

B73 Harth, Thilo und Wichard Woyke: Die Europäische Union konkret. Nachgefragt in zwölf Kapiteln, Opladen 2008.

B74 Hartmann, Jürgen: Das politische System der Europäischen Union. Eine Einführung, Frankfurt am Main 2001.

B75 Hennette, Stéphanie und Thomas Piketty: Für ein anderes Europa: Vertrag zur Demokratisierung der Eurozone, Köln 2017.

B76 Hentges, Gudrun und Hans-Wolfgang Platzer (Hg.): Europa – quo vadis? Ausgewählte Problemfelder der europäischen Integrationspolitik, Berlin 2011.

B77 Hentges, Gudrun, Kristina Nottbohm und Hans-Wolfgang Platzer (Hg.): Europäische Identität in der Krise? Europäische Identitätsforschung und Rechtspopulismusforschung im Dialog, Berlin 2017.

B78 Herbst, Ludolf, Werner Bührer und Hanno Sowade (Hg.): Vom Marshallplan zur EWG. Die Eingliederung der Bundesrepublik Deutschland in die westliche Welt, München 1990.

B79 Herz, Dietmar und Christian Jetzlsperger: Die Europäische Union, Köln 2017.

B80 Heselhaus, Sebastian und Carsten Nowak (Hg.): Handbuch der Europäischen Grundrechte, Köln 2018.

B81 Hettlage, Robert und Hans-Peter Müller (Hg.): Die europäische Gesellschaft, Konstanz 2006.

B82 Hewel, Lars: Hegemonie und Gleichgewicht in der europäischen Integration: eine Untersuchung der Führungsproblematik im Rahmen der Fortentwicklung der Europäischen Union, Baden-Baden 2006.

B83 Heyen, Erk Volkmar (Hg.): Die Anfänge der Verwaltung der Europäischen Gemeinschaft, Baden-Baden 1992.

B84 Hilmes, Christian: Die Europäische Union als Partei völkerrechtlicher Verträge. Zugleich ein vergleichender Blick auf die primärrechtlichen Bestimmungen über das auswärtige Unionshandeln nach Nizza 2001 und Rom 2004, Baden-Baden 2006.

B85 Hohls, Rüdiger und Hartmut Kaelble: Geschichte der europäischen Integration bis 1989, Stuttgart 2016.

B86 Hölscher, Michael P.: Wirtschaftskulturen in der erweiterten EU. Die Einstellungen der Bürgerinnen und Bürger im europäischen Vergleich, Wiesbaden 2006.

B87 Höpner, Martin: Die politische Ökonomie der europäischen Integration, Frankfurt am Main 2008.

B88 Hrbek, Rudolf und Martin Große Hüttmann: Hoffnung Europa. Die EU als Raum und Ziel von Migration, Baden-Baden 2017.

B89 Huber, Peter M.: Das Ziel der europäischen Integration, Berlin 1996.

B90 Huber, Peter M.: Recht der Europäischen Integration, Baden-Baden 2013.

B91 Hudemann, Rainer und Raymond Poidevin (Hg.): Die Saar 1945–1955. Ein Problem der europäischen Geschichte, München 1992.

B92 Hufeld, Ulrich, Peter-Christian Müller-Graff und Stefan Okruch (Hg.): Nachbarschaften innerhalb der Europäischen Union, Baden-Baden 2017.

B93 Huget, Holger: Demokratisierung der EU: Normative Demokratietheorie und Governance-Praxis im europäischen Mehrebenensystem, Berlin 2007.

B94 Illing, Falk: Die Eurokrise. Analyse der europäischen Strukturkrise, Berlin 2017.

B95 Ischia, Hannes: Zentralisierung und Subsidiarität. Eine politökonomische Analyse dieses Spannungsfeldes in der Europäischen Union, Essen 2004.

B96 Ischinger, Wolfgang und Dirk Messner (Hg.): Deutschlands neue Verantwortung: Die Zukunft der deutschen und europäischen Außen-, Entwicklungs- und Sicherheitspolitik, Düsseldorf 2017.

B97 Jachtenfuchs, Markus: Die Konstruktion Europas. Verfassungsideen und institutionelle Entwicklung, Baden-Baden 2002.

B98 Jansen, Thomas: Europa verstehen. Reflexionen gegen die Krise der Union, Baden-Baden 2016.

B99 Kadelbach, Stefan (Hg.): Die Außenbeziehungen der Europäischen Union, Marburg 2010.

B100 Kadelbach, Stefan (Hg.): Die Europäische Union am Scheideweg: mehr oder weniger Europa? Baden-Baden 2015.

B101 Kadelbach, Stefan (Hg.): Europa als kulturelle Idee, Baden-Baden 2010.

B102 Kadelbach, Stefan (Hg.): Europäische Identität, Baden-Baden 2008.

B103 Kadelbach, Stefan: Europäische Integration und parlamentarische Demokratie, Baden-Baden 2009.

B104 Kadelbach, Stefan: Europäische Verfassung und direkte Demokratie, Baden-Baden 2006.

B105 Kaina, Viktoria: Wir in Europa. Kollektive Identität und Demokratie in der Europäischen Union, Wiesbaden 2009.

B106 Kaiser, Wolfram: Großbritannien und die Europäische Wirtschaftsgemeinschaft, 1955–1961. Von Messina nach Canossa, Berlin 1996.

B107 Kalb, Jürgen (Hg.): Die Zukunft der Europäischen Union. Rückbau oder Vertiefung? Stuttgart 2017.

B108 Kampfer, Georg K.: Die Europäische Union auf dem Weg zu einem Bundesstaat? Von der föderalen Struktur der Europäischen Union und der Europäisierung der Außenpolitik, Baden-Baden 2010.

B109 Kellerbauer, Manuel: Von Maastricht bis Nizza: Neuformen differenzierter Integration in der Europäischen Union, Berlin 2003.

B110 Kellerhals, Andreas (Hg.): Integration zwischen EUphobie und EUphorie: Referate zu Fragen der Zukunft Europas 2012, Zürich 2013.

B111 Kipping, Matthias: Zwischen Kartellen und Konkurrenz. Der Schuman-Plan und die Ursprünge der europäischen Einigung 1944–1952, Berlin 1996.

B112 Kirchhof, Gregor, Hanno Kube und Reiner Schmidt: Von Ursprung und Ziel der Europäischen Union: Elf Perspektiven, Tübingen 2016.

B113 Klose, Jens: Europäische Wirtschaftspolitik, Stuttgart 2017.

B114 Kluth, Winfried (Hg.): Europäische Integration und nationales Verfassungsrecht. Eine Analyse der Einwirkungen der Europäischen Integration auf die mitgliedstaatlichen Verfassungssysteme und ein Vergleich ihrer Reaktionsmodelle, Baden-Baden 2007.

B115 Knauff, Matthias: Die Europäische Kommission zwischen Technokratie und Politisierung, Berlin 2016.

B116 Kobes, Pawel: Gemeinsame Verteidigungs- und Sicherheitspolitik in Europa, Berlin 2013.

B117 Kramme, Malte, Christian Baldus und Martin Schmidt-Kessel (Hg.): Brexit und die juristischen Folgen. Privat- und Wirtschaftsrecht der Europäischen Union, Baden-Baden 2017.

B118 Krastev, Ivan: Europadämmerung. Ein Essay, Berlin 2017.

B119 Krenzler, Horst G. (Hg.): Die Außenwirtschaftspolitik der Europäischen Union nach dem Verfassungsvertrag, Baden-Baden 2006.

B120 Kreutzfeld, Jens: »Point of return«. Großbritannien und die Politische Union Europas 1969–1975. Stuttgart 2010.

B121 Krüger, Dieter: Sicherheit durch Integration? Die wirtschaftliche und politische Zusammenarbeit Westeuropas 1947 bis 1957/58, München 2003.

B122 Küsters, Hanns Jürgen: Die Gründung der Europäischen Wirtschaftsgemeinschaft, Baden-Baden 1982.

B123 Landfried, Christine: Das politische Europa. Differenz als Potential der Europäischen Union, Baden-Baden 2002.

B124 Langner, Katrin: Verstärkte Zusammenarbeit in der Europäischen Union. Stärkung der Integration oder hin zu einem Europa von mehreren Geschwindigkeiten? Essen 2004.

B125 Lankosz, Kazimierz, Peter-Christian Müller-Graff und Udo Fink (Hg.): Osteuropäische Nachbarschaft der Europäischen Union, Baden-Baden 2009.

B126 Leiße, Olaf (Hg.): Die Beziehungen der Europäischen Union mit Südosteuropa. Frieden, Sicherheit, Integration, Berlin 2010.

B127 Lenzhardt, Veronika: »Kerneuropa« – Spaltung oder Königsweg? Die Rolle der Europäischen Union in der Außen- und Sicherheitspolitik und die Notwendigkeit einer flexiblen Integration, München 2012.

B128 Lepoivre, Marc (Hg.): Europa: eine Idee nimmt Gestalt an, Baden-Baden 2009.

B129 Lipgens, Walter: Europa-Föderationspläne der Widerstandsbewegungen 1940–1945, München 1968.

B130 Loth, Wilfried (Hg.): Europäische Gesellschaft. Grundlagen und Perspektiven, Wiesbaden 2005.

B131 Loth, Wilfried und Wolfgang Wessels (Hg.): Theorien europäischer Integration, Opladen 2001.

B132 Loth, Wilfried, William Wallace und Wolfgang Wessels (Hg.): Walter Hallstein. Der vergessene Europäer, Bonn 1995.

B133 Loth, Wilfried: Das europäische Projekt zu Beginn des 21. Jahrhunderts, Opladen 2001.

B134 Luft, Stefan: Die Flüchtlingkrise. Ursachen, Konflikte, Folgen, Köln 2017.

B135 Maichel, Alois: Die Nationalstaaten in der europäischen Integration. Das Konzept der geteilten Souveränität in Österreich, Polen und dem Vereinigten Königreich, München 2011.

B136 Maurer, Andreas: Parlamentarische Demokratie in der Europäischen Union: der Beitrag des Europäischen Parlaments und der nationalen Parlamente, Baden-Baden 2002.

B137 Maus, Ronja: Der Liberale Intergouvernementalismus als Erklärungsmodell für die Gründung der Europäischen Gemeinschaft für Kohle und Stahl, München 2017.

B138 Meimeth, Michael (Hg.): Die Zukunft von Nationalstaaten in der europäischen Integration. Deutsche und französische Perspektiven, Wiesbaden 2002.

B139 Mestmäcker, Ernst-Joachim: Wirtschaft und Verfassung in der Europäischen Union: Beiträge zu Recht, Theorie und Politik der europäischen Integration, Baden-Baden 2006.

B140 Middelaar, Luuk van: Vom Kontinent zur Union – Gegenwart und Geschichte des vereinten Europa, Berlin 2016.

B141 Mittag, Jürgen (Hg.): Politische Parteien und europäische Integration. Entwicklung und Perspektiven transnationaler Parteienkooperation in Europa, Essen 2006.

B142 Mittag, Jürgen: Kleine Geschichte der Europäischen Union. Von der Europaidee bis zur Gegenwart, Münster 2008.

B143 Möllers, Christoph und Linda Schneider: Demokratiesicherung in der Europäischen Union, Heidelberg 2018.

B144 Monnet, Jean: Erinnerungen eines Europäers, München 1982.

B145 Müller-Graff, Peter-Christian: Deutschlands Rolle in der Europäischen Union, Baden-Baden 2008.

B146 Müller-Graff, Peter-Christian: Die Beziehungen zwischen der EU und Russland. Spannung und Kooperation, Baden-Baden 2017.

B147 Müller-Graff, Peter-Christian: Die Rolle der erweiterten Europäischen Union in der Welt, Baden-Baden 2006.

B148 Müller-Graff, Peter-Christian: Europäisches Integrationsrecht im Querschnitt. Europäische Verfassung, Nizza, Europäischer Wirtschaftsraum, Unionsbürgerschaft, Referenden, Gemeinschaftsprivatrecht, Baden-Baden 2003.

B149 Müller-Härlin, Maximilian: Nation und Europa in Parlamentsdebatten zur Europäischen Integration. Identifikationsmuster in Deutschland, Frankreich und Großbritannien nach 1950, Baden-Baden 2008.

B150 Münch, Richard: Die Konstruktion der europäischen Gesellschaft. Zur Dialektik von transnationaler Integration und nationaler Desintegration, Frankfurt am Main 2008.

B151 Nida-Rümelin, Julian (Hg.): Europäische Identität. Voraussetzungen und Strategien, Baden-Baden 2007.

B152 Nielsen-Sikora, Jürgen: Europa der Bürger? Anspruch und Wirklichkeit der europäischen Einigung – eine Spurensuche, Stuttgart 2009.

B153 Omar, Ramo: Aufbau und innere Verwaltung der Europäischen Kommission. Wie funktioniert das Verwaltungssystem zwischen den einzelnen Ebenen? München 2016.

B154 Oppermann, Thomas: Ius Europaeum. Beiträge zur europäischen Einigung, Berlin 2006.

B155 Patel, Kiran K.: Europäisierung wider Willen. Die Bundesrepublik Deutschland in der Agrarintegration der EWG, 1955–1973, München 2009.

B156 Pescatore, Pierre: Die Geschichte der europäischen Einigung zwischen Realität und Utopie, Baden-Baden 2007.

B157 Pfetsch, Frank R.: Die Europäische Union. Eine Einführung. Geschichte, Institutionen, Prozesse, Stuttgart 2005.

B158 Picht, Robert und Wolfgang Wessels (Hg.): Motor für Europa? Deutsch-französischer Bilateralismus und europäische Integration, Madison 1990.

B159 Piehl, Ernst und Schulze, Peter W.: Die offene Flanke der Europäischen Union. Russische Föderation, Belarus, Ukraine und Moldau, Berlin 2005.

B160 Regler, Wolfgang: Politische Partizipation am Prozess der europäischen Integration durch nationale Referenden Eine Untersuchung am Beispiel des Vertrages über eine Verfassung für Europa, München 2008.

B161 Reinfeldt, Alexander: Unter Ausschluss der Öffentlichkeit? Akteure und Strategien supranationaler Informationspolitik in der Gründungsphase der europäischen Integration, 1952–1972, Stuttgart 2013.

B162 Rhenisch, Thomas: Europäische Integration und industrielles Interesse. Stuttgart 1999.

B163 Riedeberger, Anja: Die EU zwischen einheitlicher und differenzierter Integration, Wiesbaden 2016.

B164 Rothacher, Albrecht: Die Kommissare. Vom Aufstieg und Fall der Brüsseler Karrieren. Eine Sammelbiographie der deutschen und österreichischen Kommissare seit 1958, Baden-Baden 2012.

B165 Rübel, Gerhard (Hg.): Perspektiven der Europäischen Integration, Heidelberg 1994.

B166 Ruelling, Martin Hellmuth: Die Europäische Union. Geschichte, Institutionen, Recht, Politiken, Bremen 2010.

B167 Rüttgers, Jürgen und Frank Decker: Europas Ende, Europas Anfang. Neue Perspektiven für die Europäische Union, Frankfurt am Main 2017.

B168 Saager, Stefan: Von der EWG über die EG zur EU. Entwicklungslinien der europäischen Integration, München 2008.

B169 Sandkühler, Thomas (Hg.): Europäische Integration. Deutsche Hegemonialpolitik gegenüber Westeuropa 1920–1960, Göttingen 2002.

B170 Savat-Gündüz, Marjolaine: Variable Geometrie: Subsidiarität und differenzierte Integration im Mehrebenensystem der Europäischen Union, Essen 2014.

B171 Schäfer, Wolf und Andreas Graf Wass von Czege (Hg.): Aktuelle Probleme der europäischen Integration, Baden-Baden 2012.

B172 Schambeck, Herbert: Politische und rechtliche Entwicklungstendenzen der europäischen Integration, Opladen 2000.

B173 Schieren, Stefan: Die stille Revolution: der Wandel der britischen Demokratie unter dem Einfluss der Europäischen Integration, Darmstadt 2001.

B174 Schmidt, Thorsten und Harold James: Euro. Der Kampf der Wirtschaftskulturen, München 2018.

B175 Scholl, Bruno: Europas symbolische Verfassung. Nationale Verfassungstraditionen und die Konstitutionalisierung der EU, Wiesbaden 2006.

B176 Schönwald, Matthias und Peter Steinbach: Walter Hallstein. Ein Wegbereiter Europas, Stuttgart 2017.

B177 Schopf, Josef: Der Weg zur Europäischen Gemeinschaft für Kohle und Stahl. Deutsch-Französische Versöhnung und der Beginn der europäischen Integration, München 2013.

B178 Schulze, Reiner, und Christian Walter (Hg.): 50 Jahre Römische Verträge: Geschichts- und Rechtswissenschaft im Gespräch über Entwicklungsstand und Perspektiven der europäischen Integration, Heidelberg 2008.

B179 Schuppert, Gunnar F., Ingolf Pernice und Ulrich Haltern (Hg.): Europawissenschaft, Baden-Baden 2005.

B180 Schwabe, Klaus (Hg.): Die Anfänge des Schuman-Plans 1950/1951, Baden-Baden 1988.

B181 Schwabe, Klaus: Jean Monnet. Frankreich, die Deutschen und die Einigung Europas, Baden-Baden 2016.

B182 Scorl, Konrad und Gerald G. Sander: Die Identität Europas – was ist »europäisch«? Hamburg 2011.

B183 Seeler, Hans-Joachim: Geschichte und Politik der Europäischen Integration, Baden-Baden 2008.
B184 Seeliger, Martin: Die soziale Konstruktion organisierter Interessen. Gewerkschaftliche Positionsbildung auf europäischer Ebene, Frankfurt am Main 2017.
B185 Segers, Mathieu L.: Deutschlands Ringen mit der Relance. Die Europapolitik der BRD während der Beratungen und Verhandlungen über die Römischen Verträge, Frankfurt am Main 2008.
B186 Seibert, Theresa: Die Zukunft Europas. Die Entwicklung der europäischen Union und die Erweiterungsverfahren Europas, München 2017.
B187 Sieveking, Klaus (Hg.): Wechselwirkungen von Migration und Integration im europäischen Mehrebenensystem. Rechts- und sozialwissenschaftliche Beiträge, Baden-Baden 2011.
B188 Steinbrecher, Markus (Hg.): Europa, europäische Integration und Eurokrise: Öffentliche Meinung, politische Einstellungen und politisches Verhalten im Mehrebenensystem der Europäischen Union, Berlin 2015.
B189 Stoffels, Markus D. W.: EU-Mitgliedschaft und Abspaltung, Baden-Baden 2017.
B190 Streinz, Rudolf und Tobias Kruis: EUV/AEUV. Vertrag über die Europäische Union und Vertrag über die Arbeitsweise der Europäischen Union, Charta der Grundrechte der Europäischen Union, München 2012.
B191 Thiemeyer, Guido: Vom »Pool Vert« zur Europäischen Wirtschaftsgemeinschaft. Europäische Integration, Kalter Krieg und die Anfänge der Gemeinsamen Europäischen Agrarpolitik 1950–1957, München 1999.
B192 Tieke, Eva-Maria: Das Subjekt demokratischer Legitimation in der Europäischen Union, Marburg 2016.
B193 Trausch, Gilbert (Hg.): Die Europäische Integration vom Schuman-Plan bis zu den Verträgen von Rom, Baden-Baden 1993.
B194 Trenz, Hans-Jörg: Europa in den Medien. Die europäische Integration im Spiegel nationaler Öffentlichkeit, Frankfurt am Main 2005.
B195 Trenz, Hans-Jörg: Zur Konstitution politischer Öffentlichkeit in der Europäischen Union. Zivilgesellschaftliche Subpolitik oder schaupolitische Inszenierung? Baden-Baden 2002.
B196 Unterburger, Klaus und Dirk Ansorge (Hg.): Pluralistische Identität Beobachtungen zu Herkunft und Zukunft Europas, Darmstadt 2016.
B197 Varoufakis, Yanis: Die ganze Geschichte. Meine Auseinandersetzung mit Europas Establishment, München 2017.
B198 Vogt, Daniela: Die Integration der ultra-peripheren Regionen in die Europäische Union. Wandel der europäischen Politik gegenüber den überseeischen Besitzungen von Rom (1957) bis Lissabon (2009), Baden-Baden 2011.
B199 Wagner, Helmut: Unser Europa: die Konstruktion und Zukunft der Europäischen Union, Berlin 2016.
B200 Wehr, Andreas von: Europa, was nun? Trump, Brexit, Migration und Eurokrise, Köln 2017.
B201 Weidenfeld, Werner (Hg.): Die Europäische Union. Politisches System und Politikbereiche, Bonn 2008.

B202 Weidenfeld, Werner (Hg.): Die Europäische Verfassung in der Analyse, Gütersloh 2005.

B203 Weidenfeld, Werner und Wolfgang Wessels (Hg.): Europa von A–Z. Taschenbuch der europäischen Integration, Baden-Baden 2016.

B204 Weidenfeld, Werner: Die Europäische Verfassung verstehen, Bonn 2006.

B205 Weidenfeld, Werner: Europas Seele suchen. Eine Bilanz der europäischen Integration, Baden-Baden 2017.

B206 Weidenfeld, Werner: Lissabon in der Analyse. Der Reformvertrag der Europäischen Union, Baden-Baden 2008.

B207 Weilemann, Peter: Die Anfänge der Europäischen Atomgemeinschaft. Zur Gründungsgeschichte von Euratom 1955–1957, Baden-Baden 1983.

B208 Wengle, Richard: Schweiz-EU. Das Rahmenabkommen als Stolperstein auf dem bilateralen Weg, Bern 2017.

B209 Wenz-Temming, Anna: Die Einnahmen der Europäischen Union Zwischen supranationaler Autonomie und intergouvernementaler Kontrolle, Wiesbaden 2017.

B210 Wessels, Wolfgang (Hg.): Europa und der Nord-Süd-Dialog, Bonn 1977.

B211 Wessels, Wolfgang: Das politische System der Europäischen Union, Wiesbaden 2008.

B212 Wilkens, Andreas (Hg.): Interessen verbinden. Jean Monnet und die europäische Integration der Bundesrepublik Deutschland, Bonn 1999.

B213 Winter, Katrin: Führung in der europäischen Integration. Zum Spannungsverhältnis von Macht und Gemeinschaft, Bern 2007.

B214 Witschke, Tobias: Gefahr für den Wettbewerb? Die Fusionskontrolle der Europäischen Gemeinschaft für Kohle und Stahl und die »Rekonzentration« der Ruhrstahlindustrie 1950–1963, Berlin 2009.

B215 Woyke, Wichard: Erfolg durch Integration. Die Europapolitik der Benelux-Staaten von 1947 bis 1969, Bochum 1985.

B216 Ziegerhofer-Prettenthaler, Anita: Botschafter Europas. Richard Nikolaus Coudenhove-Kalergi und die Paneuropa-Bewegung in den zwanziger und dreißiger Jahren, Wien 2004.

Stichwortverzeichnis

F

G

H

I

J

K

L

U

V

W

Y

Z

Buchindex (Bibliografie)